New Development of "Child-Family Well-Being"

2009

DOBUNSHOIN

Printed in Japan

保育・教育ネオシリーズ 6

子ども家庭福祉の新展開

【監修】

岸井勇雄

無藤 隆

湯川秀樹

【編著】

才村 純

加藤博仁

同文書院

執筆者紹介　*authors*

【編著者】

才村　純（さいむら・じゅん）／第3章－7～11・第4章
東京通信大学教授

加藤博仁（かとう・ひろひと）／第7章
吉備国際大学教授

【著者】 ＊執筆順

澁谷昌史（しぶや・まさし）／第1章
関東学院大学教授

前橋信和（まえはし・のぶかず）／第2章
関西学院大学教授

上村麻郁（かみむら・まや）／第3章－1～6
千葉経済大学短期大学部准教授

新川泰弘（にいかわ・やすひろ）／第5章
関西福祉科学大学准教授

石井章仁（いしい・あきひと）／第6章
千葉明徳短期大学教授

Introduction

はじめに

　グローバル化に象徴されるように，現在の社会は従来の枠のなかでの安定にとどまることが許されず，市場原理にさらされる自由競争の時代を迎えている。このことは基本的には必要なことではあるが，厳しい現実を伴う。優勝劣敗という弱者に冷たい社会。短期的な結果や数字にあらわれる成果の偏重。基礎的な理念よりも人目を引くパフォーマンスの重視など――。

　これらは人間形成としての教育，とくに乳幼児を対象とする保育にとって，決して望ましい環境ではない。教育者・保育者は，すべての価値の根源である1人ひとりの人生を見通し，その時期にふさわしい援助をあたえる見識と実行力をもたなければならない。

　こうした観点から，本シリーズは，幼稚園教諭ならびに保育所保育士（一括して保育者と呼ぶことにする）の養成機関で学生の教育にあたっている第一線の研究者が，研究の成果と教育の経験にもとづいて書き下ろしたもので，養成校のテキストや資格試験の参考書として配慮したものである。

　各章の著者はそれぞれ研究と教育の自由を活用し，個性豊かに叙述したので，その記述に多少の軽重や重複が見られるかもしれない。無理な統一を敢えて避けたのは，テキストを絶対のものとは考えないからである。教科書を教えるのではなく，教科書で教える――といわれるように，あくまでもテキストは参考書である。担当教員は自ら大切と思う点を詳細に重点的に講義し，それだけでは偏る恐れがあるので，他のところもよく読んでおくようにと指示することができる。学生諸君も，読んでわからないところを教員に質問するなど，幅広く活用していただきたい。

　「幼稚園教育要領」と「保育所保育指針」は，近年いちじるしい深まりを見せている保育学および周辺諸科学とともに多くの実践の成果を結集したものである。その趣旨が十分に理解されてよりよい現実をもたらすにはさらに少なからぬ努力と時間を要すると思われるが，本シリーズが，この重大な時期を迎えているわが国の保育・幼児教育の世界と保育者養成のために，ささやかな貢献ができれば，これに過ぎる喜びはない。

初版 監修者・編著者代表　岸井勇雄

無藤　隆

柴崎正行

Foreword

新訂にあたって

　本書の初版『児童福祉の新展開』が刊行されたのが2004（平成16）年1月だった。当時、20世紀末から今世紀初頭にかけて、児童福祉をめぐる状況は大きな転換期を迎えていた。なかでも、子どもの権利擁護を重視した施策の充実、そしてウェルフェアのみならずウェルビーイングの実現を目標とする福祉への指向は、21世紀における新しい児童福祉の展開を目指すものだった。その意味からも、タイトルを単に『児童福祉』とするのではなく、『児童福祉の新展開』とし、その重要性に意を注いで編集された書の意義は、大きいものがあった。

　さらにその後のウェルフェアとしての福祉において、子どもの権利擁護を浸透させるための施策はまた次なる展開を迎えている。社会的養護を必要とする子どものための施策を中心に、新たなシステムの構築やより専門的なケアワークやソーシャルワークが求められつつある。その場合においても子どもの保護とともにその保護者へのサポートや家族再統合を図る方向性も、欠かせなくなってきている。

　また、ウェルビーイングの実現を目指す福祉においても、少子高齢社会の今そしてこれからを視野に入れた子育て支援、次世代育成支援の果たす役割はいっそう高まっている。次代の社会を担う子どもたちが生まれ育つことは、その保護者や子育て家族の私的責任のみで支えることは全く不可能である。社会全体が、私たちの子どもという意識をもって子育てを支え、子育てに参画することが重要である。

　これらをあらためて再確認するとき、時代の潮流は明らかに、児童福祉から子ども家庭福祉へと確実に歩みを深めている。まさに、子ども家庭福祉の新展開というべきものである。これらと重なるようにして、子ども家庭福祉にかかわる保育士の役割として、質の高い子どもの保育をすすめることとともに、保護者を支え、保護者とともに子育て、子育ちを支える高い専門性がいっそう求められてきている。2009（平成21）年4月から施行される新しい保育所保育指針は、子ども家庭福祉の新展開とも深く重なった内容となっている。本書の趣旨を十分に理解され、ここから多くのことを学び取り、今後活用していただくことを強く望むところである。

　2009年1月

網野武博・柏女霊峰

第二版改訂にあたって

2004（平成16）年1月に本書の初版『児童福祉の新展開』が刊行され，15年が経過した。地域におけるつながりの希薄化に伴う子育て家庭の孤立や，子ども虐待問題の深刻化，子育て支援事業の法定化などを背景として行われた保育所保育指針の改定などを踏まえ，2009（平成21）年3月には本書も改訂され，書名も『子ども家庭福祉の新展開』に改められた。

その後も，児童福祉法改正による子どもの権利の明確化，社会的養護制度の改革，子ども・子育て支援制度の創設など，子ども家庭福祉施策はめまぐるしく変化するとともに，虐待やドメスティックバイオレンス，子どもの貧困など子ども家庭をめぐる状況は益々深刻化しつつある。このような状況の中で，2017（平成29）年3月には保育所保育指針が再び改定され，翌年4月から施行されるとともに，2018（平成30）年4月には保育士試験出題範囲の大幅な改正を含む「保育士試験実施要領」の改定が行われ，2020年4月から施行されることになっている。

本書は，このような子ども家庭をめぐる状況の変化，施策動向，保育士試験出題範囲の改正内容などを踏まえ，構成，内容とも全面的に改訂したものである。

保育士の中には「自分たちは保育の実践家であり，子ども家庭福祉全体の知識は関係ない」と思っている人がいるかも知れない。しかし，これでは「木を見て森を見ず」になってしまう。プロとしての保育士は，常に森全体を眺めながら，その中での自分たちの立ち位置や役割を自覚できている必要がある。子どもや保護者，地域のニーズを理解し，適切に対応することにより最善のサービスを提供していく責任がある。そのためには，子ども家庭福祉の体系や制度がどうなっているのかを正しく理解しておく必要がある。また，実践活動を行っていくうえで遭遇する様々な課題に適切に対応するには，活用しえる様々な社会資源（制度，機関，人材など）について幅広く知っておく必要がある。さらに，虐待事例などのような複雑な問題を解決していくには，他の機関や人材と連携していく必要があるが，そのためには各機関の機能や役割，限界などに関する正確な理解が不可欠となる。

子ども家庭福祉の新展開は制度に限らない。本書を通じて重大な転換期を迎えている子ども家庭福祉に関する幅広い視野と的確な視点が養われ，良質な保育実践，実践の新展開が図られればこれに勝る喜びはない。

2019年3月

東京通信大学教授　才村　純

Contents

目次

はじめに　i

新訂にあたって　ii

第二版改訂にあたって　iii

第1章　現代社会における子ども家庭福祉の意義と歴史的展開　1

1．子ども家庭福祉とは何か　1

2．子ども家庭福祉の歴史的展開　11

3．これからの保育士に求められるもの　21

第2章　子ども家庭福祉制度とその運用　29

1．子ども家庭福祉に関する法律　29

2．子ども家庭福祉制度の体系　47

3．子ども家庭福祉の財政　69

4．子ども家庭福祉の計画と進展　70

第3章　子ども家庭福祉の現状と課題　75

1．子ども家庭福祉の現状と課題　75

2．健全育成　80

3．母子保健　84

4．保育　90

5．子ども・子育て支援　99

6．子どもの育ち・子育てへの経済的支援　104

7．社会的養護　107

8．障害とハンディキャップ　115

9．非行・情緒障害　121

10．ひとり親家庭　129

11．子どもの貧困と家族への支援　135

目 次

第4章　子どもの権利擁護　139

1．子どもの最善の利益の保障　139

2．子ども虐待への対応　145

第5章　子ども家庭福祉の動向と展望　161

1．次世代育成支援と子ども家庭福祉の推進　161

2．地域における連携・協働とネットワーク　168

3．諸外国の動向　174

第6章　子育て家庭に対する支援と連携　179

1．子育て家庭に対する支援の体制　179

2．保育と子育て支援の実際　185

3．地域の子育て家庭への支援　193

4．多様な支援の展開と関係機関との連携　196

第7章　子ども家庭支援の方法　203

1．子ども家庭支援の意義と必要性　203

2．子ども家庭支援の目的と機能　206

3．保育士の子育て支援　211

4．ソーシャルワークとカウンセリングの方法　218

5．保育士に求められる基本姿勢　226

6．保育士の資質向上　231

7．家庭の状況に応じた支援　237

8．地域との連携，協力　241

索　引　246

第**1**章

現代社会における子ども家庭福祉の意義と歴史的展開

〈学習のポイント〉　①子ども家庭福祉の定義，対象，理念，実施主体などについて，基本的な
　　　　　　　　　　　事柄を理解しよう。
　　　　　　　　　　②今日の子ども家庭福祉が，どのような歴史的変遷を経て展開してきたか
　　　　　　　　　　　を理解しておこう。
　　　　　　　　　　③保育士に求められる役割を理解し，保育や子育て支援のみにとどまらな
　　　　　　　　　　　い，広く高い関心をもつべきことを学ぼう。

1．子ども家庭福祉とは何か

1 子ども家庭福祉の定義

（1）子ども家庭福祉を定義する必要性

　子どもの福祉と聞いて何を思い起こすであろうか。「虐待をさせないこと」という人もいれば，「障害児に対する支援」をイメージする人もいるだろう。いずれも間違いではないが，子ども家庭福祉の最も「核」にあるものを捉えているとはいいがたい。

　もしもあなたが保育のプロ（保育士，保育教諭，あるいはこれ以外の保育サービス提供者）を目指すなら，「核」にあるものを踏まえながら，「子ども家庭福祉とはこういうものだ」という定義ができるようになってほしい。保育のプロが子ども家庭福祉について的確に定義できるようになると，「保育をする人たちはみんな，子どもの福祉についてこういうふうに考えているはずだよね」という社会的な信用が形成されやすくなる。

　こんな大所高所からの物言いをすると，「保育士等への社会的信用は，子ども家庭福祉を適切に定義できるかどうかだけで決まるわけではないだろう？」といぶかしく思われるかもしれない。しかし，本書でも学習する通り，安心できる保育の仕組みは子ども家庭福祉という大きな傘の下に組み込まれているものだし，保育という方法は子ども家庭福祉全体にわたって求められているものである。保育（制度・方法）と子ども家庭福祉は切っても切り離せない関係にあるのに，保育士等が保育の基盤にある子ども家庭福祉についてバラバラの説明しかできないというのでは，社会的に疑念の目を向けられても不思議ではない。

　たとえていえば，飛行機のエンジンの組み立て方は知っていても，飛行機がなぜ飛ぶのか，エンジンがどういう状態だと飛べるのか，エンジンは天候や総重量などの影響は受けるのか等々，エンジン以外のことはまったく知らないままにエンジンを組み立てているようなものである。この従事者のことを「与えられた役

割だけこなす作業員」として位置づけるのなら，こんな感じでも構わないかもしれないが，「いろいろなことを想定して飛行機の安全を考えられるプロ」（保育に置き換えていえば，いろいろなケースを想定しながら子どもの生活と育ちを支援するプロ）としてみなしてもらうには，あまりにも心許ないといえまいか。

だから，「もっとリアルなことを学びたい」と思う気持ちもあるだろうが，ここは少し我慢して，「目には見えにくいけどいちばん大事なものを知っておく」ことにエネルギーを割いてみてほしい。

（2）子ども家庭福祉を特徴づける3要素

子ども家庭福祉学界を牽引してきた識者の一人である網野武博は，「子ども家庭福祉」とは何かという問いに対して，「生存し，発達し，自立しようとする子ども及びその養育の第一義的責任を有する保護者とその家庭に対し，人間における尊厳性の原則，無差別平等の原則，自己実現の原則を理念として，子ども家庭のウェルビーイング（健幸）の実現のために，国，地方公共団体，法人，事業体，私人などが行う児童及び関係者を対象とする実践及び法制度」と記述している。

本書では，網野の考えをもとに子ども家庭福祉とは何かという問いに答えていきたい。具体的には，この定義を3つの構成要素――①対象，②理念・指向性，③実施主体（責任主体）とそれぞれが担う内容――からなるものとして理解し（図1－1），以下，それぞれの概要を節に分けて解説する。

なお，この定義に関する解説を読んだ後でもなお，子ども家庭福祉とは何かについてわかったような気がしない……という感覚をもつ方もいるかもしれない。そういう方は，本書を第2章，第3章と読み進めるなかで，たびたびこの「核」の部分に戻ってきてみてほしい。「核」（定義）と「本体」（具体的な法制度）をしっかり結びつけることができたなら，「子ども家庭福祉とは何か」という問いに対して，ある程度の確信をもって答えを出せるはずである。

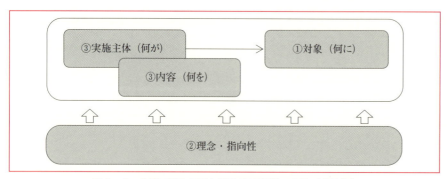

図1－1　本書で取り扱う子ども家庭福祉の定義（全体像）

② 子ども家庭福祉の対象

（1）子どもとは

　子ども家庭福祉の対象には，大きく分けて二つのものがある —— 一つは「子ども」，もう一つは「保護者とその家庭」である。

　子どもが対象になることについては疑念の余地はなかろう。しかし，ある者が「子ども」であるとみなされるかどうか，また子どもがどのような特性をもつものとして認識されるかは，その時代における子ども観に左右される。

　たとえば，近代化される前の社会では，子どもというのは，奴隷にされたり，人身売買の対象とされたり，ときには遺棄されたりということが可能な存在であることをしばしば意味していた。もちろん，子どもはすべて虐げられていたわけではないが，少なくとも特別にその生活を保障されるべきものとはみなされない場合が多々あったのである＊。また，特に中世の時代には，子どもは乳幼児期を過ぎれば，「小さなおとな」としてみなされ，おとなとは異なる発達段階にあるものとはみなされていなかったことが明らかにされている＊＊。

　やがて子どもへの科学的な見方＊＊＊が発展し，また工業化が進んで社会全体が豊かになり，子どもを大事に育てる経済的な余裕が生まれてくると，人生の早期において，二つの特徴を有している時期にある者を「子ども」として認識するようになった。それらは，非主張者・非生産者という特徴である。

　前者は，自分の人生や生活に影響する事柄に対して，自らの気持ちや考えを有することはあっても，それを対社会との関係において表出することが実態的に困難であることを意味している。後者は，自ら生産することよりも消費が中心であり，したがって生産力ある他者に依存しなければならない時期にあることを意味している。社会のなかでどれだけの主張力，生産力を有している必要があるかは，社会や時代によって変わってくるが，現代社会においては18歳未満というのが一つの目安とされている。

　現行制度における子どもの定義は第2章で学習していただくとして，ここではあらためて網野の定義を見直してみてほしい。網野は，非主張性・非生産性という特徴に基づいた「守られて生かされる子ども像」を子ども家庭福祉の定義において採用していない。代わりに，「この世に誕生した〈子ども〉は，生存し，発達し，適応しようとするエネルギーの一つとして，他者を自らに関心をもたせ，ケアに献身させようとする能力と魅力，つまり有能性を，自然に，無意図的に，無意識的に発揮している」ことに注目しながら，「生存し，発達し，自立しようとする」という形容を子どもに対して付している。子どもが自ら個人的（身体的・心理的）・社会的自立へ向けて発達する力を備えた存在であるという認識は，次に述べる理念・指向性を適切に理解する上でもきわめて重要である。

＊実際，わが国でも近代化への移行期である明治時代には，間引・堕胎・棄児（捨て子）が深刻な問題であった。

＊＊アリエス（Aries,P.）による『〈子供〉の誕生』が有名。ただし，これは西洋の資料を検討した成果であり，日本においても同様の考え方が支配的であったとは必ずしもいえない。

＊＊＊たとえばルソー（Rousseau,J.J.）は著書『エミール』のなかで，ある子どもの発達段階を記述し，その発達段階に応じた関わり（特に教育）が重要であることを説いている。

（2）保護者とその家庭とは

保護者とは，子どもを現に監護する者のことである。実親（血縁関係にある父母）を想定する場合が多いだろうが，実際にはそうとは限らない。祖父母等の親族が保護者のこともあるだろうし，親が再婚したような場合には，実親と並び，継親・養親も保護者となる。本書でも学習する里親家庭や児童福祉施設で生活をすることになれば，里親や施設の長が保護者となる。

また，家庭とは，保護者が子どもとともに生活をしている場*を指している。現代日本では，親（保護者）と子どもからなる核家族が家庭を形成し，そこが経済的な安定や安心できる住環境などの社会生活上の基本的欲求を充足するような場となることが一般的に期待されている。したがって，特定のおとなが日々の生活を共にしていない児童福祉施設を指して「家庭」とはいわないのが通例である（生活空間を家庭に模しているようなケア形態を指して，「家庭的」という表現は用いている）。

実は，保護者と家庭が子ども家庭福祉の対象となるのは，比較的最近の考え方である。母子で暮らせる施設（現行制度でいう母子生活支援施設**）のようなサービスもありはしたが，基本的にサービスの対象は子どもが想定されており，保護者を支援するとか，家庭の安定を図るということは，子どもの福祉保障の一環には明示的に組み込まれてはいなかった。

ところが，1990年代になって，少子化や子ども虐待などが社会問題化し，子どもを生み育てることに必ずしもポジティヴになれない実態があることが認識され始めた。保護者は家庭のなかで子どもとよい関係を築かなければならないが，最初から「子どもの気持ちがわかるよい保護者」として過ごせるとは限らない。社会が求めるような付き合いを子どもとできないからといって親の側から親子関係を解消するわけにはいかないし，昔のように棄児や身売りなどは到底許されない。親族や良心的な近隣住民が一緒に子育てしてくれるわけでもない。そんななかで，保護者は子育てをしなければならないのだ。

そんな現状認識がなされるようになって初めて，自ら生きようとする力を備えた子どもと，その子どもに日々応答している保護者とその家庭を不可分の対象とする子ども家庭福祉像が描かれるようになったのだ（図1−2）。

ちなみに，こうした保護者・家庭支援の考え方をさらに進め，「子育ては保護者と地域（社会）が共同で行うようにしよう」という認識も徐々に広まっている——保護者がまず子育てをしなければならないという前提に立つこと自体にいささか無理があるのであり，保護者・家庭と地域を不可分のものとして認識することが，結果的に子どものよりよい育ちを保障することになるのではないかという議論である。こうした意見に対しては「保護者の責任を軽視するものだ」という

---

*どの社会・文化にも普遍的にみられる親族集団としての家族概念に対して，家庭概念を近代家族と結びついたものとして捉える場合もある。近代家族においては，血縁以上に情緒的な支え合いが重要である。情緒的な結びつきが切れてしまえば，血縁関係に基づく家族関係は残っても，近代的な意味での家族は崩壊し，それとともに家庭という場も意味をもたなくなる。

**配偶者のない女子又はこれに準ずる事情にある女子及びその者の監護すべき児童を入所させて，これらの者を保護するとともに，これらの者の自立の促進のためにその生活を支援し，あわせて退所した者について相談その他の援助を行うことを目的とする施設（児童福祉法第38条）。1997年度までは母子寮といわれていた。

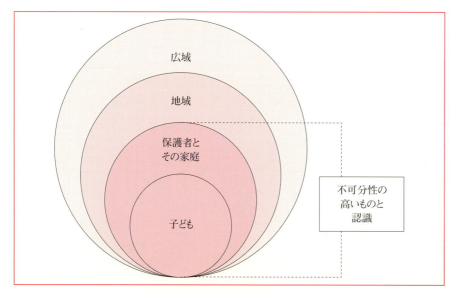

図1－2　子ども家庭福祉の対象

批判もあるが，保護者に対して子育て負担が過度にかからないようにするための議論は，今後も継続してなされていくことと考えてよいだろう。

3 子ども家庭福祉の理念・指向性
(1) 子ども家庭福祉の3原則

次に，「人間における尊厳性の原則，無差別平等の原則，自己実現の原則」という3つの理念（「かくあるべき」という根本的な考え）についてである。網野は，これら理念を日本国憲法に由来するものとし，特に関連する条文として，以下のものをあげている；

第13条　すべて国民は，個人として尊重される。生命，自由及び幸福追求に対する国民の権利については，公共の福祉に反しない限り，立法その他の国政の上で，最大の尊重を必要とする。
第14条　すべて国民は，法の下に平等であって，人種，信条，性別，社会的身分又は門地により，政治的，経済的又は社会的関係において，差別されない。
第25条　すべて国民は，健康で文化的な最低限度の生活を営む権利を有する。
2　国は，すべての生活部面について，社会福祉，社会保障及び公衆衛生の向上及び増進に努めなければならない。

以下，これら理念が子どもの福祉保障にとってどのような意味を有しているの

か，理解を深めていきたい。

①尊厳性の原則

第13条は，子どもを含むすべての人たちが個人として尊重されることを約束したものである。かけがえのない生命のみならず，自分のことは自分で決定していきたいという自由を希求し，そのなかで幸福を追求できるような生き方が保障されるのは，人間として至極当然のことであるという認識がここには込められている。

これは先ほどの子ども観とも通ずるものである。ただ単に生かされるということではなく，子どもが自由に幸福を追求したいという欲求をもち，それが満たされることで初めて，誰かの代理物としてではなく，一人の人間として尊厳をもって扱われていると感じることになる。

ただし，一つだけ条件があり，それが「公共の福祉に反しないこと」である。これは個人よりもみんなの利益が優先するということではなく，「ほかの人たちの基本的人権を損なわないこと」を意味している。お互いがお互いの基本的人権を尊重する限りにおいては，子どもを含むすべての人が生物的・心理的・社会的に個性をもった人として尊重されるということが，網野のいう尊厳性の原則であり，この理念から外れるような対応をすることは，子ども家庭福祉においては認められない。

②無差別平等の原則

第13条に規定されるように，すべての人が個人として尊重されるべきなのだが，当然，そのときにいろいろな理由をつけて差別的な取り扱いをすることは厳しく禁じられなければ意味がない。

いろいろな理由としては，第14条の条文にある通り，人種，信条，性別，社会的身分又は門地（いわゆる家柄のこと）などがあげられるが，そのほか，心身の状況，宗教や文化，経済状況など，ありとあらゆる属性が関わってくる。このなかには，年齢の多寡――つまり，子どもであること，高齢であること――も含めることができよう。

実際の社会生活では，「障害があるから」「経済的に苦しい生活をしているから」「特異な宗教を信仰しているから」等々の理由によって，第13条に規定されるような基本的人権が保障されず，守られるべき尊厳が失われてしまうことがある。だからこそ，子ども家庭福祉においても第13条と第14条をしっかりと結びつけ，特に社会的な差別を受けやすい子どもたちの基本的人権を守ることに心を砕くことが大切である。

③自己実現の原則

最後に，第25条である。これは，「社会福祉とは何か」を説明するときに最も

言及されるもので，「健康で文化的な最低限度の生活」は，社会福祉を学ぶ人たちは繰り返し目にするフレーズである。

これは従来，国民の社会権を構成するものとして理解されてきた。社会権とは，第13条，第14条が国民の自由を保障することを目的としたものであるのに対して，自由権を使いながら実際に社会のなかで生活するための基盤を保障するものであり，学校教育を受ける権利や労働において搾取等されない権利などが含まれる。こうした社会権といわれるもののうち，第25条は生存権を規定したものであり，実態的には「経済的な問題があって社会生活を送る上での基本的欲求が充足できないということがないようにする」という意味に解されてきた。

ところが，このままでは，「最低限度」というのがどの程度の水準を想定しているのか，よくわからない。そこで，「健康で文化的」という言葉を適切に理解する必要が出てくる。網野は，「健康」というのは，決して身体的なことだけではなく，精神的にも知的にもよく発達して，全体的にバランスがとれているというニュアンスのある言葉であり，「文化的」というのは「現代に生きる人間にとって大事な感性や知性を備えた」という意味として解している。すなわち，第25条に登場する「最低限度」というのは，「最低限度のお金があればよい」ということではなく，「現代日本に生きる人として身体面・精神面・知性面・道徳面全体がバランスよく発達し，人間らしさが保たれている状態」だというのである。

このような理解に基づき，網野は第25条を「生活ができるギリギリの水準」を保障するものではなく，子どもの自立性・能動性をも視野に入れながら，「生理的欲求，安全の欲求，所属の欲求，承認される欲求，愛される欲求等の充足を通して，他の人々を信頼し，承認・受容し，愛する欲求，そしてそれらを基盤とした，個性的な自己実現の欲求充足を十分に保障するということ」*であると解し，自己実現の原則と換言しているのである。

＊網野武博『児童福祉学＜子ども主体＞への学際的アプローチ』中央法規，2002, p21

（2）ウェルビーイングを指向したサービス

このように理念を特定した上で，網野は，これまでの福祉は憲法第25条のなかに出てくる「最低限度」に焦点を当て，「問題が発生してから機能する保護・扶助としての福祉」であったと批判的に捉えている。いい換えれば，「欠けているものを補う」ということを指向したサービスであったということだ。

しかし，今や人間の基本的な欲求というのは，そのようなものではなく，差別されることなく自らの人生を自ら選び取り生きていこうとすることを含むものであると考えるに至っている。そして，社会福祉サービスは，そのような基本的欲求を包括的に十分に保障するというアイディアに裏打ちされているものでなけれ

ばならないのである。

　こうして現状を批判的に捉えながら，網野が注目したのは，よりよく生きたいという基本的欲求に注目した「健幸としての福祉」（ウェルビーイング）という概念であった。

　実は，このウェルビーイングという用語は，かなり以前から世界保健機関の打ち出した健康の定義などで使用されていたのだが，日本語に翻訳される際に「福祉」と訳されていた。ところが，日本で定着してしまっている「問題が発生してから機能する保護・扶助としての福祉」という理解をウェルビーイング概念にあてはめると，まったく意味が通じなくなってしまう。ウェルビーイングという概念を再吟味すれば，それは「各個人の主体性，自己実現を可能とする健康性・充足性，それが達せられることによる幸福性・安寧性が機能している状態」なのであり，それは「健幸」と訳されるべきものだというのが網野の考えである（ただし，子ども家庭福祉学界全般で見ると，「健幸」と訳されるよりも，ウェルビーイングという英語のままで用いられることが多い＊）。

　いずれにしても，現代的な子ども家庭福祉は，基本的人権が侵害されたときにのみ発動し，その状態が解消されるまで回復していくようなものにとどまらず，「最低限度の生活」を超えて，自己実現を目指していけるような個人的・社会的自立を目指すものなのである。「福祉」というと「３Ｋ」（きつい・きたない・危険）と結びつけられ，何かしら地味で暗いイメージが先行しがちなところがあるが，実はすべての人たちのよりよく生きたい，自分らしくありたいという欲求を当然のことと考え，そこへ向けた支援を受ける機会を確保しようとする，きわめてポジティヴな社会的実践なのだということを知っておいてほしい。

> ＊ウェルビーイング概念が子ども家庭福祉学界に広まったのは，髙橋重宏が1994年に著書『ウェルフェアからウェルビーイングへ』を公刊した影響が大きい。

④ 子ども家庭福祉の実施主体と内容

（1）親は子ども家庭福祉の担い手か？

　網野の定義を再び見直すと，実施主体については，「国，地方公共団体，法人，事業体，私人などが行う」としている。子どもの福祉保障において，国や地方公共団体，そのほか慈善活動などの民間組織・団体，あるいはいわゆる住民相互の助け合いが大きな役割を果たしてきたことは，何となく想像しやすいものと思う。

　では，保護者はどうだろうか。わが国の実態を見ても，多くの保護者は監護権＊＊を適切に行使することで，子どもの福祉を守っている実態がある。そう考えると，保護者は子ども家庭福祉の担い手としてきわめて重要な存在のように思える。網野もまた，保護者の個人的努力により達成されるものを私的責任として整理し，私的責任が適切に遂行されることで子どもの福祉が保障されることを認

> ＊＊民法上，監護権を含む親権は，親権を行う者（父母）に付与されている（同法第818条）。父母との親子関係が解消されない限り，基本的には親権者が行使するものであり，その者が子どもの利益のために子どもを監護し，教育する権利を行使することになる（同法第820条）。ただし，親権者が日々子どもの監護をすることができない事情にある場合，親権者と監護権者は分離し，〈監護権者＝保護者〉となる。

めている。

ただし，同時に網野は，保護者には子どもを養育する責任はあっても，それはあくまでも私的な営みであって，組織化・体系化された子ども家庭福祉の実施とは分けて考えるべきだと主張する。すなわち，子どもと保護者とその家庭はあくまでも子ども家庭福祉においては「対象」となるものであって，そこに社会が何らかの関与をするときに施策ないし実践として展開されるものだということである。

実際，本書を含め，子ども家庭福祉の解説書には，「保護者による子育てはどうあるべきか」という議論（一般的な子育て論）は含まれていない。子どもの福祉に保護者の子育て責任の遂行状況が大きく関与することは違いないが，その私的な状況に対して「国，地方公共団体，法人，事業体，私人など」がどういう理念の下でどういう役割をどのように果たしていくのか（きたのか）に焦点を当てて記述を行ってきたのが子ども家庭福祉だというふうに，ここでも考えることにしたい。

(2) 個別的サービスとその実施主体

網野は，子ども家庭福祉のサービス内容を大きく二つに分けている。

一つは，個別的で特殊性の高いサービスが求められる領域である。そのような場合，高度な専門性が求められる状況でもあるため，実施主体としては，法律に基づいた公的責任を遂行できるところ —— 国及び地方公共団体，あるいは行政から委託を受けられるだけの組織性・専門性を有したところ —— が該当することが多くなる。子育て経験者や地域住民などがボランティア精神や当事者性を生かして活動することもないわけではないが，どちらかといえばサービス運営に補助的に関わることが多いといえる。

なぜ実施主体に組織性・専門性が求められるのか —— それは一言でいえば，個別的な事情を調査し，その対象者にあったサービスを見出し，利用できるようにしていくだけの力量が求められるからである。

その最たるものが，「代替」をキーワードとするものである。具体例としては，子どもを保護者から分離し，ケアを提供する入所支援型サービスがあげられる。そのようなサービスが提供される場合は，子どもの権利擁護に困難を抱えた家庭環境等があって，そこに公的に介入をしながら子どもを保護するかどうかの判断をし，いずれの場合であっても，その子どもの状態をよく理解した上で支援計画を考えていかなければならない。子どもにとっては権利擁護の最後の砦ともいえるものであり，そこで求められる専門性は相当程度に高度なものといえる。

あるいは，生活の場そのものを代替していかなければならないような状況を予

防するため，地域のなかには家庭機能を補完するサービスを用意する場合もある。保育サービスの提供は，この代表的なものであるし，障害を有する子どもたちの発達支援を行うようなサービスも，保護者による監護を補完する一例としてあげられる。

ちなみに，「保育や子どもの発達支援は，子育てを経験していればできる」といわれることが時々あるが，決してそのようなことはない。様々な個性をもち，また異なる生活環境で育っている子どもたちを個別的・集団的に支援していくことは，当事者性以上に専門性（そしてその専門性を担保していくような組織性）が発揮されなければ難しいものである。

上記のような例以外にも，保護者による私的責任の遂行を日々期待できる状況にはあるが，子どもの育ちや子育てで心配なことがあったときに，話をしながらどうしたらいいかを考えていかなければならない場面がある。そうした場面では，話される内容が軽微なものであれば子育て経験者等でも応じられるが，実際には隠されたニーズを感知し，そこへの応答をしていくことも求められることも少なくない。

たとえば，家計のやりくりが心配だという話をしている母親がいたとしよう。それは単純に「家計のやりくりが大変だという話を聴いてほしい」「ほかの家庭ではどうしているのか聞いてみたい」といったものなのかもしれない。しかし，その背景には，夫の失業という問題が発生しているのかもしれないし，同居親族の介護にかかる諸々の負担が関係しているのかもしれない。後者のような場合であれば，徐々にそうした複雑な生活状況を相談場面で共有できるように話を展開し，必要に応じて有用なサービスを紹介することもできなければならないだろう。そのため，複雑な事情を抱えた子どもや保護者と相談をすることが想定される行政機関や児童福祉施設の相談窓口は，実際にそれ相当の専門性が発揮できるような人材と体制を確保できていなければならないのである。

(3) 普遍的サービスとその実施主体

網野が指摘するもう一つのサービス内容は，普遍性の高いサービスをできるだけ多くの子どもと保護者に提供していく方が適しているタイプのものである。そのような場合，公的な予算の裏付けや，社会福祉事業者の協力なども必要であるが，別に個人のプライバシーを扱うわけでもなく，高度な臨床的判断が求められるわけでもないので，子育て経験者や地域住民がサービス提供の主たる担い手となっていくことが多い。

たとえば，児童福祉法や児童の権利に関する条約がどのようなものであるかが書かれたパンフレットを制作・配布したりすること，こどもの日などにあわせて

各地で子どもの健やかな育ちを願う講演会等のイベントを開催すること，あるいは，良質な本や劇などを選定して紹介したり，逆に子どもの育ちに有害と思われるものをピックアップしたりして広く情報提供を行うこと——いずれも個別性よりも普遍性を志向したサービスである。もちろん行政や児童福祉事業者の関与があってもよいのだが，専門性を備えた人材しか担えないという性質のものではないので，多くの一般市民の人たちや民間団体が参加して作り上げていけるようなサービスとして理解してよいだろう。

　また最近は，基本的にすべての子どもあるいは保護者に対して個別あるいは少人数で対面的にサービス提供をする機会を設けつつ，個別的なサービスを受ける可能性が高そうなケースを発見していく活動にも注目が集まっている。たとえば，新生児のいる家庭をすべて訪問して子育てに役立つグッズを手渡し，そのなかでちょっとした子育て不安を抱えている人に気づいていくようなサービスがあげられる。こうしたサービスには，行政や児童福祉事業者が関与する場合も少なくないが，実際のところ，人数に限りがある専門職だけで，すべての子どもや保護者に対応することには限界がある。そのため，ボランティアをトレーニングしたりして，こうした普遍的サービスの担い手になってもらっている場合も少なくない。

　こうした普遍的サービスは，「ばらまき型のサービス」「資源の無駄遣い」ともみなされ，その重要性が軽くみなされがちなところがある。しかし，ウェルビーイングを指向したサービス提供のあり方を考えたとき，問題が発生する間の段階，あるいは問題が発生しつつある段階で手を差し伸べられるような機会を作ることは，大いに意義があるものと評価できよう。

2. 子ども家庭福祉の歴史的展開

1 法律による子ども家庭福祉以前の世界

（1）恩恵としての社会福祉

　社会福祉の歴史を紐解けば，地縁・血縁に基づく相互扶助にたどり着くことができる。つまり，人々の福祉は，命を生み育てる家族の生活の一環において守られ，その家族全体の福祉は，生活の糧を生み出す地域共同体により支えられていたということである。

　しかし，相互扶助は地縁・血縁の実益と密接不可分のものであり，その関係外部——すなわちよそ者——までは適用されないものであった。また，富の蓄積及

び私的所有が進み，共同体のなかに身分制が生まれ始めると，自然発生的な相互扶助機能は限界を露呈し，社会変動に対応した新たな救済の手立てが求められるようになった。

そこで注目すべきは，相互扶助と同様に古い歴史をもつ慈善活動である。わが国においてこれを先導したのは仏教思想でいう慈悲の考え方であった。特に，593年に，貧困に苦しむ者や孤児を収容することを目的として，聖徳太子によって設立されたといわれている四箇院が有名である。四箇院とは，仏教的教化事業を担う敬田院，薬草の栽培と施与を担う施薬院，無縁病者の治療にあたった療病院に加えて，孤児を含む貧困者の収容保護を行った悲田院を指している。これが，わが国の子どもの福祉に関して最も古い取り組みとして取り上げられることが多い。

また，前近代におけるわが国の特徴の一つとして，仏教思想と並び，儒教思想でいう慈恵の考え方によって，為政者たちが救済をしたことがあげられる。その最も古いものとしてよく知られているのが，7世紀後半に形成された律令制である。「律令」という言葉は，古代中国の法体系を指すものであるが，そのうちの「戸令」といわれる法律のなかで，救済のことが触れられており，その救済対象として，配偶者を亡くした者や貧困者と並んで孤児があげられていたとされる。その救済方法は，生活に困窮する者がいたときには，まず近親者が扶養し，近親者が助けられないときは地域共同体で救済するというもので，一方，天皇による救済は，こうした相互扶助がまったく期待できない場合に行われる有難い恩賜として考えられた。

自然発生的な相互扶助と慈善活動に人々の救済を期待し，公的な関与は行わないという基本的な方法は，長い間，わが国の社会福祉のあり様を形作っていくこととなる。

(2) 慈善活動の活発化

近代になり，資本の蓄積といわれるプロセスが進むと，人々の暮らし向きにおいて経済的な格差が広がった。当時の記録によれば，1883（明治16）年において，国民の60％弱の約2,100万人が窮乏していたとされるほどであり，そのなかで，多くの子どもたちは，物乞いをしたり，酒宴に侍らされたりすることで，日々の生活の糧を得なければならなかった。また，江戸時代から続く間引・堕胎・棄児の解消も，近代国家への道を歩むためには大きな課題となっていた。

こうした貧困問題の解消に対して，明治政府はその誕生時からすぐに手立てを講じたが，国による救済水準は低く抑えられ，また救済要件も前近代の時代同様にきわめて厳格なものとされた。結果として，国民生活の窮乏化と比して，被救

1章　現代社会における子ども家庭福祉の意義と歴史的展開

表1-1　岡山孤児院十二則

① 家族主義：家庭的養護を重視すること
② 委託主義：一般家庭への委託を促進すること
③ 満腹主義：満ち足りた食事を用意すること
④ 実行主義：大人がよい行動を示すこと
⑤ 非体罰主義：体罰は用いないこと
⑥ 宗教教育：宗教的な素養を持つこと
⑦ 密室主義：子どもを叱るときは個別に行うこと
⑧ 旅行教育：旅行により見聞を広めること
⑨ 米洗教育：米を研ぐように繰り返しかかわること
⑩ 小学教育：学齢期の子どもには教育をすること
⑪ 実業教育：自立を見据えて職業訓練を行うこと
⑫ 托鉢主義：広く寄付を得て施設を運営すること

済人員はきわめて少なく抑えられた――すなわち，ただ貧困であるというだけでは公的には救済されず，その意味において，前近代から近代へかけて，さしたる進歩はなかったと考えられるのである。

　公的救済制度の発展が停滞する一方，これまで以上に活発化したのが慈善事業であった。その一つとして，1887（明治20）年，石井十次が岡山孤児院を立ち上げたことを忘れることはできない。岡山孤児院では12条にわたる養護のルール（岡山孤児院十二則）が掲げられていた。それは，表1-1に示すように，非体罰主義や，家庭的な小舎で子どもたちと職員が共に暮らす家族主義，里親委託を積極的に推進する委託主義など，現在の社会的養護改革に通ずる内容が含まれているものであった。

　非行少年に対しては，1899（明治32）年に，アメリカで感化教育*を学んだ留岡幸助が，東京で家庭学校を設置した。石井と同じく，家庭的で温かな環境を重視した留岡は，夫婦が子どもたちと生活を共にする小舎夫婦制を推進した（施設名称に感化という言葉を用いず，代わりに家庭学校としたのも，この理由による）。小舎において学習・生活・作業を通じた指導・援助を行うやり方は，現在の児童自立支援施設の援助モデルとなっていった。

　そのほか，知的障害を有する子どもの福祉のために，石井亮一が活躍した。石井はもともと1891（明治24）年の濃尾大地震で孤児となった女子が身売りされるのを防ぐために，孤女の保護施設を作っていた。そのなかに知的障害を有する子どもたちがいたことから，アメリカにわたり，知的障害についての研究を進め，帰国後にその保護施設を滝乃川学園に改名して知的障害児の施設としたのであった。その後，ほかの者たちの手によって，知的障害を有する子どもについて，科学的認識に基づいて保護・教育する意図をもった施設が相次いで開所されるようになった（京都の白川学園，大阪の桜花塾など）。

　保育に関しては，1890（明治23）年，新潟において，赤沢鐘美が私立静修学

*非行少年等によい影響を及ぼす教化活動を指す。歴史上の用語であり，現在は使われない。

13

校において実施したのが最も早いといわれている。その後，都市部の貧民街において，保育施設が多く作られたが，その代表的なものとして，1900（明治33）年に，野口幽香・森島峰のふたりが手がけて東京に設置した二葉幼稚園があげられる。当時は，経済的富裕層のみに幼児教育がなされていたが，このふたりは，「貧困家庭の子どもが街で非行少年となっていくのは，教育が欠けているからだ」と考え，防貧政策の一環として幼稚園を運営した。その実態は，幼稚園というよりも，一日8時間を過ごす保育所であり，のちに二葉保育園に名称変更をしている。

こうした一連の慈善事業の興隆は，単なる保護活動の活発化というよりも，専門的知識に裏打ちされた実践が多く開発された時期としてみなすことができよう。そして，そこで育まれた支援のための哲学や方法論は，今でも決して遜色のないほど優れたものであったということも忘れてはならない。人物名と施設名を単に暗記するだけでなく，こうした人たちの生き方からも学ぶべく，ぜひ伝記などにも目を通してみてほしい。

② 法律による子ども家庭福祉以後の世界

（1）児童保護から児童福祉へ

公的な関与が低調であったわが国の社会福祉は，第二次世界大戦の終戦を境にして大きく転換する。連合国軍総司令部（GHQ）の指示も受けながら，無差別平等の原則・国家責任の原則・必要充足の原則・公私分離の原則の下，国はすべての国民の必要最低限とされる生活水準保障に対する責務を課せられることとなった。

壊滅的な打撃を受けた国民生活の救済のために公的扶助が最初に制度化されたが，それと並行して，戦争により家や家族を失った子どもたちへの対応が急がれた。そして，それらは1947（昭和22）年12月，児童福祉法の制定に結実した。

当時は，実態的には戦争で親を亡くした子どもたちの保護が中心的課題であったが，児童福祉法は決して子どもの保護だけを目的としたものとして制定されたわけではなかった。「すべて国民は，児童が心身ともに健やかに生まれ，且つ，育成されるよう努めなければならない」という条文（第1条）が設けられ，健康で文化的な最低限度の生活が送れない子どもの保護救済ではなく，非主張者・非生産者という子どもの特性が社会的に不利に働き，生存権保障がままならないような状況に陥ることのないよう，積極的に支援を行っていくことが理念として考えられた。あわせて，このような理念の実現のためには国民の理解と協力が欠かせないとの条文になっていることを受け，1951（昭和26）年に前文と12条からなる児童憲章を制定し，これを広く国民に周知することも行った（表1－2）。

1章　現代社会における子ども家庭福祉の意義と歴史的展開

表1-2　児童憲章（前文のみ）

> われらは，日本国憲法の精神にしたがい，児童に対する正しい観念を確立し，すべての児童の幸福をはかるために，この憲章を定める。
> 　児童は，人として尊ばれる。
> 　児童は，社会の一員として重んぜられる。
> 　児童は，よい環境の中で育てられる。

　かくして，戦前に行われていたような，保護の必要な子どもだけに対応する児童保護政策からの脱却が目指され，代わってすべての子どもの福祉を積極的に保障することが目指され，その理念・政策・実践の体系を児童福祉と称するようになった。

(2) ホスピタリズムの研究

　すべての子どもたちの健全育成を目的とする法律ができたとはいえ，戦後の子どもの福祉に関わる最大の課題が，要保護児童対策であったことには違いない。多くの戦災孤児等が新たなサービス実施体制の下で保護され，施設入所措置を受けた。しかし，敗戦後の混乱のなか，保護されたからといって，それで子どもたちの健全育成が図られたわけではなかった。

　特に乳児院においては，子どもの死亡退院が多く —— たとえば，乳児院に入院した子どもたちの，実に50％が死亡していたという報告もある* —— 特に関心が集まった。1952（昭和27）年には，国の研究費を用いて「ホスピタリズムの研究」がなされ，施設における子どもたちの発達に，欧米の研究で明らかなホスピタリズムといわれる症状が見られないかが検討された。その結果，乳児院及び養護施設（現在の児童養護施設）においてホスピタリズムが認められたのだった。具体的には，知能及び精神的発達の遅れや精神的不安定さ（表情に乏しい，泣きやすい，臆病など），指しゃぶりや夜尿などの神経症的傾向，そして，自発性の欠如や攻撃傾向などの対人関係の障害が見られることが報告され，それが施設の物理的・人的環境と関連していることが示唆されたのであった。

*金子保『ホスピタリズムの研究』川島書店，1994, p32

　こうした報告等をめぐって大きな論争が引き起こされ，多くの労力がホスピタリズム克服に費やされ，諸々の改善がなされるなかで，当時見られたようなホスピタリズムは施設から姿を消した。ただし，個別的なケアが十分に行いきれないような低水準な人的配置は抜本的には解消されず，結果として，近年の施設小規模化に予算が講じられるまで，施設形態は大舎が中心的なものとして温存されてきたのが実情であった。

（3）児童福祉問題の多様化と六法体制の確立

　1950年代（昭和25〜34年）は，ホスピタリズム以外の問題にも注目が集まるようになった時代でもあった。この頃は，日本が奇跡的ともいわれる経済復興を成し遂げていき，「もはや戦後ではない」といわれるようになった高度経済成長の開始期でもあった。

　経済復興を社会生活の変化としてみると，都市化や核家族化の進展として捉えられる。第一次産業（農林漁業）で生計を立てることが主流だった時代には，住むところと働くところは近接し，また地域の人たちが協力しあうことが必要不可欠であった。第二次世界大戦後にはすでに第一次産業従事者が全体に占める割合は5割を下回っていたが，この割合が高度経済成長期に著しく低下した。代わりに第二次・第三次産業従事者が相対的に増えていくと，住まいの近くで働く必然性はなくなっていく。むしろ経済的に合理的で魅力的な住宅が供給される郊外に住み，そこから職場へ通うという生活スタイルが一般化してくるようになった。それは，生まれ育った地縁，血縁ネットワークから離れて，夫婦と子どもからなる核家族ごとに家庭を営むことを意味していた。かつては共同体のなかでは相互につながりがあり，また生活の営み方も均質的であったが，核家族が単位として確立されるようになると，どのような生活をするのか，どのくらいの水準の生活ができるのかは各家庭によって異なるものへと変化していった。このような変化は，個々人の自由と選択の機会を増やしていくというポジティヴな側面だけでなく，それまで相互扶助の下で担われていた自然発生的な子育て支援や保育を委ねられる人を新たに探さなければならないという事態にもつながるものであった。

　また，それまでの比較的安定して変化の少ない社会から，工業化・都市化・核家族化という劇的な変化を経験するなかで，失業，家出，アルコール依存や借金苦など，それまではあまり見られなかった問題が目立つようになった。しかも，このような問題が発生した家庭が地縁・血縁から物理的に切り離されてしまっているような場合，それはただちに児童福祉問題として公的な対応を求められることとなった。こうしたなか，1964（昭和39）年には，家庭児童相談室が福祉事務所に併設できるよう国から通知が発出され，福祉事務所を基盤とした家庭問題への対応が強化された。また，ちょうどこの頃，児童福祉施策を所管していた厚生省（現在の厚生労働省）の部局名が児童局から児童家庭局（現在の子ども家庭局）へと変更されたのも，象徴的なことであった。

　このほかにも，1960年代（昭和35〜44年）には様々な施策の拡充が図られた。たとえば，母子家庭の問題は戦前より注目されていたが，1961（昭和36）年に児童扶養手当法が制定され，1964（昭和39）年に母子福祉法（現在の母子及び父子並びに寡婦福祉法）が制定された。疾病予防・健康増進に関わる施策も高度

経済成長とともに形成された。1965（昭和40）年には，児童福祉法に統合されていた母子健康手帳や健診などが母子保健法として結実した。これを機に，当時はまだ地域的なばらつきがあり，必ずしも世界高水準とはいえなかった母子保健統計が，改善へと順調に歩を進めていくことになる。

　障害児福祉サービスについては，もとより児童福祉法においてサービスが規定されていたが，児童福祉法において規定されていた精神薄弱（現在でいう知的障害）者にかかるサービスが，1960（昭和35）年に制定された精神薄弱者福祉法（現在の知的障害者福祉法）内で体系化され，児者分離が図られた。また，1964（昭和39）年には，重度精神薄弱児扶養手当法（現在の特別児童扶養手当等の支給に関する法律）が制定された。施設種別に関しては，糸賀一雄*による先駆的な実践が評価されて，当初の児童福祉法では規定がなかった重症心身障害児施設が1967（昭和42）年に法定化された。

　こうした一連の動きからやや遅れる1971（昭和46）年に成立する児童手当法を加えて，わが国において児童福祉六法**と称される，児童福祉保障の骨格が成立したのだった。

❸ 社会福祉基礎構造改革以降

（1）地方分権・規制緩和の時代へ

　所得制限がありながらも，これまでの福祉対策と比べ，かなり広い範囲の子育て世帯を対象に現金給付等を行う児童手当法が成立した1970年代（昭和45〜54年）初頭は，政府による社会福祉拡充方針がピークを迎えた時期でもあった。しかし，その下支えをしていた経済成長がオイルショックによって鈍化すると，政府は大きく方針展開をせざるを得なくなった——国民の福祉保障のために国が大掛かりなシステムを組み上げ，集めた税を再配分していくような中央集権的で官僚的な手法は非効率的であり，経済活動に水を差すものとして厳しい批判を浴びるようになったのである。その結果，国家に対する期待は縮小し，代わって市場原理を重視し，「小さな政府」の実現を目指す政治家が，政権運営を担うことが多くなった。これ以降，社会福祉サービス提供体制の整備という仕事を国から地方へ，また公から民へと移行させる地方分権・規制緩和が加速していった。その集大成が2000（平成12）年の社会福祉法（1951〈昭和26〉年制定の社会福祉事業法を改正）であった。こうした動きは，「戦後一貫して守ってきた公的責任の後退だ」と批判されることもあれば，「社会福祉サービスの利用が一般的なものになり，そのニーズすべてに行政，とりたてて国が応答すべしという考えそのものが時代にあわなくなっている」と支持・容認されることもありながら，現在までの社会福祉改革を特徴づけるものとなっている。

*恩恵的に障害児に対して何かをしてあげるのではなく，障害児一人ひとりが社会のなかで輝く力を有しており，その光が社会を照らせるようにしていく大切さを表現した「この子らを世の光に」というフレーズは，日本の社会福祉思想史を理解する上で欠かせないものである。

**児童福祉六法を制定年度順に並べると以下となる（改定を経た場合は現在の法律名で表記）。
・児童福祉法
　1947（昭和22）年
・児童扶養手当法
　1961（昭和36）年
・特別児童扶養手当等の支給に関する法律
　1964（昭和39）年
・母子及び父子並びに寡婦福祉法
　1964（昭和39）年
・母子保健法
　1965（昭和40）年
・児童手当法
　1971（昭和46）年

(2) 少子化を契機としたサービスの見直し

　さて，社会福祉界全体の動きはこのくらいにして，児童福祉分野に限ってみれば，少子化の社会問題化が大きな影響を及ぼしたことに気づく。1990（平成2）年に発表された合計特殊出生率が史上最低の1.57を記録したことが大々的に報道され，来るべく高齢化社会を支える労働人口が減少していくことが意識化されるようになったのである。

　そして，子どもを生み育てるという，それまでどちらかといえば自然現象のように考えられていたことが積極的な選択肢にならない社会とは何なのかがあらためて議論されるようになった。その議論の過程のなかで，これまでの児童福祉のあり方が実態的には保護的・事後処理的な発想に基づいて展開されてきたことが反省されるようになった。代わりに，自由権を含めた基本的人権を保障する意義をあらためて評価し，利用者主体でサービスを選び取り，よりよい生活を探求できるための基盤整備こそ21世紀の児童福祉が担うべきものだと考えられるようになったのである。こうした理念の転換をしながら，保護者とその家庭に対する積極的な施策 ── いわゆる子育て支援サービス ── を用意していくことが児童福祉のレギュラーメニューとして定着していった（児童福祉という呼び方から児童家庭福祉へと転じ始めたのも，この頃であった）。

　それを初めて施策として具体化したのは，1994（平成6）年のことであった。その年，厚生大臣（現在の厚生労働大臣）が関連する3省の大臣とともに，エンゼルプランなるものを発表し，あわせて当該プランを施策として具体化したものを緊急保育対策等5か年事業としてとりまとめ，発表した。これを皮切りに，5年ごとに国は少子化対策を計画的に推進していくことになった（一連の経過については，図1－3）。

(3) 子どもの権利保障

　1990年代（平成2～11年）に理念が転換するにあたり，保護者とその家庭への支援と並んで忘れてはいけないのが，子どもの権利保障のことである。これは，ただ単に保護者にとって利便性の高いサービスを用意するのではなく，保護者がサービスを利用したことによって，子どもの権利がいっそう積極的に保障されるということに結実することが重要であることを意味している。

　特に，1994（平成6）年に，国連で1989年に採択されていた児童の権利に関する条約（子どもの権利条約）の締約国になったという出来事が大きな転換ポイントとなった。これにより，日本政府が子どもに関連する施策を推進する場合には必ず権利条約の内容が実現されるようにすることを，国際的に約束したのである。

1章　現代社会における子ども家庭福祉の意義と歴史的展開

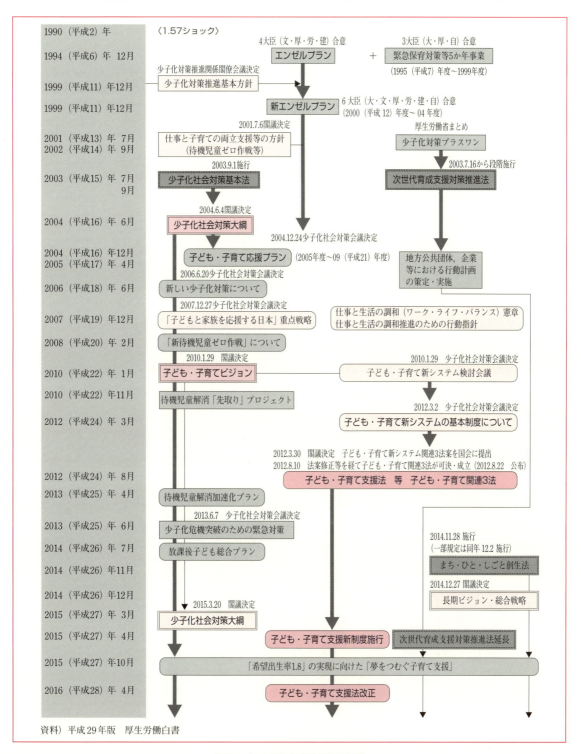

図1-3　子育て支援対策の経緯

ちなみに，この頃から，「児童」「子供」という漢字表記が子どもの未熟性・おとなに対する従属性に焦点を当てているとの説*に注目が集まり，有識者の間では子ども観の転換を促す必要性があるとの認識から，「子ども」あるいは「こども」という表現が好まれる傾向も定着していった（その流れのなかで，児童家庭福祉という呼び方と並び，子ども家庭福祉という名称も使われるようになった）。

（4）多様化・複雑化する子ども家庭福祉問題への対応

近年，法律が制定あるいは改正されることが頻繁になされている。その代表的なものが2016（平成28）年の児童福祉法改正で，これにより戦後一度も改正されることのなかった児童福祉法の総則部分が全面的に見直され，子どもの権利保障を中核に据えた，新たな子ども家庭福祉の理念が明示された。あわせて，国及び地方公共団体が保護者を支援しなければならないこと，子どもは原則として家庭で育つことができるよう保障されなければならないことなども法令化し，新しい子ども家庭福祉サービスの到来を名実ともに伝えるものとなった。

図1－3を再び見ていただくと，子どもを生み育てる社会形成のための計画的推進については，次世代育成支援対策推進法，少子化社会対策基本法に加え，2012（平成24）年に子ども・子育て支援法が制定されている。子ども・子育て支援法は，すべての子ども・子育てを支援するものであるが，特に就学前の教育・保育保障を，教育と福祉の枠を超えて一元的な仕組みの下で提供しようとするものであった。この子ども・子育て支援法が成立する以前には，幼稚園と保育所の特徴を併せもち，地域子育て支援機能も有する認定こども園も創設されている**。

また，障害児施策についても，大きな動きがあった。2004（平成16）年には発達障害者支援法が制定され，発達障害児の早期発見や支援に関心が集まるようになった。2005（平成17）年には，障害者自立支援法（2012年に廃止され，代わりに障害者総合支援法が制定・施行されている）ができ，身体障害・知的障害・精神障害（現在はこれに難病も加えられている）と多岐にわたる障害を有する者に対してバラバラにサービス提供を行っていたことを解消することが企図された。これにより，様々な障害特性を有する障害児者がすべて基本的には共通する仕組みの下で支援を受けることとなり，児童福祉法においては，それまで障害種別ごとにわかれていた施設種別が一元化された。2013（平成25）年には，障害者権利条約の締約国となり，国内で障害者差別禁止法を制定されるなど，権利擁護の動きも活発化している。

育ちの環境を改善する法律もいくつかあげられる。1999（平成11）年には児童買春，児童ポルノに係る行為等の規制及び処罰並びに児童の保護等に関する法

*「児」は「頭蓋骨が固まっていない者」の意であり，「童」は「目の下に刺青をした奴隷」を指す言葉であるという。また，「子供」は，「子」が「頭が大きく手足がなよなよしている者」の意で，「供」が子どもという存在を家来として見なす意識を反映しているとの説を指している。

**就学前の子どもに関する教育，保育等の総合的な提供の推進に関する法律（いわゆる認定こども園法）が2006（平成18）年に制定されたことによる。

律，2000（平成12）年に児童虐待の防止等に関する法律，2001（平成13）年には子ども虐待と深く関わりのある，配偶者からの暴力の防止及び被害者の保護等に関する法律が制定された。さらに2013（平成25）年には子どもの貧困対策の推進に関する法律が制定された。

こうした一連の法律の制定に加えて，既存の法律を含めた法改正，あるいは法改正に拠らない制度改正が相次いで行われている（表1－3）。そのすべてについて記す紙幅はないので，代わりに第3～4章において個別施策の学習を進める際，それらがいつどのようにして始められたサービスなのかについても留意して学習を進めてほしい。

3. これからの保育士に求められるもの

1 政策動向から学ぶということ

子ども家庭福祉の意義とその歴史的経緯について学習をするなかで，子ども家庭福祉が生々流転するものであるは明らかといえよう。能動的子ども観は昔から不生不滅のものとしてあったわけではないし，保護者や家庭を対象とすることも実に現代的なことである。「子ども家庭福祉とは何か」という問いへの答えは，時代の流れのなかで批判的に見直され，また新しい装いをまといながらヴァージョンアップをし続けるであろう。

だからこそ，保育士が子ども家庭福祉の最新の定義を共有していくためには，「時代の流れ」を把握していくことが欠かせない。「時代の流れ」という漠然としたものを把握することは決して簡単ではないが，社会構成員に共通する福祉ニーズを把握・理解することと不可分である社会福祉政策の動向を理解しておくことがその一助となる。

ここでは，子ども家庭福祉を含む社会福祉界全体の動向を捉えるために，新福祉ビジョン，そして子どもを生み育てるという側面から現代社会のあり様を捉えた上で策定された少子化社会対策大綱の最新版について確認しておきたい。

2 地域における総合的な支援の実現

新福祉ビジョンとは，2015（平成27）年9月に厚生労働省内に設置されたプロジェクトチームによりまとめられ発表された，「誰もが支え合う地域の構築に向けた福祉サービスの実現－新たな時代に対応した福祉の提供ビジョン－」の通称である。現在，このビジョンに基づき，地域のなかでより広い範囲の福祉サー

表1−3 子ども家庭福祉関連法制定年表（近年の児童福祉法改正含む）

1946 年	日本国憲法制定
1947 年	児童福祉法制定
1961 年	児童扶養手当法
1964 年	母子福祉法（現在の母子及び父子並びに寡婦福祉法）
1964 年	特別児童扶養手当等の支給に関する法律
1965 年	母子保健法
1971 年	児童手当法（児童福祉六法体制の確立）
1997 年	児童福祉法改正（保育を措置から利用方式へ転換, 児童家庭支援センターの創設, 虚弱児施設の廃止など）
1999 年	児童買春禁止法制定
2000 年	社会福祉法制定 児童虐待の防止等に関する法律制定 児童福祉法改正（助産施設及び母子生活支援施設を措置から利用方式へ転換など）
2001 年	児童福祉法改正（保育士の国家資格化, 主任児童委員の創設など）
2003 年	次世代育成支援対策推進法制定 配偶者間の暴力の防止及び保護に関する法律制定 児童福祉法改正（子育て支援事業の法定化など）
2004 年	少子化社会対策基本法制定 発達障害者支援法制定 児童福祉法改正（児童相談体制の見直し, 要保護児童対策地域協議会の創設など）
2005 年	障害者自立支援法制定（現在の障害者の日常生活及び社会生活を総合的に支援するための法律（障害者総合支援法））
2006 年	認定こども園法制定
2007 年	児童福祉法改正（要保護児童対策地域協議会の設置努力義務など）
2008 年	児童福祉法改正（乳児家庭全戸訪問事業や家庭的保育事業の法定化, 被措置児童等虐待防止の制度化など）
2010 年	児童福祉法改正（障害児施設の再編, 放課後等デイサービスや保育所等訪問支援の法定化など）
2011 年	児童福祉法改正（親権一時停止制度の創設, 都道府県に対する児童福祉施設最低基準の条例策定義務など）
2012 年	子ども・子育て支援法制定
2013 年	障害者差別禁止法制定 子どもの貧困対策の推進に関する法律制定
2014 年	児童福祉法改正（小児慢性特定疾患にかかる事業の追加など） 母子及び寡婦福祉法が母子及び父子並びに寡婦福祉法へと改正
2016 年	児童福祉法改正（総則部分を初めて大幅改正）
2017 年	児童福祉法改正（家庭裁判所による一時保護の審査など）

ビス受給者に対応できるような総合的な拠点を整備していくための準備が進行中である。

　地域を舞台にして, 対象者を拡大してサービス提供すべきとの考え方が生まれ

てきた背景には，福祉ニーズの多様化・複雑化がある。問題を具体的に認識するため，ビジョンのなかで取り上げられている例をそのまま引用しよう；

　　たとえば，軽度の認知症が疑われる80代の老親が無職で引きこもっている50代の子と同居しているなどの場合，当該世帯はしばしば複雑な課題を抱え地域から孤立しているにもかかわらず，その世帯全体の課題に的確に対応する仕組みが存在しないなどの問題がある。
　　また，がん患者や難病患者が福祉ニーズや就労ニーズなど分野をまたがるニーズを有する場合に総合的な支援の提供が容易でないほか，障害が疑われながらも障害者手帳を有していない場合，望まない妊娠のなかで複雑な事情を抱えている場合や性犯罪被害の場合なども，適切な支援が受けられないなどの例がみられる。
　　さらに，難病対策等は都道府県を中心に実施されているが，介護，障害などの福祉サービスは市町村が中心であり，実施主体が異なり連携が取りにくいという課題もある。（厚生労働省「誰もが支え合う地域の構築に向けた福祉サービスの実現－新たな時代に対応した福祉の提供ビジョン－」2015年）

　少々長い引用となったが，保育士として関わりをもった子育て世帯が，同時に上記のような問題を抱えていた場合，どうするだろうか。「子どもの問題は保育士が対応しますが，高齢者の問題は別の施設を紹介しますね」というのが最も現実的かもしれない。しかし，ここに引用したような複雑な問題が珍しくないのが現代社会だとすれば，果たしてそれでよいのだろうか。
　さらに，人材不足の問題もこれに加えて考えられなければならない。人口が少ない地域で生活したことがある方ならわかるだろうが，市町村のなかに保育士も保健師も社会福祉士も臨床心理士もすべてそろえられるということは，決して当たり前のことではない。さらに，これから過疎地域が増えていくと，子どもが少なすぎて，保育所や幼稚園が存立できないような地域もどんどん増えていくだろう。そのような地域では自ずと保育士などの子どもの専門家も稀少な資源となっていく。かくして，福祉ニーズはあるのに，それに対応する専門家が地域にいないという事態が現実のものになりつつあるのだ。
　そうした発想から，とりあえずどんな問題にでも一通りの対応ができるワンストップ型の総合的支援を実現していくこと，しかも複数の専門家を確保するのが困難な人口減少地域では保育士兼介護福祉士のような「総合的な人材」を養成することが，新福祉ビジョンのなかで提唱されている。
　今すぐに，そのような社会の変化にあわせて，子ども家庭福祉が姿を変えてい

くことは困難だろう。そもそも本当に新福祉ビジョンの提唱していることが正しいのかも検証しなければならないはずだ。とはいえ，そうした流れがあるということ自体はしっかりと認識していないと，ここでせっかく学習してきた「子ども家庭福祉とは何か」という議論が，いつの間にか「古臭いもの」になってしまう可能性は否めないのだ。

❸ 子どもを生み育てやすくするために

歴史的な発展過程でも学習したように，少子化はわが国の子ども家庭福祉にとって大きなターニングポイントとなるものであった。少子化という現象がいかなる社会を反映しているのかを分析するなかで，はじめて国が子どもを生み育てやすい社会を目指して打ち出した総合的なビジョンがエンゼルプランであった。その後，5年を1期としてプランは作り直され，現在は2015年3月に策定され，2016年度から2020年度にかけて取り組むべき課題を記した「少子化社会対策大綱〜結婚，妊娠，子供・子育てに温かい社会の実現をめざして〜」に即して政策が展開されている。

この大綱は，過去のプランを踏襲しながら，①結婚や子育てしやすい環境を社会全体で見直すこと，②個々人が結婚や子どもについての希望を実現できる社会をつくること，③結婚・妊娠・出産・子育ての各段階に応じた取り組みを行い，そのとき地域や社会全体での取り組みを関連付けること，④この5年間を集中的な取り組み期間と位置づけ，特に重点課題の解消を目指すこと，⑤長期展望に立って子どもへの資源配分を大胆に拡充することを基本としている。

このとき言及されている重点課題とは，①子育て支援施策を一層充実，②若い年齢での結婚・出産の希望の実現，③多子世帯へ一層の配慮，④男女の働き方改革，⑤地域の実情に即した取り組みの5つである。このうち①〜③は，保育所待機児童の解消や放課後児童対策の充実が含まれており，特に保育士が関心をもつべきものとなっている。

とはいえ，保育士は保育や子育て支援のことにだけ関心をもっていればよいということではない。全国保育士会が策定している倫理綱領の前文では，「私たちは，子どもと子育てにやさしい社会をつくります」と宣言しているように，よりよい社会をつくるというところにも関心をもたなければならない。だからこそ，子どもと子育てをしている当事者から見て，安心できる保育サービスが用意されていることはもちろん，子育てをするための時間が確保されているとか，子育てに適当な住居の確保がしやすいとか，子どもの事故や犯罪被害に神経をとがらせなくて済むとか，産後に体調不良になっても安心して相談できる場所があるとか，そうした諸々の子ども・子育てに関係する社会問題に関心をもち，保育士等

以外の子ども・子育て支援に関係する人たちと手を取り合うことが必要なのだ。
そのような観点から，現在の大綱が掲げている全体像（次ページの図１−４）を
一読しておいてほしい。

【引用・参考文献】
網野武博「子ども家庭福祉の意義とその歴史的展開」，網野武博・柏女霊峰編著『保
　育・教育ネオシリーズ［６］子ども家庭福祉の新展開　第一版』同文書院，2012
網野武博『児童福祉学＜子ども主体＞への学際的アプローチ』中央法規，2002
金子保『ホスピタリズムの研究』川島書店，1994

少子化社会対策大綱（概要）
～結婚，妊娠，子供・子育てに温かい社会の実現をめざして～

○**少子化社会対策基本法**に基づく**総合的かつ長期的な少子化に対処するための施策の指針**
○平成27年３月20日閣議決定（平成16年，22年に続き，今回は３回目）

<少子化社会対策基本法>（平成15年法律第133号）
　（施策の大綱）
　第７条　政府は，少子化に対処するための施策の指針として，総合的かつ長期的な少子化に対処するための施策の大綱を定めなければならない。

Ⅰ　はじめに

○少子化は，**個人・地域・企業・国家に至るまで多大な影響**。社会経済の根幹を揺るがす危機的状況
○少子化危機は，解決不可能な課題ではなく，**克服できる課題**
○**直ちに集中して取り組む**とともに，**粘り強く少子化対策を推進**
○**結婚，妊娠，子供・子育てに温かい社会**の実現に向けて，**社会全体で行動を起こすべき**

Ⅱ　基本的な考え方　～少子化対策は新たな局面に～

（1）結婚や子育てしやすい環境となるよう，**社会全体を見直し，これまで以上に対策を充実**
（2）**個々人が結婚や子供についての希望を実現できる社会をつくる**ことを基本的な目標
　　※個々人の決定に特定の価値観を押し付けたり，プレッシャーを与えたりすることがあってはならないことに留意
（3）「結婚，妊娠・出産，子育ての**各段階に応じた切れ目のない取組**」と「地域・企業など**社会全体の取組**」を両輪として，きめ細かく対応
（4）今後５年間を「**集中取組期間**」と位置づけ，Ⅲで掲げる**重点課題**を設定し，政策を**効果的かつ集中的に投入**
（5）長期展望に立って，**子供への資源配分を大胆に拡充**し，継続的かつ総合的な対策を推進

Ⅲ　重点課題

1．子育て支援施策を一層充実

○**「子ども・子育て支援新制度」の円滑な実施**
・財源を確保しつつ，「量的拡充」と「質の向上」
・都市部のみならず，地域の実情に応じた子育て支援に関する施設・事業の計画的な整備
⇒27年４月から施行。保育の受け皿確保等による「量的拡充」と保育士等の処遇改善等による「質の向上」
⇒地域のニーズに応じて，利用者支援事業，地域子育て支援拠点，一時預かりを充実
⇒今後さらに「質の向上」に努力

○**待機児童の解消**
・「待機児童解消加速化プラン」「保育士確保プラン」
⇒認定こども園，保育所，幼稚園等を整備し，新たな受け入れを大胆に増加。処遇改善や人材育成を含めた保育士の確保
⇒29年度末までに待機児童の解消をめざす

○**「小１の壁」の打破**
・「放課後子ども総合プラン」
⇒小３までから小６までに対象が拡大された放課後児童クラブを，31年度末までに約30万人分整備

2．若い年齢での結婚・出産の希望の実現

○**経済的基盤の安定**
・若者の雇用の安定
⇒若者雇用対策の推進のための法整備等
・高齢世代から若者世代への経済的支援促進
⇒教育に加え，結婚・子育て資金一括贈与非課税制度創設
・若年者や低所得者への経済的負担の軽減

○**結婚に対する取組支援**
・自治体や商工会議所による結婚支援
⇒適切な出会いの機会の創出・後押しなど，自治体や商工会議所等による取組を支援

3．多子世帯へ一層の配慮

○**子育て・保育・教育・住居などの負担軽減**
⇒幼稚園，保育所等の保育料無償化の対象拡大等の検討や保育所優先利用

○**自治体，企業，公共交通機関などによる多子世帯への配慮・優遇措置の促進**
⇒子供連れにお得なサービスを提供する「子育て支援パスポート事業」での多子世帯への支援の充実の促進

4．男女の働き方改革

○**男性の意識・行動改革**
・長時間労働の是正
⇒長時間労働の抑制等のための法整備，「働き方改革」
・人事評価の見直しなど経営者等の意識改革
⇒部下の子育てを支援する上司等を評価する方策を検討
・男性が出産直後から育児できる休暇取得
⇒企業独自の休暇制度導入や育休取得促進

○**「ワークライフバランス」・「女性の活躍」**
・職場環境整備や多様な働き方の推進
⇒フレックスタイム制の弾力化，テレワークの推進
・女性の継続就労やキャリアアップ支援
⇒「女性活躍推進法案」

5．地域の実情に即した取組強化

○**地域の「強み」を活かした取組**
・地域少子化対策強化交付金等により取組支援
・先進事例を全国展開

○**「地方創生」と連携した取組**
・国と地方が緊密に連携した取組

図１－４　少子化社会対策大綱

Ⅳ きめ細かな少子化対策の推進

1. 各段階に応じた支援

○結婚
- ライフデザインを構築するための情報提供
  ⇒結婚，子育て等のライフイベントや学業，キャリア形成など人生設計に資する情報提供やコンサル支援

○妊娠・出産
- 「子育て世代包括支援センター」の整備
  ⇒妊娠期から子育て期にわたるまでの総合的な相談支援を提供するワンストップ拠点を整備し，切れ目のない支援を実施
- 産休中の負担軽減
  ⇒出産手当金による所得補償と社会保険料免除
- 産後ケアの充実
  ⇒産後ケアガイドラインの策定検討
- マタニティハラスメント・パタニティハラスメントの防止 ⇒ 企業への指導の強化・徹底
- 周産期医療の確保・充実等

○子育て
- 経済的負担の緩和 ⇒幼児教育の無償化の段階的実施
- 三世代同居・近居の促進 ・小児医療の充実
- 地域の安全の向上 ⇒子供の事故や犯罪被害防止
- 障害のある子供，貧困の状況にある子供など様々な家庭・子供への支援
  ⇒障害のある子供への支援，子供の貧困対策，ひとり親家庭支援，児童虐待防止

○教育
- 妊娠や出産に関する医学的・科学的に正しい知識の教育 ⇒ 教材への記載と教職員の研修

○仕事
- 正社員化の促進や処遇改善
- ロールモデルの提示
  ⇒就労する・しない，子供を持ちながら働き続ける，地域で活躍を続ける等のロールモデルの提示
- 「地方創生」と連携した地域の雇用創出

2. 社会全体で行動し，少子化対策を推進

○結婚，妊娠，子供・子育てに温かい社会づくり
- マタニティマーク，ベビーカーマークの普及
- 子育て支援パスポート事業の全国展開

○企業の取組
- 企業の少子化対策や両立支援の取組の「見える化」と先進事例の情報共有
  ⇒次世代育成支援対策推進法に基づく行動計画の策定促進
- 表彰やくるみんマーク普及によるインセンティブ付与

Ⅴ 施策の推進体制等

○国の推進体制
- 内閣総理大臣を長とする「少子化社会対策会議」を中心に，「まち・ひと・しごと創生本部」と連携しつつ，政府一体で推進

○施策の検証・評価
- 数値目標を設定
- 自治体・企業も対象とする検証評価の方策を検討

○大綱の見直し
- おおむね5年後を目途に見直し

基本目標

個々人が希望する時期に結婚でき，かつ，希望する子供の数と生まれる子供の数との乖離をなくしていくための環境を整備し，国民が希望を実現できる社会をつくる

主 な 施 策 の 数 値 目 標 （ 2 0 2 0 年 ）

子育て支援

- □ 認可保育所等の定員： **267万人**(2017年度) （234万人(2014年4月)）
  - ⇒ 待機児童 **解消をめざす**(2017年度末) （21,371人(2014年4月)）
- □ 放課後児童クラブ： **122万人** （94万人(2014年5月)）
  - ⇒ 待機児童 **解消をめざす**(2019年度末) （9,945人(2014年5月)）
- □ 地域子育て支援拠点事業： **8,000か所** （6,233か所(2013年度)）
- □ 利用者支援事業： **1,800か所** （291か所(2014年度)）
- □ 一時預かり事業： **延べ1,134万人** （延べ406万人(2013年度)）
- □ 病児・病後児保育： **延べ150万人** （延べ52万人(2013年度)）
- □ 養育支援訪問事業： **全市町村** （1,225市町村(2013年4月)）
- □ 子育て世代包括支援センター： **全国展開** 支援ニーズの高い妊産婦への支援実施の割合**100%**

男女の働き方改革（ワークライフバランス）

- ■ 男性の配偶者の出産直後の休暇取得率： **80%**(-) □ 第1子出産前後の女性の継続就業率： **55%** （38.0%(2010年)）
- ■ 男性の育児休業取得率： **13%** （2.03%(2013年度)）

教育

- ■ 妊娠・出産に関する医学的・科学的に正しい知識についての理解の割合 **70%** （34%(2009年)） （注)先進諸国の平均は約64%

結婚・地域

- ■ 結婚・妊娠・出産・子育ての各段階に対応した総合的な少子化対策を実施している地方自治体数 **70%以上の市区町村** （243市区町村（約14%）(2014年末)）

企業の取組

- ■ 子育て支援パスポート事業への協賛店舗数 **44万店舗** （22万店舗(2011年)）

結婚，妊娠，子供・子育てに温かい社会

- ■ 結婚，妊娠，子供・子育てに温かい社会の実現に向かっていると考える人の割合： **50%** （19.4%(2013年度)）

■は新規の目標

資料）内閣府ホームページ

第**2**章

子ども家庭福祉制度とその運用

〈学習のポイント〉　①わが国の子ども家庭福祉施策は，児童福祉法をはじめとする関連する各種法律などに基づいて進められており，これらの法律などの概要について学習することが前提となることを理解しよう。
②最近，これらの法律などは子どもや家庭を取り巻く環境の変化，社会福祉制度の改革などに応じて大幅な改正が行われ，また逐次新たな法律が制定されている。こうした動向を把握しておこう。
③これら法律や子ども家庭福祉施策をめぐる変動についても十分学習しておくことが大切である。
④子ども家庭福祉の実施体制，特に市町村や児童相談所等の行政機関，児童福祉施設の役割について理解しよう。

　子ども家庭福祉制度は児童福祉法を基本法として，子どもと家庭に関する多数の関連法の有機的連携の下に体系化，制度化されている。

　また，それぞれの法の下には法律の実施に必要となる政・省令や通知等が示され，それらの法令，通知に従って制度や組織が構築され，具体的サービスの提供，施設の運営，経費支出などの運用が行われている。

　本章では，児童福祉に深い関連を持つ法，制度の概要等を学び，また，近年制定された法律等の動向についても内容を確認する。

1. 子ども家庭福祉に関する法律

1 子ども家庭福祉の法体系

　子ども家庭福祉の法体系の基本は，「国の最高法規」（憲法第98条）である日本国憲法に求めることができる。日本国憲法が国民に保障する基本的人権としては次のようなものがある。

　①基本的人権の享有（第11条），②幸福追求権及び個人の尊重（第13条），③法の下の平等（第14条），④奴隷的拘束や苦役を受けない権利（第18条），⑤思想及び良心の自由（第19条），⑥信教の自由（第20条），⑦表現の自由（第21条），⑧家庭生活における個人の尊厳と両性の平等（第24条），⑨健康で文化的な最低限度の生活を営む権利（第25条），⑩能力に応じて教育を受ける権利（第26条），⑪勤労の権利と児童酷使の禁止（第27条）などである。

　このような憲法の趣旨を受けて，福祉分野全般に関連する社会福祉六法として，生活保護法，児童福祉法，身体障害者福祉法，知的障害者福祉法，老人福祉

29

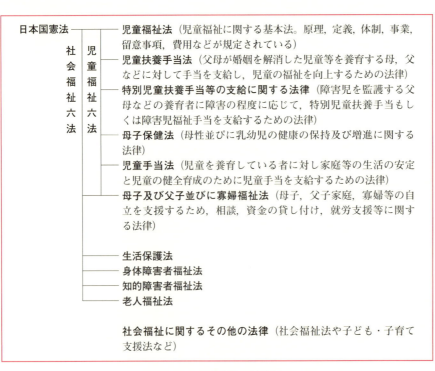

図2-1 児童福祉の法体系

法，母子及び父子並びに寡婦福祉法がある。さらに，児童福祉分野において直接関連する法として，児童福祉法，児童扶養手当法，特別児童扶養手当等の支給に関する法律，母子及び父子並びに寡婦福祉法，母子保健法，児童手当法があり，これらは児童福祉六法といわれている（六という数字は合計六個という意味ではなく，ある分野の全体を指す意味の言葉として用いられているので，児童福祉法と母子及び父子並びに寡婦福祉法が社会福祉六法及び児童福祉六法に採り上げられている）。

六法のほか，関連法としては，社会福祉に関する法律，医療・公衆衛生に関する法律，教育に関する法律，労働に関する法律，社会保険に関する法律，法務に関する法律等があり，このような多岐にわたる法律と整合性を保ちながら児童福祉の法体系が形作られている（図2-1）。

また，わが国は1994（平成6）年に国連の児童の権利に関する条約（子どもの権利条約）を批准しており，締約国として立法上及び行政上積極的に子どもの権利擁護を進めていかなければならない義務がある。

2 児童福祉法の概要

（1）制定の経緯

第2次世界大戦（1939～45年）の敗戦による混乱の中で，国民の生活水準は低下し，児童のおかれた社会的環境も保健衛生の状態も深刻であった。当時，戦災孤児，街頭浮浪児と呼ばれる児童の中には，家もなく，徘徊，非行化する者も多く，児童保護は緊急の課題であった。このような社会情勢の下で，政府は，児童問題の根本的解決のための児童保護事業の法制化を図るため，児童福祉法案を1947（昭和22）年8月に新憲法下の第1回国会に提出。一部修正されて同年12月12日制定・公布され，翌年4月1日から完全実施された。

（2）児童福祉法の構成

総則，福祉の保障，事業・養育里親及び養子縁組里親並びに施設，費用，国民健康保険団体連合会の児童福祉法関係業務，審査請求，雑則並びに罰則の8章から構成されており，一般の法のように目的は規定されず，総則の中に児童の福祉を保障するための原理，児童育成の責任，原理の尊重として示されている。

総則では，理念や原理，用語や事業，機関や職務内容などの定義が行われている。

福祉の保障では保健・医療，障害福祉，保育，要保護児童等に関する援助について，及び児童に対する禁止行為等についての規定である。

事業・養育里親及び養子縁組里親並びに施設では，法に基づく児童福祉事業，養育里親，養子里親，児童福祉施設に関する規定である。

費用では，主として国及び都道府県市町村による費用の負担，補助について規定されている。

雑則では，その他の例外的な規定が置かれている。

罰則では，児童福祉法に違反した場合の罰則に関して規定されている。

（3）主な内容

1）児童福祉の原理

以下の2条で規定される。

「全て児童は，児童の権利に関する条約の精神にのっとり，適切に養育されること，その生活を保障されること，愛され，保護されること，その心身の健やかな成長及び発達並びにその自立が図られることその他の福祉を等しく保障される権利を有する。」（第1条）

「全て国民は，児童が良好な環境において生まれ，かつ，社会のあらゆる分野において，児童の年齢及び発達の程度に応じて，その意見が尊重され，その最善

の利益が優先して考慮され，心身ともに健やかに育成されるよう努めなければならない。」「児童の保護者は，児童を心身ともに健やかに育成することについて第一義的責任を負う。」「国及び地方公共団体は，児童の保護者とともに，児童を心身ともに健やかに育成する責任を負う。」（第2条）

さらに，「前二条に規定するところは，児童の福祉を保障するための原理であり，この原理は，すべて児童に関する法令の施行にあたつて，常に尊重されなければならない。」（第3条）と規定されている。このように，児童福祉法は児童に関する根本的総合的法律である。

2）児童福祉法の対象

児童福祉法の対象は，児童，障害児，妊産婦，児童の保護者である。ただし，児童とは満18歳に満たない者をいい，以下とされている。

乳児：満1歳に満たない者

幼児：満1歳から，小学校就学の始期に達するまでの者

少年：小学校修学の始期から，満18歳に達するまでの者

児童の保護者は以下とされている。

保護者：特別な場合を除き，親権を行う者，未成年後見人その他の者で，児童を現に監護する者

3）機関等

児童福祉に関する調査・審議機関及び児童福祉に関する事務を実際に処理する機関として児童福祉審議会，市町村，都道府県，児童相談所，保健所，児童福祉司，児童委員，保育士について規定されている。

なお市町村，都道府県の業務について，市町村は児童福祉法の施行に関して，①児童及び妊産婦の福祉に関して実情の把握に努めること，必要な情報の提供を行うこと，家庭その他からの相談に応じるとともに調査，指導を行うこと。　②専門的事項については児童相談所の援助を求めること。　③医学的，心理学的，教育学的，社会学的及び精神保健上の判定を必要とする場合には児童相談所の判定を求めること。　④必要な体制の整備，人材の確保，資質の向上のための措置を講じること。

また，都道府県に関しては，①市町村相互間の連絡調整，市町村に対する情報の提供，職員の研修その他必要な援助を行うこと。　②児童及び妊産婦の福祉に関し，広域的な見地から実情の把握に努めること，家庭その他からの専門的な知識，技術を必要とする相談に応じ，判定を行い，専門的な指導を行い，一時保護，里親，養子縁組後の養子，養親の相談に応じ上限等の援助を行うことなどが規定されている。

4）福祉の保障

心身に障害のある児童の保護，要保護児童の保護，同居児童の届出，児童の福祉を阻害する行為の禁止等様々な角度から児童の福祉が図られるよう規定されている。

5）児童福祉施設への入所等

乳児院や保育所等各種児童福祉施設に対する入所等の手続きに関して規定されている。

6）費用

児童福祉法に定める児童福祉行政，施設入所等に必要な費用について，負担，補助に関して規定されている。

7）特例等

大都市の特例等に関して規定されている。

8）罰則

児童福祉法に定められている児童の福祉を阻害する禁止行為に違反したとき，児童相談所の職員等が正当な理由なく秘密を漏らしたりしたときなどについての罰則が規定されている。

（4）近年の改正

1）1997（平成9）年6月

児童や家庭をめぐる環境の変化に対応し，制定後50年を迎え児童家庭福祉の再構築を図るべく，保育施策，児童自立支援施策，母子家庭施策について中央児童福祉審議会での検討を経て大幅な改正が行われ，1998年4月1日から施行された。

2）2001（平成13）年11月

地域において児童が安心して健やかに成長することができる環境を整備するため，認可外保育施設等に対する監督の強化，保育士資格の法定化と名称の独占資格化，主任児童委員の法定化など児童委員活動の活性化を主な内容として改正が行われた。

3）2003（平成15）年7月

急速な少子化の進行等を踏まえ，すべての子育て家庭における児童の養育を支援するため，市町村における子育て支援事業の実施，市町村保育計画の作成等を児童福祉法に規定。

4）2004（平成16）年12月

次世代育成支援対策を推進するため，児童虐待防止対策の推進，新たな小児慢性特定疾患対策の確立等を目的とした改正が行われた。児童相談に関して，市町

村の役割を法律上明確化する，児童福祉施設の年齢要件を見直す，保護を要する児童について家庭裁判所が関与する仕組みを導入するなど大幅な改正であった。

5) 2008 (平成20) 年11月

地域における子育て支援の充実，要保護児童に関する社会的養護体制の拡充を図ること等を目的として児童福祉法が改正された。乳幼児家庭全戸訪問事業，養育支援訪問事業，地域子育て支援拠点事業，一時預かり事業，家庭的保育事業等の子育て支援事業を法律上位置づけるとともに，社会的養護体制を拡充するため，養子縁組を前提とした里親と養育里親を区別する，小規模住居型児童養育事業（ファミリーホーム）を創設する，施設内虐待の防止のために発見した者の通告義務等を規定するなどが主な内容である。

6) 2011 (平成23) 年5月

児童虐待の防止等を図り，児童の権利利益を擁護する観点から，親権の停止制度を新設し，法人又は複数の未成年後見人の選任を認める等の民法改正を行うとともに，児童相談所長の権限の見直し，施設長の権限の見直し，児童福祉審議会の活用などの児童福祉法改正が行われた。

7) 2016 (平成28) 年5月

すべての児童が健全に育成されるよう，児童虐待について発生予防から自立支援まで一連の対策のさらなる強化等を図るため，児童福祉法の理念を明確化するとともに，母子健康包括支援センターの全国展開，市町村及び児童相談所の体制強化，里親委託の推進等を内容とした法改正が行われた。

特に理念の部分については，1947 (昭和22) 年の児童福祉法成立以来初めての改正であり，児童の権利に関する条約（通称：子どもの権利条約）の理念，文言が反映されたものとなっている。

8) 2017 (平成29) 年6月

虐待を受けている児童の保護を図るため，司法関与を強化する等を行うために児童福祉法等が改正された。

具体的には，里親委託や施設入所等の措置の承認の申し立てがあった場合に家庭裁判所が都道府県等に対して保護者指導を勧告することができること，また，保護者の意に反して2か月を超えて一時保護を行う場合に家庭裁判所の審査を導入することとされた。

3 児童福祉法以外の主な法律の概要

(1) 児童扶養手当法

この法律は，「父又は母と生計を同じくしていない児童が育成される家庭の生活の安定と自立の促進に寄与するため，当該児童について児童扶養手当を支給

し，もつて児童の福祉の増進を図ること」を目的としており，同手当の支給要件，額，支給手続き，不服申立，費用等について規定している。

（2）特別児童扶養手当の支給に関する法律

この法律は，1964（昭和39）年の重度精神薄弱児扶養手当法が母体となっており，1974（昭和49）年に現行名称となった。本法は「精神又は身体に障害を有する児童について特別児童扶養手当を支給し，精神又は身体に重度の障害を有する児童に障害児福祉手当を支給するとともに，精神又は身体に著しく重度の障害を有する者に特別障害者手当を支給することにより，これらの者の福祉の増進を図ること」を目的としている。特別児童扶養手当は，障害児（20歳未満であって，一定の障害の状態にある者）の父もしくは母がその障害児を監護するとき，その父もしくは母またはその養育者に対して支給される。

障害児福祉手当は，重度障害児（障害児のうち，さらに重度の障害の状態にあるため，日常生活において常時の介護を必要とする者）に対し支給される。

特別障害者手当は，特別障害者（20歳以上であって，著しく重度の障害の状態にあるため，日常生活において常時特別の介護を必要とする者）に対し支給される。

（3）母子保健法

この法律は，「母性並びに乳児及び幼児の健康の保持及び増進を図るため，母子保健に関する原理を明らかにするとともに，母性並びに乳児及び幼児に対する保健指導，健康診査，医療その他の措置を講じ，もつて国民保健の向上に寄与すること」（第1条）を目的にして1965（昭和40）年に制定された。具体的には，妊娠の届出，母子健康手帳の交付，1歳6か月児・3歳児の健康診査，保健指導や訪問指導，未熟児養育医療等の母子保健の向上に関する措置，母子保健施設等について規定されている。

1994（平成6）年7月に，3歳児健康診査等の基本的な母子保健サービスの実施主体を市町村に一元化するなど，母子保健法の一部が改正され市町村の役割が強化されている。また，2016（平成28）年には，妊娠期から子育て期までの切れ目ない支援等を通じて，妊娠や子育ての不安，孤立等に対応し，児童虐待のリスクを早期に発見・逓減することを目的として，母子保健法上の「母子健康包括支援センター」を「子育て世代包括支援センター」として全国展開を目指すことが閣議決定され，全国の市町村で取り組みが進められることが期待されている。

なお，健康診査の対象は，満1歳6か月を超え満2歳に達しない幼児，満3歳

を超え満4歳に達しない幼児とされている。そのほか，妊産婦，乳児，幼児，保護者，新生児，未熟児等の用語についても定義されている。

(4) 児童手当法

この法律は「子ども・子育て支援法（平成二十四年法律第六十五号）第七条第一項に規定する子ども・子育て支援の適切な実施を図るため，父母その他の保護者が子育てについての第一義的責任を有するという基本的認識の下に，児童を養育している者に児童手当を支給することにより，家庭等における生活の安定に寄与するとともに，次代の社会を担う児童の健やかな成長に資すること」を目的としている。子育てに係る経済的負担の軽減のため，2012（平成24）年の改正により，同年4月から支給対象が小学校修了前までから中学校終了前までの児童を養育している者に延長され，手当額については，2012（平成24）年4月から3歳未満児は一律月額15,000円等に拡充された。

児童手当制度
○支給対象　中学校修了までの国内に住所を有する児童（15歳に到達後の最初の年度末まで）
○受給資格者　・監護生計要件を満たす父母等
　　　　　　　・児童が施設に入所している場合は施設の設置者等
○支給月額
　　　　　　　・0～3歳未満一律15,000円
　　　　　　　・3歳～小学校修了まで
　　　　　　　・第1子，第2子：10,000円（第3子以降：15,000円）
　　　　　　　・中学生一律10,000円
　　　　　　　・所得制限以上一律5,000円（当分の間の特例給付）
○所得制限　有り

---

(5) 母子及び父子並びに寡婦福祉法

1964（昭和39）年に，母子福祉法として制定，施行され，1981（昭和56）年の改正により母子家庭に加えて，母子家庭の母であった寡婦に対しても，福祉事務所における相談，寡婦福祉貸付金の貸与等の福祉の措置が規定されるに及んで，名称は，母子及び寡婦福祉法となった。その後，離婚の急増など母子家庭をめぐる状況の変化に対し，子育て・生活支援，就労支援，養育費の確保，経済的支援などの総合的な母子家庭等対策を推進するため，2002（平成14）年の改正において，母子家庭等に父子家庭も含むこととされ2003（平成15）年に施行された。さらに，父子家庭の中にも経済的に厳しい家庭があることなどを踏まえ，2014（平成25）年には法律名が母子及び父子並びに寡婦福祉法に改定され2015（平成26）年に施行された。

〈主な内容〉

1）この法律は，母子家庭等及び寡婦の福祉に関する原理を明らかにするとともに，母子家庭等及び寡婦に対し，その生活の安定と向上のために必要な措置を講じ，母子家庭等及び寡婦の福祉を図ることを目的としている。母子家庭等とは，母子家庭及び父子家庭のことを指している。

2）母子・父子自立支援員の設置　都道府県，市，及び福祉事務所を設置する町村に，2002年までは母子相談員という名称により母子家庭等の生活相談や自立支援を行うため職員がおかれていた。2002年からは名称を母子自立支援員と改正され，2015年には父子も対象となることから支援員の名称も母子・父子自立支援員となり，生活相談に応じるとともに自立に必要な情報提供及び指導を行うこと，職業能力の向上及び求職活動に関する支援を行うこと等が職務とされている。

3）厚生労働大臣は母子家庭等及び寡婦の福祉に関する基本的な方針を定め，都道府県等は基本方針に即して自立促進計画を策定する。

4）母子家庭等が事業を開始し，継続するのに必要な資金，扶養している児童の修学に必要な資金，知識技能を習得するのに必要な資金等の貸し付け。母子・父子福祉団体が行う事業に必要な資金等の福祉の措置を行う。

母子福祉資金・父子福祉資金・寡婦福祉資金には以下のものがある。①事業開始資金　②事業継続資金　③修学資金　④技能習得資金　⑤修業資金　⑥就職支度金　⑦医療介護資金　⑧生活資金　⑨住宅資金　⑩転宅資金　⑪結婚資金　⑫就学支度資金

5）母子家庭等の親が日常生活に支障が生じた場合，乳幼児の保育や食事の世話等の日常生活に関する支援を行う。

6）ひとり親家庭の親，子が利用する母子・父子福祉施設を設置する。

施設の種類は，母子・父子福祉センター及び母子・父子休養ホーム

7）母子家庭等の親は扶養義務の履行に務めるとともに，当該児童を監護しない親の扶養義務の履行の確保に務める。

などである。

(6) 児童買春，児童ポルノに係る行為等の規制及び処罰並びに児童の保護等に関する法律（児童買春禁止法）

正式名称は，児童買春，児童ポルノに係る行為等の規制及び処罰並びに児童の保護等に関する法律である。「この法律は児童に対する性的搾取及び性的虐待が児童の権利を著しく侵害することの重大性に鑑み，あわせて児童の権利の擁護に関する国際的動向を踏まえ，児童買春，児童ポルノに係る行為等を規制し，及び

これらの行為等を処罰するとともに，これらの行為等により心身に有害な影響を受けた児童の保護のための措置等を定めることにより，児童の権利を擁護すること」（第1条）を目的として，1999（平成11）年に成立した。

児童の権利に関する条約第34条（締約国は，あらゆる形態の性的搾取及び性的虐待から児童を保護することを約束する。このため…以下略）の趣旨が反映された国際的にも意義のある法律である。なお，この法律による児童とは，児童福祉法，児童の権利に関する条約と同様に満18歳未満の者である。

当初の成立は1999（平成11）であるが，2004（平成16）年には罰則が強化され，2014（平成26）年には，インターネットの発達や国内外の議論等を踏まえ，定義の詳細化，学術研究や文化芸術活動への適用上の配慮，児童ポルノ所持の追加等を内容として改正が行われ，法律名称も現在のものに改正された。

法律の主な内容は，処罰の対象となる「児童買春」，「児童ポルノ」等の定義，処罰される行為や量刑，日本人の国外での犯罪行為についての処罰，心身に有害な影響を受けた児童の保護のための措置等である。

〈処罰される行為と量刑の概略〉

1）児童買春をした者は，5年以下の懲役又は3百万円以下の罰金。

2）児童買春の周旋をした者は，5年以下の懲役若しくは5百万円以下の罰金，又はこれを併科する。

　　周旋を業とした者は，7年以下の懲役及び千万円以下の罰金。

3）児童買春の勧誘をした者は，5年以下の懲役若しくは5百万円以下の罰金，又は併科する。

　　勧誘することを業とした者は，7年以下の懲役及び千万円以下の罰金。

4）児童ポルノを所持した者は，1年以下の懲役又は百万円以下の罰金。児童の性的な画像の電磁的記録を保管した者も同様。

　　児童ポルノを提供した者は，3年以下の懲役又は3百万円以下の罰金。児童の性的な画像等の提供をした者も同様。

　　児童ポルノを製造し，所持し，運搬し，輸入し，又は輸出した者も同様

　　児童ポルノを不特定若しくは多数の者に提供し，又は公然と陳列した者は，5年以下の懲役若しくは5百万円以下の罰金，又はこれを併科するなど。

5）児童を児童買春の相手方とさせ，又は児童ポルノを製造する目的で当該児童を売買した者は1年以上十年以下の懲役。

　　児童を買春の相手方とさせ，又は児童ポルノを製造する目的で，外国に居住する児童で略取され，誘拐され，又は売買された者を居住国外に移送した日本人は2年以上の有期懲役。

6）児童の年齢を知らないことにより処罰を免れることはできない。

国外での行為も処罰される。

法人等の使用人や従業者が法人等の業務に関して罪を犯したときは，行為者を罰するとともに法人等に対して罰金を科する。

（7）児童虐待の防止等に関する法律（児童虐待防止法）

児童虐待の深刻な状況を背景として，「児童虐待が児童の人権を著しく侵害し，その心身の成長及び人格の形成に重大な影響を与えるとともに，わが国における将来の世代の育成にも懸念を及ぼすことにかんがみ，児童に対する虐待の禁止，児童虐待の予防及び早期発見その他の児童虐待の防止に関する国及び地方公共団体の責務，児童虐待を受けた児童の保護及び自立の支援のための措置等を定めることにより，児童虐待の防止等に関する施策を促進し，もって児童の権利利益の擁護に資すること」（第1条）を目的として2000（平成12）年5月に制定された。その後，社会保障審議会等における検討を背景として，2004（平成16）年4月に①児童虐待の定義の見直し　②国及び地方公共団体の責務の強化　③児童虐待にかかる通告義務の拡大　④警察署長に対する援助要請　⑤施設入所中の面会・通信の制限等を主な内容として改正が行われた。2007（平成19）年には，児童虐待防止対策の強化を図るため，通告があった場合の児童の安全確認のための立入調査等の強化，保護者に対する面会・通信の制限，保護者に対する指導に従わない場合の措置の明確化，国及び地方公共団体よる重大な児童虐待事例の分析の実施などが規定された。また，2016（平成28）年，2017（平成29）年にも，児童相談所の権限の強化，児童相談所の市町村や関係機関との連携の強化等の改正が行われた。

〈主な内容〉

1）目的（第1条関係）

前述

2）児童虐待の定義，児童に対する虐待の禁止（第2条～第3条関係）

児童虐待を身体的虐待，性的虐待，保護の怠慢・拒否，心理的虐待の4つの類型として定義し，併せて児童に対する虐待を禁止。

3）国及び地方公共団体の責務等（第4条関係）

国及び地方公共団体は，関係機関の連携の強化と体制の整備，人材の確保と資質の向上，広報・啓発に務めること等を規定。

4）児童虐待の早期発見及び児童虐待に係る通告（第5条～第7条関係）

学校，児童福祉施設等の特定の団体，及び教職員，医師，看護師等の職種について，虐待の早期発見の努力義務，速やかな通告，及び通告に関す

る守秘義務について規定。

5) 児童虐待を受けた児童の保護等（第8条〜第13条関係）

通告又は送致を受けた市町村長や福祉事務所長，児童相談所長の速やかな安全確認，必要な場合の一時保護，立入調査，警察官の援助，出頭要求や臨検，捜索，保護者の指導を受ける義務等について規定。

6) 親権に関する事項（第14条〜第15条関係）

親権の適切な行使に関する規定。

(8) 配偶者からの暴力の防止及び被害者の保護等に関する法律（配偶者暴力防止法，DV防止法）（図2−2）

配偶者からの暴力は，犯罪となる行為をも含む重大な人権侵害であるにもかかわらず，被害者の救済が必ずしも十分に行われてこなかった。また，配偶者からの暴力の被害者は，多くの場合女性であり，経済的自立が困難である女性に対して配偶者が暴力を加えることは，個人の尊厳を害し，男女平等の実現の妨げになっている。

このような状況を改善し，人権の擁護と男女平等の実現を図るためには，配偶者からの暴力を防止し，被害者を保護するための施策を講ずることが必要である。このことは，女性に対する暴力を根絶しようと努めている国際社会における取り組みにも沿うものである。ここに，配偶者からの暴力に係る通報，相談，保護，自立支援等の体制を整備することにより，配偶者からの暴力の防止及び被害者の保護を図るため（第1条）に2001（平成13）年4月に制定され，2002（平成14）年4月から全面施行された。この法律には，配偶者からの暴力に関する定義，国及び地方公共団体の責務，基本方針の策定，暴力の防止及び被害者の保護のための配偶者暴力相談支援センターの設置，被害者の保護，保護命令，罰則等が規定された。

その後，2004（平成16）年，2007（平成19）年，2013（平成25）年にも改正され，本法の対象者の拡大，配偶者からの暴力の定義の拡大，保護命令の拡充等が行われている。暴力に関しては，身体に対する暴力に加え，身体に対する暴力またはこれに準ずる心身に有害な影響を及ぼす言動も対象とされた。保護命令については，身体に対する暴力を受けた被害者に加え，生命や身体に対する脅迫を受け，重大な危害を受ける恐れが大きい者も保護命令を申し立てる事ができる事となり，被害者への接近禁止命令，自宅からの退去命令，未成年の子や親族への接近禁止命令，電話・メール等の禁止命令などがある。

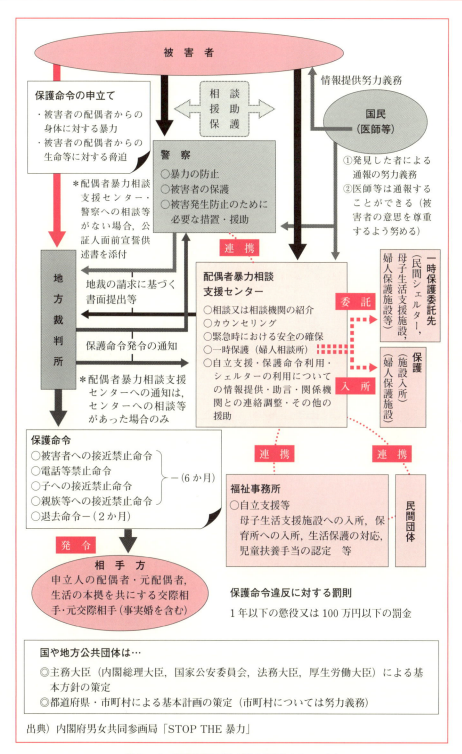

図2-2 配偶者暴力防止法の概要（チャート）

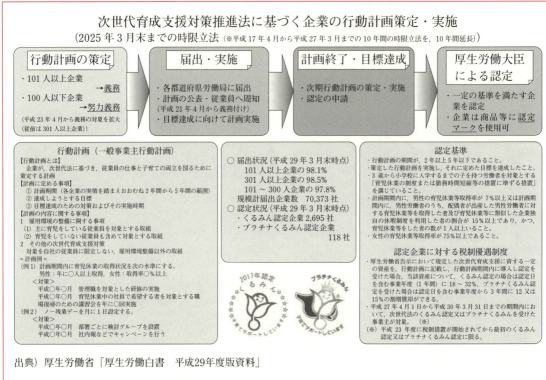

図2－3 次世代育成対策推進法の概要図

(9) 次世代育成支援対策推進法（図2－3）

　近年のわが国の急激な少子化について，国及び地方公共団体は，エンゼルプラン，新エンゼルプラン，少子化対策プラスワン等により，保育施策の推進，子育て支援策の推進等の対応を行ってきたが，少子化は一層進行しており，また，新たな少子化の要因が加わるなど従来の取り組みにもう一段の対策を推進する必要があることから，国，地方自治体，企業が行動計画を作成し，一体となって家庭や地域における子育て機能の再生を図ることを目的として，次世代育成支援対策推進法が制定された。仕事と子育ての両立支援に加え，男性を含めた働き方の見直し，地域における子育て支援，社会保障における次世代支援，子どもの社会性の向上や自立の促進を今後10年間の期限で，集中的，計画的に実施することとされた。

　各地方自治体及び従業員301人以上の企業は次世代育成支援のための行動計画の策定が義務づけられ，300人以下の企業に対しては行動計画策定については努力義務とされ，2005（平成17）年度から計画の実施が取り組まれている。また，2008（平成20）年11月には，企業の行動計画策定義務の対象を従業員301人以上

から101人以上に拡大すること，市町村行動計画の事業量について，国が参考とすべき標準（参酌標準）を定めること等を内容とする改正が行われた。さらに，2014（平成26）年4月には，法律の有効期限をさらに10年（2025年3月31日まで）延長すること，行動計画に定めた目標を達成したなどの一定の基準を満たした企業に，厚生労働大臣によるこれまでの「くるみん認定」に加え，「プラチナくるみん認定」制度を創設することを内容とする改正が行われた。

〈次世代育成支援対策推進法の主な内容〉
第1章：総則　目的，定義，基本理念，国及び地方公共団体の責務，事業主の責務が定められている。
第2章：行動計画　主務大臣による行動計画の策定に関する指針について，市町村，都道府県，一般事業主による行動計画について，一定の基準に適合する事業主の認定（くるみん認定，プラチナくるみん認定）について等が定められている。
第3章：次世代育成支援地域協議会　地方公共団体，事業主，住民その他の関係者による次世代育成支援対策地域協議会について定められている。
第4章：雑則，第5章：罰則　主務大臣の指定や罰則が定められている。

（10）少子化社会対策基本法

　この法律は，わが国における急速な少子化の進展が及ぼす影響を踏まえ，子どもがひとしく心身ともに健やかに育ち，子どもを生み，育てる者が真に誇りと喜びを感じることのできる社会を実現し，少子化の進展に歯止めをかけることが求められることから，少子化に対処するための施策を総合的に推進するために，基本理念，国・地方公共団体，事業主，国民の責務，雇用環境の整備や保育サービスの充実等の基本施策，少子化社会対策会議の設置と少子化に対処するための施策の大綱案を作成すること等が規定され，2003（平成15）年9月から施行された。

　この法律に基づき，内閣府に特別の機関として内閣総理大臣を会長とする少子化社会対策会議が設置され，翌年には 少子化社会対策基本法に基づく総合的かつ長期的な少子化に対処するための施策の指針として，少子化社会対策大綱が閣議決定された。また，大綱に盛り込まれた施策について，具体的な実施計画として「少子化社会対策大綱に基づく重点施策の具体的実施計画について」（子ども子育て応援プラン）（平成17年度から平成21年度までの5年間）が新エンゼルプランの後継計画として策定された。また，2010（平成22）年1月には，子ども・子育てビジョンが閣議決定され平成27年3月（平成22年度から26年度末）まで実施された。

〈少子化社会対策基本法の主な内容〉

第1章　総則：目的，施策の基本理念，国・地方公共団体・事業主・国民の責務，大綱を定めること等が規定。

第2章　基本的施策：雇用環境の整備，保育サービスの充実，地域社会における子育て支援体制の整備，母子保健医療体制の充実等，ゆとりのある教育の推進等，生活環境の整備，経済的負担の軽減，教育及び啓発が盛り込まれた。

第3章　少子化社会対策会議：上記の通り内閣府に特別の機関として内閣総理大臣を会長とする少子化社会対策会議の設置が定められた。

※子育て支援対策の経緯はp.19　図1－3を参照。

（11）子ども・子育て支援法

　「この法律は，我が国における急速な少子化の進行並びに家庭及び地域を取り巻く環境の変化に鑑み，児童福祉法その他の子どもに関する法律による施策と相まって，子ども・子育て支援給付その他の子ども及び子どもを養育している者に必要な支援を行い，もって一人一人の子どもが健やかに成長することができる社会の実現に寄与することを目的」（第1条）として2010（平成24）年に制定され，2015（平成27）年4月から施行された。

　なお，この法律とあわせて成立した，就学前の子どもに関する教育，保育等の総合的な提供の推進に関する法律の一部を改正する法律（認定こども園法），子ども・子育て支援法及び就学前の子どもに関する教育，保育等の総合的な提供の推進に関する法律の一部を改正する法律の施行に伴う関係法律の整備に関する法律と共に，子ども・子育て関連3法と呼ばれている。社会保障と税の一体改革関連法の一つで，子ども・子育て支援関連の制度と財源を一元化し，包括的な制度として整備するものとされた。

　2015（平成27）年から本格的に実施された制度は，子ども・子育て支援新制度として，以下のような特色がある。

　1）認定こども園，幼稚園，保育所を通じた共通の給付（「施設型給付」）及び小規模保育等への給付（「地域型保育給付」*）の創設

　2）認定こども園制度の改善（幼保連携型認定こども園の改善等）

　　・幼保連携型認定こども園について，認可・指導監督の一本化，学校及び児童福祉施設としての法的位置づけ

　　・認定こども園の財政措置を「施設型給付」に一本化

　3）地域の実情に応じた子ども・子育て支援（利用者支援，地域子育て支援拠点，放課後児童クラブなどの「地域子ども・子育て支援事業」）の充実

＊地域型保育給付は，都市部における待機児童解消とともに，子どもの数が減少傾向にある地域における保育機能の確保に対応

2章　子ども家庭福祉制度とその運用

4）市町村が実施主体
- ・市町村は地域のニーズに基づき計画を策定，給付・事業を実施
- ・国・都道府県は実施主体の市町村を重層的に支える

5）社会全体による費用負担
- ・消費税率の引き上げによる，国及び地方の恒久財源の確保を前提

  （幼児教育・保育・子育て支援の質・量の拡充を図るためには，消費税率の引き上げにより確保する0.7兆円程度を含めて1兆円超程度の追加財源が必要）

6）政府の推進体制
- ・制度ごとにバラバラな政府の推進体制を整備（内閣府に子ども・子育て本部を設置）

7）子ども・子育て会議の設置
- ・国に有識者，地方公共団体，事業主代表・労働者代表，子育て当事者，子育て支援当事者等（子ども・子育て支援に関する事業に従事する者）が，子育て支援の政策プロセス等に参画・関与することができる仕組みとして，子ども・子育て会議を設置
- ・市町村等の合議制機関（地方版子ども・子育て会議）の設置努力義務

  ※子ども・子育て支援新制度の概要はp.167　図5－1を参照

（12）子どもの貧困対策の推進に関する法律（子どもの貧困対策推進法）

　この法律は，子どもの将来がその生まれ育った環境によって左右されることのないよう，貧困の状況にある子どもが健やかに育成される環境を整備するとともに，教育の機会均等を図るため，子どもの貧困対策を総合的に推進することを目的として，2013（平成25）年6月に制定された。子どもの貧困については，2008（平成20）年にOECD*が各国の子どもの貧困率を公表したことなどから，社会問題の一つとして子どもの貧困に対する関心が高まった。2009（平成21）年の国民生活基礎調査において，わが国の相対的貧困率**が初めて公表され，子どもの貧困率が先進諸国の中でも高い水準にあることが明らかになった。このような背景の下にこの法律が制定された。

〈主な内容〉

第1章　総則：法の目的，基本理念，国・地方公共団体・国民の責務，子どもの貧困状況や貧困対策の実施状況の公表等が規定されている。

第2章　基本的施策：政府が子どもの貧困対策に関する大綱を定めること，教育・生活・保護者の就労・経済に対する支援等が規定されている。

第3章　子どもの貧困対策会議：内閣府に子どもの貧困対策会議を設置するこ

＊OECD（経済協力開発機構）：ヨーロッパ，北米等の国が中心となって設立された国際的な経済問題を協議するための国際機関。1961年に設立され，現在の加盟は36か国である

＊＊相対的貧困率：ある国における貧困の状況を示す指標として，国際的によく用いられる数値であり，一定の基準額（貧困線）を下回る所得しか得ていない者の割合とされている。貧困線は，その全国民について，等価可処分所得（世帯所得を世帯員数の平方根で割ったもの，各世帯員の所得と考えられる）を，低いほうから並べてその中央値となる所得の半分額をいう。直近の2015（平成27）年では，相対的貧困率15.7％，子どもの貧困率13.9％，子どもがいる現役世帯で大人が一人の場合50.8％であった）

45

目的・理念

○ 子供の将来がその生まれ育った環境によって左右されることのないよう、また、貧困が世代を超えて連鎖することのないよう、必要な環境整備と教育の機会均等を図る。
○ 全ての子供たちが夢と希望を持って成長していける社会の実現を目指し、子供の貧困対策を総合的に推進する。

基本的な方針

1 貧困の世代間連鎖の解消と積極的な人材育成を目指す。
2 第一に子供に視点を置いて、切れ目のない施策の実施を配慮する。
3 子供の貧困の実態を踏まえて対策を推進する。
4 子供の貧困に関する指標を設定し、その改善に向けて取り組む。
5 教育の支援では、「学校」を子供の貧困対策のプラットフォームと位置付けて総合的に対策を推進するとともに、教育費負担の軽減を図る。
6 生活の支援では、貧困の状況が社会的孤立を深刻化させることのないよう配慮して対策を推進する。
7 保護者の就労支援では、家庭で家族が接する時間を確保することや、保護者が働く姿を子供に示すことなどの教育的な意義にも配慮する。
8 経済的支援に関する施策は、世帯の生活を下支えするものとして位置付けて確保する。
9 官公民の連携等によって子供の貧困対策を国民運動として展開する。
10 当面今後5年間の重点施策を掲げ、中長期的な課題も視野に入れて継続的に取り組む。

子供の貧困に関する指標

○ 生活保護世帯に属する子供の高等学校等進学率 90.8%（平成25年）　　　○ 生活保護世帯に属する子供の高等学校等中退率 5.3%（平成25年）
○ 生活保護世帯に属する子供の大学等進学率 32.9%（平成25年）
○ 生活保護世帯に属する子供の就職率（中学校卒業後の進路：就職率 2.5% ／ 高等学校等卒業後の進路：就職率 46.1%）（平成25年）
○ 児童養護施設の子供の進学率及び就職率（平成25年）
　　（中学校卒業後：進学率 96.6%、就職率 2.1% ／ 高等学校等卒業後：進学率 22.6%、就職率 69.8%）
○ ひとり親家庭の子供の就園率（保育所・幼稚園）72.3%（平成23年度）
○ ひとり親家庭の子供の進学率及び就職率（中学校卒業後：進学率 93.9%、就職率 0.8% ／ 高等学校卒業後：進学率 41.6%、就職率 33.0%）（平成23年度）
○ スクールソーシャルワーカーの配置人数 1,008人（平成25年度）
　　スクールカウンセラーの配置率小学校 37.6%、中学校 82.4%　　※その他教育委員会等に 1,534箇所配置（平成24年度）
○ 就学援助制度に関する周知状況（平成25年度）
　　（毎年度の進級時に学校で就学援助制度の書類を配付している市町村の割合 61.9%）
　　（入学時に学校で就学援助制度の書類を配付している市町村の割合 61.0%）
○ 日本学生支援機構の奨学金の貸与基準を満たす希望者のうち、奨学金の貸与を認められた者の割合（無利子・有利子）（平成25年度実績）
　　（無利子：予約採用段階 40.0%、在学採用段階 100.0% ／ 有利子：予約採用段階 100.0%、在学採用段階 100.0%）
○ ひとり親家庭の親の就業率（平成23年度）
　　（母子家庭の就業率 80.6%（正規 39.4%、非正規 47.4%）／ 父子家庭の就業率 91.3%（正規 67.2%、非正規 8.0%）
○ 子供の貧困率 16.3%（平成24年）
○ 子供がいる現役世帯のうち大人が一人の貧困率 54.6%（平成24年）

指標の改善に向けた当面の重点施策

教育の支援

○ 「学校」をプラットフォームとした総合的な子供の貧困対策の展開
　・学校教育による学力保障 ／ 学校を窓口とした福祉関連機関等との連携 ／ 地域による学習支援 ／ 高等学校等における就学継続のための支援
○ 貧困の連鎖を防ぐための幼児教育の無償化の推進及び幼児教育の質の向上
○ 就学支援の充実
　・義務教育段階の就学支援の充実 ／ 「高校生等奨学給付金（奨学のための給付金）制度」などによる経済的負担の軽減 ／ 特別支援教育に関する支援の充実
○ 大学等進学に対する教育機会の提供
　・高等教育の機会を保障するような奨学金制度等の経済的支援の充実 ／ 国公私立大学生・専門学校生等に対する経済的支援
○ 生活困窮世帯等への学習支援
○ その他の教育支援
　・学生のネットワークの構築 ／ 夜間中学校の設置促進 ／ 子供の食事・栄養状態の確保 ／ 多様な体験活動の機会の提供

生活の支援

○ 保護者の生活支援　・保護者の自立支援 ／ 保育等の確保／保護者の健康確保 ／ 母子生活支援施設等の活用
○ 子供の生活支援　・児童養護施設等の退所児童等の支援 ／ 食育の推進に関する支援 ／ ひとり親家庭や生活困窮世帯の子供の居場所づくりに関する支援
○ 関係機関と連携した包括的な支援体制の整備
○ 子供の就労支援　・ひとり親家庭の子供や児童養護施設等の退所児童等に対する就労支援 ／ 親の支援のない子供等への就労支援 ／ 定時制高校に通学する子供の就労支援 ／ 高校中退者等への就労支援
○ 支援する人員の確保　・社会的養護施設の体制整備等、児童相談所の相談機能強化 ／ 相談職員の資質向上
○ その他の生活支援　・妊娠期からの切れ目ない支援等 ／ 住宅支援

指標の改善に向けた当面の重要施策

保護者に対する就労の支援

○ 親の就労支援　○ 親の学び直しの支援　○ 就労機会の確保

経済的支援

○ 児童扶養手当の公的年金との併給調整に関する見直し　○ ひとり親家庭の支援施策についての調査・研究の実施に向けた検討　○ 母子福祉資金貸付金等の父子家庭への拡大　○ 教育扶助の支給方法　○ 生活保護世帯の子供の進学時の支援　○ 養育費の確保に関する支援

子供の貧困に関する調査研究等

○ 子供の貧困の実態等を把握・分析するための調査研究 ／ 子供の貧困に関する新たな指標開発に向けた調査研究 ／ 子供の貧困対策に関する情報の収集・蓄積、提供

施策の推進体制等

○ 国における推進体制　○ 地域における施策推進への支援　○ 官公民の連携・協働プロジェクトの推進、国民運動の展開　○ 施策の実施状況等の検証・評価　○ 大綱の見直し

出典）内閣府「子供の貧困対策に関する大綱（概要）」

図2-4　子供の貧困対策に関する大綱のポイント

と，等が規定されている。

　2014（平成26）年には，この法律を受けて子供の貧困対策に関する大綱が閣議決定された（図2－4参照）。

2. 子ども家庭福祉制度の体系

■ 子ども家庭福祉の実施体制

　子ども家庭福祉制度は，児童福祉法を基盤として，国，都道府県，市町村等の行政機関，社会保障審議会（都道府県，市町村においては児童福祉審議会），児童福祉施設，民間団体等により，子ども家庭福祉の実施体制として体系的，総合的に運営されている。

　近年，福祉，保健サービス等に関しては，住民に身近な行政機関である市町村により実施される方向にある。すでに高齢者福祉，障害者・児福祉，地域保健サービスについては多くが市町村主体となっている。一方，子ども家庭福祉に関しては，子どもは単独では権利主張が困難であること，サービスの内容，提供に関しては本人の意向，保護者の意向の調整等が必要であること，非行児童や被虐待児童などの要保護児童に関しては，保護者との分離により施設入所等の援助が必要とされることなど，高度専門的な関わりや行政権限の行使が必要となる場合もあることから，従来都道府県を中心に提供の体制が整備されてきた。

　少子化への対応として保育施策を中心に市町村における子育て支援施策が進められる一方，子どもの権利擁護の観点から被虐待児童等への取り組みが都道府県を中心に進められてきた。これらが次世代育成支援という考えの下に統合が方向付けられ，2004（平成16）年の児童福祉法改正において，子ども家庭福祉施策の推進について市町村の役割を一層強化し，都道府県との連携の下に子ども家庭福祉に関する相談支援の第一義的窓口を市町村が担うこととされた。

　都道府県と市町村の連携の下に，今後は市町村を主体に子ども家庭福祉が推進される体制が整備されると考えられる。連携を進めるうえで，児童福祉法に基づき要保護児童対策地域協議会がほぼすべての市町村に設置されており，都道府県，市町村等の公的機関だけではなく，社会福祉法人や民間団体等も必要に応じてメンバーとなり，情報の共有，対応の協議，対象児童の登録等が行われている。各機関等による児童福祉の実施体制に関しては，図2－5を参照。

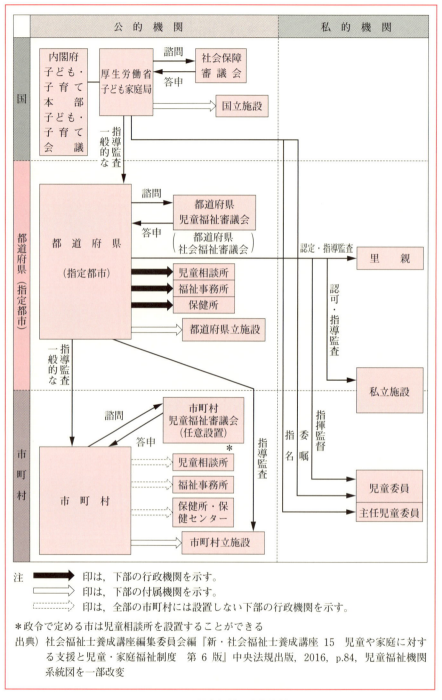

図2-5 児童福祉の実施体制

2 子ども家庭福祉施策の体系

子ども家庭福祉施策は多様な分野を集合しているが，自立支援施策，障害児施策，健全育成施策，ひとり親家庭施策などのように施策分野別に理解することも重要である。

(1) 自立支援施策（要保護児童施策）

従来要保護児童施策と称され，父母の死亡や行方不明，被虐待，非行等何らかの理由により家庭で養育することができない又は家庭で養育されることが不適切な児童（保護者のない児童又は保護者に監護させることが不適当であると認められる児童：児童福祉法第6条の3において規定される要保護児童）について，児童相談所や福祉事務所（家庭児童相談室），児童家庭支援センター等が社会的保護と自立支援を行う施策である。必要な場合には乳児院や児童養護施設，児童自立支援施設，児童心理治療施設等の児童福祉施設に入所させ，あるいは里親への委託を行い，児童の保護及び自立支援を行う。

(2) 障害児施策

児童福祉法では，障害児とは，身体に障害のある児童，知的障害のある児童，精神に障害のある児童（発達障害児を含む），難病の児童とされ，肢体不自由，視聴覚障害，言語発達障害，重症心身障害，知的障害，発達障害，難病利用の手

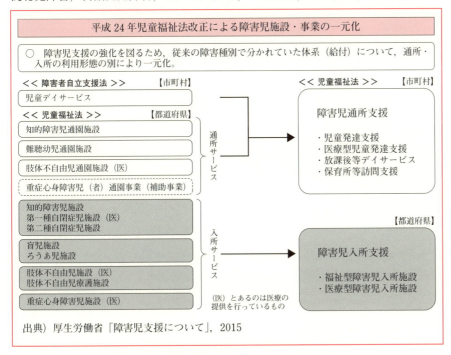

図2-6　障害児支援の体系　法改正による一元化

続きについてはのある子どものための施策である。様々な支援には，障害の予防，早期発見，早期の療育，地域生活支援，また施設入所による生活支援等がある。児童相談所，福祉事務所（家庭児童相談室），保健所，市町村保健センター，児童福祉施設等の機関が担っている。支援費支給方式の導入以降，在宅施策については市町村に重点が移ってきているが，障害児入所施設入所の手続き（措置），障害程度の判定等については従来通り都道府県の機関である児童相談所が担っている。

近年の経過としては，2004（平成16）年に発達障害者支援法が成立し，自閉症や学習障害，注意欠陥多動障害等の障害を有する児童に対する発達障害の特性に応じた医療的，福祉的及び教育的な施策の推進に取りくまれることとなった。

2005（平成17）年には障害者自立支援法が成立し，2006（平成18）年4月から施行され，従来の身体障害者，知的障害者，精神障害者施策を一元化するとともに，障害児に関する在宅施策も統合された。個別に実施されていた障害者児へのサービス事業を「障害福祉サービス」とし，利用の手続きについては従来の措置から利用者（保護者）と施設との直接契約に変わった。

その後，改正障害者基本法を踏まえ，2012（平成24）年に成立した地域社会における共生の実現に向けて新たな障害保健福祉施策を講じるための関係法律の整備に関する法律により，障害者自立支援法は2013（平成25）年から障害者の日常生活及び社会生活を総合的に支援するための法律（障害者総合支援法）に名称が変わった。

また，2010（平成22）年の児童福祉法改正（平成24年4月施行）により，障害種別ごとに分かれた施設体系について，障害児通所支援，障害児入所支援として，通所・入所の利用形態別に一元化され，障害児への支援は主として児童福祉法により実施されることになった（図2－6）。

（3）児童健全育成施策

要保護児童や障害児童のように特別のニーズを持つ児童ではなく，児童一般に対し健全な育成を図るための様々な施策。地域における児童健全育成の拠点として，児童館や児童センター，児童遊園（児童厚生施設）の設置，放課後児童健全育成事業（放課後児童クラブ），地域子育て支援拠点事業の実施，母親クラブ等の地域組織の育成，また，出版物や映画などの優良文化財の推薦なども行われている。

（4）ひとり親家庭施策

配偶者との死別や離別，その他（未婚の母など）により，未成年の子を養育す

るひとり親家庭に対する生活の安定，経済的自立を支援する施策である。母子家庭の収入が一般世帯に比べ低いことから，生活安定のための資金援助が重要な位置を占めているが，近年の離婚を理由とする母子家庭の急激な増加，父子家庭に対する生活援助の必要性等から2002（平成14）年の法改正において父子家庭も母子及び寡婦福祉法の対象とされるとともに，母子家庭等における職業的自立等の総合的な自立支援の充実が図られている。

2014（平成25）年には法律名が母子及び父子並びに寡婦福祉法に改定され，母子等の中に父子も含まれるとされていたことが，父子家庭への支援の充実のため，法律名にも明記され，母子家庭に対する福祉の措置と同様に，父子家庭に対する福祉の措置が設けられるなどの改正が行われ，2015（平成26）年に施行された。

（5）母子保健施策

子どもを妊娠，出産，育成するという女性の母性を保護し，子どもの健康を維持，増進することを目的として，思春期，結婚，妊娠，出産，育児を一貫して支援する施策である。母子保健法，児童福祉法を基盤として，保健所，保健センターを中心に実施されている。主な事業として健康相談，母子健康手帳の交付，各種の健康診査，訪問指導などが公費により行われている。

（6）保育施策

保護者の就労や疾病等の理由により保育が必要な児童に関する施策である。児童数の減少により一時保育所の数も減少したが，夫婦共働きの一般化や女性の就労形態の変化等により近年保育需要の伸びが著しく，受け入れ児童数の増加にもかかわらず，0から2歳の低年齢児を中心に多くの待機児童がいる。1994（平成6）年に策定されたエンゼルプラン（今後の子育て支援のための施策の基本的方向について），1999（平成11）年に策定された新エンゼルプランを通じて，多様な保育ニーズに対応するため，低年齢児受け入れ枠の拡大，延長保育や休日保育等の推進，地域子育て支援センターの整備，多機能型保育所の整備促進等が計画的に取り組まれた。2004（平成16）年12月に策定された，子ども・子育て応援プラン（少子化対策大綱に基づく重点施策の具体的実施計画について）において，様々な保育施策については引き続き計画的，重点的に取り組まれることとなり，さらに2010（平成22）年1月には，子ども・子育てビジョンが閣議決定され2015（平成27）年3月（平成22年度から26年度末）まで実施された。

なお，1997（平成9）年の児童福祉法改正において，保育所の入所方式がそれまでの行政による措置から，保護者が保育所についての情報を十分得た上で保

育所の利用を申し込み，市町村が保育の実施を行う方式に改められている。

　2006（平成18）年には，就学前の子どもに関する教育，保育等の総合的な提供の推進に関する法律が制定，施行され就学前の社会的保育の仕組みが拡大され，さらに2008（平成20）年には児童福祉法が改正され，家庭的保育事業（乳幼児の保育を行う者として市町村長が適当と認めるものの居宅等において保育する事業）を保育所における保育を補完するものとして法律上位置づけられることとなった。

　その後も，保育の需要は高水準で移行し，待機児童も多数にのぼるなど，保育制度に対する改革が求められ，待機児童解消の取り組みや子ども・子育てについて新しいシステムの検討が行われ，2012（平成24）年には，子ども・子育て支援法など子ども・子育て関連3法が成立し，保育所，幼稚園，認定こども園等の就学前の子育て支援制度を一本化した制度の下に運営することが「子ども・子育て支援新制度」として2015（平成27）年から本格的に実施された。

❸ 子ども家庭福祉施策の実施機関

（1）国及び地方公共団体

　国及び地方公共団体は，児童の保護者とともに，児童を心身ともに健やかに育成する責任を負う（児童福祉法第2条）。直接的に児童の育成に責任を有するのは保護者であるが，保護者が何らかの事情によってその子どもを育成することが困難な場合には，国及び地方公共団体は，保護者が子どもの育成を適切に行うよう必要な援助をしなければならない。保護者が子どもを養育できない場合には，国及び地方公共団体は，保護者に代わって子どもを養育する責任がある。国は，子ども家庭福祉に関し，法律の制定，法律の運用，事業に関する企画調整，財政措置，都道府県等に対する技術的助言，指導，監査等，中枢的な機能を担っている。子ども家庭福祉行政を所管しているのが厚生労働省であり，子ども家庭局が中心となり局内の総務課，保育課，家庭福祉課，子育て支援課，母子保健課の各課において行政事務を分掌している。なお，平成13年度からは中央省庁の再編に伴い，新たに8か所の地方厚生局が設置され，民生委員・児童委員の委嘱等，児童扶養手当の支給事務に係る指導・監査等，生活保護法の施行事務に係る監督等の事務を所管している。

　都道府県は，「市町村を包括する広域の地方公共団体」として，広域にわたる事務や市町村に関する連絡事務などを処理する。子ども家庭福祉に関しては，都道府県内の子ども家庭福祉事業に関する企画，予算措置に関するもののほか，児童福祉施設の認可及び指導監督，児童相談所や福祉事務の設置・運営などを行っている。

また，指定都市，中核市は社会福祉に関して都道府県とほぼ同様の事務を処理する事とされているが，中核市にあっては児童相談所の設置等については義務とされていない。

なお，2004（平成16）年の児童福祉法改正により，市町村が子ども家庭に関する相談支援の第一義的窓口業務を担う事が規定され，都道府県は市町村の業務の実施に関し，市町村相互の連絡調整，情報の提供，専門的技術的支援を行う事とされた。

そのため，市町村における児童家庭相談が適切に行われるよう，2005（平成17）年2月に「市町村児童家庭相談援助指針」を策定したが，2017（平成29）年3月に児童福祉法改正等を受けて「市町村子ども家庭支援指針」（ガイドライン）を策定し「市町村児童家庭相談援助指針」は廃止された。

（2）審議機関

審議会とは国や地方公共団体が，所管する行政について，重要な政策方針の策定や特定の処分を下す際に意見の答申を行う事を目的に設置される合議制の機関である。2000（平成12）年度の中央省庁再編に伴い，関係審議会も大幅な再編が行われた。旧厚生省関係では8つの審議会が設置されていたが，2001（平成13）年1月から社会保障審議会に統合化された。

子ども家庭の分野については，「社会保障審議会」の下に児童福祉に関する事項を扱う「児童部会」を設置することとされ，また，社会状況への適切な対応をはかるため，「児童部会」の下に個別課題について専門的に審議する「社会的養育専門委員会」，「児童虐待等要保護事例の検証に関する専門委員会」，「保育専門委員会」等が設置され審議，報告が行われている。これらの報告はその後の児童福祉法の改正，制度改正に反映されている。

都道府県・指定都市においては，同様に都道府県児童福祉審議会，指定都市児童福祉審議会を設置することとされているが，地方社会保障審議会において子ども家庭についての審議を行う事も可能となっている。近年，児童虐待等への対応において，児童相談所の援助の決定の客観性と専門性の向上を図る事により子どもの最善の利益を確保するため，都道府県・指定都市児童福祉審議会への意見聴取（諮問）等が行われている。

（3）児童相談所

1）概要

児童相談所は，児童福祉法に基づき都道府県及び政令指定都市に設置が義務づけられている子ども家庭福祉に関する第一線の専門行政機関である。また，政令

で定める市は児童相談所を設置することができるが，現在都道府県，政令指定都市以外では金沢市，横須賀市が児童相談所を設置しており，2018（平成30）年4月では全国に210か所の児童相談所が設置されている。

児童相談所は，市町村と適切な役割分担・連携を図りつつ，子どもに関する家庭その他からの相談に応じ，子どもが有する問題又は子どもの真のニーズ，子どものおかれた環境の状況等を的確に捉え，個々の子どもや家庭に最も効果的な援助を行い，もって子どもの福祉を図るとともに，その権利を擁護することを目的としている。また，児童福祉法改正により子ども家庭に関する相談支援の第一義的相談窓口が市町村と規定された事により，児童相談所は個別相談とともに市町村への専門的，技術的援助も重要な業務と位置づけられるようになった。

児童相談所の業務は主として，

①市町村の行う児童及び妊産婦の福祉に関する業務に対する広域的調整，情報の提供などの援助，及び障害者総合支援法に基づく意見の提供，技術的援助など
②児童に関する家庭その他からの相談のうち，専門的な知識及び技術を必要とするものに応じること
③児童及びその家庭について，必要な調査，並びに医学的，心理学的，教育学的，社会学的及び精神保健上の判定を行うこと
④児童及びその保護者に，調査または判定に基づき必要な指導を行うこと
⑤児童の一時保護を行うこと
⑥里親に関する業務を行うこと
⑦養子縁組，特別養子縁組により親子となった児童，父母，養親等への相談援助を行うこと

などであり，これらの業務を必要に応じて巡回して行う事ができる。

2）職員

児童相談所には，所長をはじめ，児童福祉司，児童心理司，医師（精神科医，小児科医，嘱託でも可能），児童指導員・保育士（一時保護所）などの専門職が配置されている。相談援助に応じる中核的職員である児童福祉司は2018（平成30）年4月現在3,252名が配置されている。相談援助に当たってはこれらの専門職員が受理，判定，援助方針決定等に際して会議を開催し，チームとして援助を行うこととされている。

児童相談所の体制強化については長年の懸案であったが，2016（平成28）年度からの4年間を児童相談所強化プランとして，児童福祉司，児童心理司，保健師等の専門職の増員，資質の向上，関係機関との連携の強化等に取り組んでいるところである。

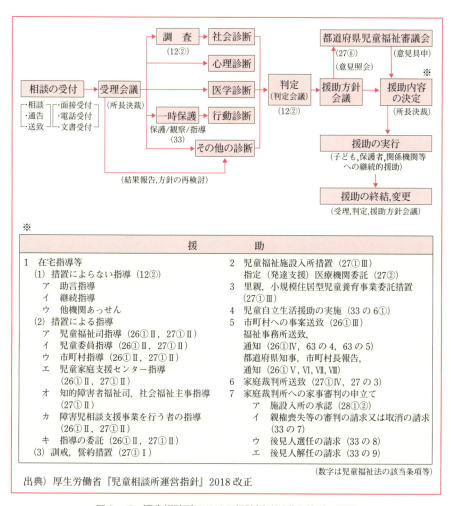

図2－7　児童相談所における相談援助活動の体系・展開

なお，児童福祉司については配置標準が児童福祉法施行令に規定されており，2016（平成28）年から管轄人口4万人に1人プラス虐待対応件数により加算とするなど，それまでの管轄人口おおむね4～7万人に1人から改善されている。

3）業務

児童相談所は，児童に関する各般の問題について，家庭その他からの相談を受け付けるほか，地域住民や学校，警察等の関係機関からの通告，福祉事務所や家庭裁判所等からの送致を受け，相談活動を展開する。

受付後の相談援助の展開は，図2－7を参照。また，児童相談所，市町村，関係機関の相談援助活動における関係については，図2－8を参照のこと。

① 相談の受付

相談を受け付けた場合は，相談の内容，種類に応じて，緊急性の判断や担当者

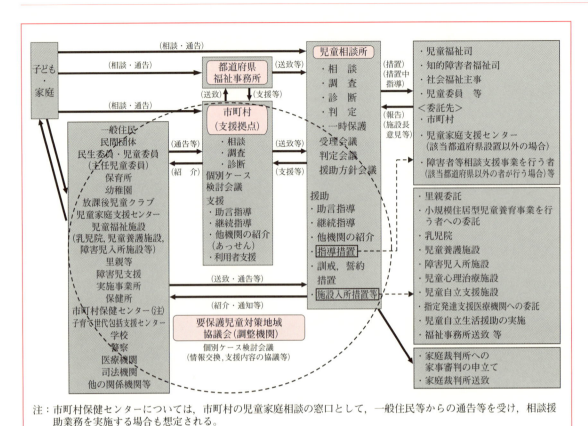

図2-8 市町村・児童相談所における相談援助活動系統図

の決定,調査の時期や内容,一時保護の要否などを検討する。

相談の種類,内容については表2-1を参照。また,近年の相談取扱件数等については,表2-2を参照のこと。

② 調査,診断,判定

調査は,児童や家庭の状況を把握し,それによって,児童,保護者等にどのような援助が必要であるかを判断するために行われるものである。来所による面接,訪問による聴取,関係機関等への電話や文書での照会などの方法がある。

虐待等の場合には,緊急性が求められることから,初期調査として児童の安全確認が最優先され,家族調査等についてはその後継続して行われることもある。また,子どものいる住居等への立入調査も必要に応じて実施される。2007(平成19)年の児童福祉法改正により,児童相談所による調査に非協力的な場合,裁判所の許可を得て,家庭への強制力の行使を伴う臨検,捜索も実施できること

2章　子ども家庭福祉制度とその運用

表2-1　受け付ける相談の種類及び主な内容

養護相談	1．児童虐待相談	児童虐待の防止等に関する法律の第2条に規定する次の行為に関する相談 （1）身体的虐待 　　　生命・健康に危険のある身体的な暴行 （2）性的虐待 　　　性交，性的暴行，性的行為の強要 （3）心理的虐待 　　　暴言や差別など心理的外傷を与える行為，児童が同居する家庭における配偶者，家族に対する暴力 （4）保護の怠慢，拒否（ネグレクト） 　　　保護の怠慢や拒否により健康状態や安全を損なう行為及び棄児
	2．その他の相談	父又は母等保護者の家出，失踪，死亡，離婚，入院，稼働及び服役等による養育困難児，迷子，親権を喪失・停止した親の子，後見人を持たぬ児童等環境的問題を有する子ども，養子縁組に関する相談。
保健相談	3．保健相談	未熟児，虚弱児，ツベルクリン反応陽転児，内部機能障害，小児喘息，その他の疾患（精神疾患を含む）等を有する子どもに関する相談。
障害相談	4．肢体不自由相談	肢体不自由児，運動発達の遅れに関する相談。
	5．視聴覚障害相談	盲（弱視を含む），ろう（難聴を含む）等視聴覚障害児に関する相談。
	6．言語発達障害相談	構音障害，吃音，失語等音声や言語の機能障害をもつ子ども，言語発達遅滞を有する子ども等に関する相談。ことばの遅れの原因が知的障害，自閉症，しつけ上の問題等他の相談種別に分類される場合は該当の種別として取り扱う。
	7．重症心身障害相談	重症心身障害児（者）に関する相談。
	8．知的障害相談	知的障害児に関する相談。
	9．発達障害相談	自閉症，アスペルガー症候群，その他広汎性発達障害，学習障害，注意欠陥多動性障害等の子どもに関する相談。
非行相談	10．ぐ犯等相談	虚言癖，浪費癖，家出，浮浪，乱暴，性的逸脱等のぐ犯行為若しくは飲酒，喫煙等の問題行動のある子ども，警察署からぐ犯少年として通告のあった子ども，又は触法行為があったと思料されても警察署から法第25条による通告のない子どもに関する相談。
	11．触法行為等相談	触法行為があったとして警察署から法第25条による通告のあった子ども，犯罪少年に関して家庭裁判所から送致のあった子どもに関する相談。受け付けた時には通告がなくとも調査の結果，通告が予定されている子どもに関する相談についてもこれに該当する。
育成相談	12．性格行動相談	子どもの人格の発達上問題となる反抗，友達と遊べない，落ち着きがない，内気，緘黙，不活発，家庭内暴力，生活習慣の著しい逸脱等性格もしくは行動上の問題を有する子どもに関する相談。
	13．不登校相談	学校及び幼稚園並びに保育所に在籍中で，登校（園）していない状態にある子どもに関する相談。非行や精神疾患，養護問題が主である場合等には該当の種別として取り扱う。
	14．適性相談	進学適性，職業適性，学業不振等に関する相談。
	15．育児・しつけ相談	家庭内における幼児の育児・しつけ，子どもの性教育，遊び等に関する相談。
	16．その他の相談	1～15のいずれにも該当しない相談。

出典）厚生労働省『児童相談所運営指針』

表2－2　児童相談所における相談の種類別対応件数の年次推移

	総数	養護相談	非行相談	障害相談	育成相談	保健相談	その他の相談
2014（平成26）年度	(100%) 416,056	(35.0%) 145,849	(3.9%) 16,354	(43.9%) 182,546	(11.7%) 48,803	(0.5%) 1,967	(4.9%) 20,537
2015（平成27）年度	(100%) 434,210	(37.4%) 162,351	(3.5%) 15,068	(42.6%) 184,804	(11.0%) 47,877	(0.4%) 1,718	(5.2%) 22,392
2016（平成28）年度	(100%) 454,635	(40.8%) 185,493	(3.1%) 14,225	(40.7%) 185,006	(9.7%) 43.936	(0.3%) 1,564	(5.4%) 24,411
2017（平成29）年度	(100%) 463,038	(42.3%) 195,643	(3.0%) 13,910	(39.9%) 184,799	(8.9%) 41,364	(0.3%) 1,608	(5.6%) 25,714

出典）厚生労働省「福祉行政報告例」各年度から作成

が規定された。

　診断は，受け付けた相談について，必要と認めた場合や市町村からの要請に基づき，医師による医学診断，児童心理司による心理診断，一時保護所の児童指導員・保育士による行動診断，児童福祉司，相談員による社会診断，理学療法士等によるその他の診断が行われ，援助の方針決定の参考とされる。

　社会診断は，調査により，問題の進展，児童，家族のおかれている環境，問題と環境との関連，社会資源の状況，家族の問題解決能力，社会資源活用の可能性等を明らかにする。医学診断は，医師による診察，検査，問診等により医学的観点からの問題の明確化と援助の方針示す。心理診断は児童心理司により，心理面接，行動観察，心理検査等をもとに心理学的な観点から援助の内容，方針を明確にする。行動診断は，一時保護所の生活場面における行動観察，面接等により，基本的生活習慣の習得状況，対人関係の特徴などを明らかにする。これらを総合して判定（総合診断）し援助指針を定める。

　③　**援助**（図2－7を参照）

　児童相談所が行う援助は，各専門職員による調査，診断，判定に基づき，援助指針を決定し，援助指針に従って援助が実施される。援助の実施には親権者の同意が必要とされており，児童相談所がとろうとしている援助の方針と，保護者もしくは児童の意向が異なる場合及び児童相談所長が必要と認めた場合には，都道府県児童福祉審議会の意見を聴かなければならないこととされている。一定期間の援助実施の後，援助の効果が評価され，援助の見直しや再度の援助指針の決定，あるいは援助の終結が行われる。

　援助は大きくは以下の3種類にまとめられる。

　ア）在宅指導

　在宅指導には，専門的視点から行われる比較的軽易な助言指導，カウンセリン

グ・心理療法・ソーシャルワークなどを継続的に行う継続指導，他の機関への斡旋などを行う措置によらない指導と，複雑な問題に対して家庭訪問や通所等により児童福祉司が行う児童福祉司指導，児童委員による指導，児童家庭支援センターによる指導，知的障害者福祉司，社会福祉主事による指導など措置により実施される指導がある。

　イ）児童福祉施設入所措置など

　在宅による指導では問題の解決，改善が見込めない場合には，乳児院，児童養護施設，障害児入所施設，児童自立支援施設などの児童福祉施設への入所の措置，里親への委託の措置，児童自立生活援助事業への委託の措置などがある。

　ウ）その他の援助

　児童福祉施設等への入所の措置は親権者及び未成年後見人の意に反して行うことはできない。しかし，非行や虐待など，児童，保護者の意に反しても児童福祉施設への入所の措置が必要な場合がある。そのような場合には，児童相談所長は家庭裁判所に事件の送致を行う，あるいは親権者等の意に反しても施設入所行うことの承認を求める審判の申し立て等を行うことができる。また，親権者が親権を濫用したり，著しく不行跡であるときは，親権の一時停止，親権喪失の審判の請求，未成年後見人の選任，解任の請求を家庭裁判所に行うことができる。

④　一時保護

　児童相談所長又は都道府県知事は，必要があると認めるときは児童を一時保護することができる。一時保護の場所は，児童相談所に付設の一時保護所（2016（平成28）年度136か所の児童相談所に付設されている。）のほか適切な者に一時保護を委託することができる。委託一時保護先としては，児童福祉施設，里親，病院などが多いが，個人でも可能である。一時保護の期間は原則として2か月を超えることはできないが児童相談所長が必要と認める場合には延長することができる。なお，一時保護は児童，保護者の同意がなくても行うことができるが，保護者の意に反して2か月以上一時保護を行う場合は家庭裁判所の承認が必要である。

〈一時保護を行う場合〉

　ア）緊急保護

　棄児，家出児童など，現に保護者がいないか宿所がない場合などは適切な養育者に引き渡すまで，また，虐待や非行など家庭から一時的に引き離す必要がある場合などは，援助の方針が決まるまで緊急に保護が必要である。

　イ）行動観察

　具体的援助の方針を決めるため生活場面における行動を詳細に観察する必要がある場合や生活指導の必要な場合には一時保護を行う。

ウ）短期入所指導

家庭からの分離により，短期の入所による生活指導，カウンセリングなどが適切であると判断される場合には一時保護所において短期の入所指導が行われる。

⑤ **各種事業等**

児童相談所は相談援助の一環として，次のような事業を行っている。

ア）養子縁組のあっせん

イ）里親支援事業

ウ）1歳6か月児，3歳児精密健康診査及び事後指導

エ）特別児童扶養手当，療育手帳にかかる判定業務

オ）ひきこもり等児童福祉対策事業

カ）児童虐待防止対策支援事業など

（4）福祉事務所

1）設置

福祉事務所は社会福祉法に基づき設置される，社会福祉行政の第一線機関として，生活保護法，児童福祉法，身体障害者福祉法，知的障害者福祉法，老人福祉法，母子及び父子並びに寡婦福祉法のいわゆる福祉六法に定める援護，育成，更正の措置を担当しているほか，必要に応じて民生委員，災害救助など広く社会福祉全般に関する事務を担当している。2017（平成29年）4月現在で福祉事務所総数は1,247か所である。

2）組織

福祉事務所には，所長のほか，査察指導員，現業員（社会福祉主事），身体障害者福祉司，知的障害者福祉司などの職員が配置されている。近年，介護保険制度の導入，他部局との業務分担や連携などから，福祉事務所としての組織は従来のように明確ではなくなっている。また，町村合併などが進められ，町村で設置される福祉事務所は43か所になり，市部でも管内人口5万人以下の福祉事務所が増加し，福祉地区の規模の適正化などが課題となっている。

子ども家庭福祉に関する相談機能充実のため，福祉事務所内に家庭児童相談室が設置されており，社会福祉主事，家庭相談員が配置されている。

3）子ども家庭福祉に関する業務

① **実情把握及び相談・調査・指導**

地域における児童及び妊産婦の福祉に関する実情を把握するとともに，児童及び妊産婦の相談に応じ必要な調査を行い，個別的・集団的指導を行う。専門的判定を要する場合には児童相談所に送致する。

② 助産の実施，母子保護の実施

助産施設，母子生活支援施設への入所は，従来福祉事務所設置主体（都道府県，市町村）の措置として行われていたが，2000（平成12）年の児童福祉法改正により，保育所入所と同様に，施設の利用を希望する者が都道府県等に利用の申し込みを行い，都道府県等は当該申し込みがあったときは，利用者の希望する施設において助産もしくは母子保護の実施を行うこととされた。

③ 児童相談所との関係

児童相談所は専門的な調査・判定業務，一時保護業務，施設入所措置などを担当するのに対し，福祉事務所は設置数も多く，地域に密着した相談機関としての役割を果たし，専門的判定，一時保護，施設入所が必要と認める場合には，児童相談所に送致する必要がある。

2004（平成16）年の児童福祉法改正により市町村が子ども家庭相談の第一義的窓口と位置づけられたことにより，市の設置する福祉事務所においては，市の実施する子ども家庭に関する相談，援助体制の重要な位置を占めることとなった。

(5) 市町村

市町村は住民に最も身近な自治体であり，地域の実情に応じたきめ細かな福祉サービスを提供することが可能である。このため，1990（平成2）年の福祉関係8法の改正により，高齢者福祉サービスや障害者福祉サービスさらには保健サービス等も，順次都道府県から市町村に実施主体が移行されてきた。しかし，子ども家庭福祉サービスは，子ども自身がニーズを訴えることが困難であり，どのようなサービスが必要かを公平に判断する必要があることなどから，行政の関与が大きく，都道府県が中心となって福祉サービス提供の決定を行ってきた。

その後，少子化への対応を契機として，市町村における子ども家庭福祉サービスの充実が計画的に進められることとなり，次世代育成の視点からの福祉サービスの体系が市町村を中心として充実が図られるようになってきた。

2004（平成16）年の児童福祉法の改正によって，子ども家庭に関する相談支援，様々な子育て支援が市町村を中心に展開されることとなり，市町村の役割重視が明確となった。今後については市町村における体制の整備，児童相談所との連携が大きな課題であると考えられる。

(6) 保健所，市町村保健センター

1）設置

保健所は地域保健法に基づき，都道府県，政令指定都市，中核市，保健所政令

市，特別区が設置することとされており，地域における保健衛生活動の中核的行政機関である。2018（平成30）年4月1日現在全国で469か所の保健所が設置されている。

市町村においては，身近で利用頻度の高い保健サービスの提供が求められる事から，市町村保健センターを設置し乳幼児から高齢者までの保健サービスを一体的に提供する体制をとっている。しかし，市町村保健センターの設置は義務的なものではなく，サービスの提供主体が市町村とされていることから市町村保健センターを設置していない市町村もある。また，福祉との有機的連携による提供体制整備の観点から保健福祉センターや健康福祉センターなどのように，保健と福祉を一体として提供する体制の整備も進められている。

2）子ども家庭福祉に関する業務

地域保健法，母子保健法の改正により，1997（平成9）年からは母子保健サービスの提供は主として市町村が担うこととされた。そのため，保健所においては専門的母子保健サービスの提供が，市町村においては基本的母子保健サービスの提供が行われることとなった。

①　保健所の提供するサービス

広域的専門的公衆衛生活動の観点から，専門的かつ技術的な業務について機能を強化するとともに，地域住民のニーズの把握に努めたうえで，専門的な立場から企画，調整，指導及びこれらに必要な事業を行うとともに市町村への積極的な支援に努める。具体的には，地域保健に関する思想の普及，地域保健にかかる統計，栄養，食品衛生，環境衛生，母性及び乳幼児並びに老人の保健活動などを行う。

子ども家庭福祉に関しては，主として母子保健を中心とした観点から，未熟児養育医療，障害児の療育指導，慢性疾患児の療育指導等が行われている。

②　保健センター等の提供するサービス

市町村保健センターでは，住民に対して健康相談，保健指導，健康診査，その他地域保健に関し必要な事業を行う。

子ども家庭福祉に関しては，保健所と同様に主として母子保健の観点から

ア）母子健康手帳の交付

イ）保健指導

ウ）妊産婦・新生児への訪問指導

エ）妊産婦・乳幼児・1歳6か月児，3歳児の健康診査

などが提供されている。

③ 子育て世代包括支援センターによる母子保健サービスと子育て支援サービスの一体的提供

2016（平成28）年，妊娠期から子育て期にわたる切れ目のない支援のために，子育て世代包括支援センターに保健師等を配置して，「母子保健サービス」と「子育て支援サービス」を一体的に提供できるよう母子保健法が改正された。子育て世代包括支援センターを法定化（法律上は「母子健康包括支援センター」）し，市町村における整備が努力義務化された。

(7) 児童委員・主任児童委員

児童委員は児童福祉法に基づき，市町村の区域におかれている民間ボランティアとして奉仕活動を行っている。児童委員は民生委員を兼ねており，都道府県の推薦により厚生労働大臣から3年間の任期で委嘱されている。また，少子化の進行，子ども家庭福祉問題の複雑化等の背景から，1994（平成6）年には児童福祉に関する事項を専門的に担当する児童委員として主任児童委員が任命され，2001（平成13）年の児童福祉法改正により主任児童委員が法定化された。2018（平成30）年3月31日現在で児童委員総数は232,041人であり，そのうち主任児童委員は21,475人となっている。

児童委員の主な職務（児童福祉法第17条）は，
①児童等の生活や取り巻く環境状況を適切に把握しておくこと。
②福祉等のサービス利用に関して必要な情報の提供や援助，指導を行うこと。
③児童等にかかる社会福祉を目的とする事業の経営者，児童の健全育成に関する活動を行う者と密接に連携し，支援すること。
④児童福祉司や社会福祉主事の行う職務に協力すること。
⑤児童の健やかな育成に関する気運の醸成に努めること。
などとされている。

主任児童委員は，上記に掲げる児童委員の職務について，児童の福祉に関する機関と児童委員との連絡調整を行うとともに，児童委員の活動に対する援助及び協力を行う。

また，主任児童委員が児童委員として個別に上記の主任児童委員としての活動を行うことも差し支えないこととされている。

なお，児童虐待への取り組みとして，予防，早期発見・早期対応，再発防止，児童虐待防止ネットワークへの参画などの活動に努めることとなっている。

(8) 民間児童福祉関係団体

児童福祉に関する各種の民間団体では，団体設立の主旨，目的に沿って独自の

活動が展開されている。運営主体は，法人格を有する社会福祉法人，社団法人，財団法人等のほかNPO法人なども増加し，法人格を有しない任意の団体もある。活動例としては，子ども家庭に関する調査研究，職員研修を行うもの，里親の開拓・委託促進等を行うもの，虐待防止・相談援助・啓発活動を行うもの，青少年保護を行うもの等非常に幅広い活動が行われている。活動資金としては，行政からの業務委託費，補助金，民間からの資金補助，会費，寄付等多様な方法により確保がはかられている。

4 児童福祉施設

(1) 児童福祉施設の種類

　児童福祉施設は，児童福祉法第7条に規定される，児童の保護，養育，治療，自立支援を行い，児童の福祉をはかる施設である。児童福祉法第7条では助産施設，乳児院，母子生活支援施設，保育所，幼保連携型認定こども園，児童厚生施設，児童養護施設，障害児入所施設，児童発達支援センター，児童心理治療施設，児童自立支援施設，児童家庭支援センターの12種類の施設が規定されている。児童福祉施設の設備や運営については，国が定める「児童福祉施設の設備及び運営に関する基準」（厚生労働省令）に基づいて各都道府県において条例で定められる「児童福祉最低基準」に従って行われる。施設の種類，設置主体，目的と対象者等については表2−3を参照。

(2) 児童福祉施設の設置

　児童福祉施設は，国，都道府県，市町村等の公共団体が設置する場合，社会福祉法人等が設置する場合，法人格を持たない個人や団体が設置する場合がある。基本的には，公共団体，社会福祉法人が設置することが多いが，社会経済状況の変化，国における規制緩和の方向等により，保育所等の施設については学校法人や株式会社による設置も広く認められるようになった。

1）国が設置する施設

　国は厚生労働省組織令に基づき，国立児童自立支援施設と国立障害者リハビリテーションセンターを設置しなければならない。児童自立支援施設は，国立武蔵野学院，国立きぬ川学院であり，障害者リハビリテーションセンターは秩父学園である。国立施設は児童の保護，自立支援，指導を行うほか，全国の児童自立支援施設，福祉型障害児入所施設での自立支援，保護及び指導の向上に寄与する機関とされており，武蔵野学院，秩父学園では職員の養成施設が併設されている。

2）都道府県が設置する施設

　都道府県は児童福祉法に基づき，児童自立支援施設を設置しなければならな

2章　子ども家庭福祉制度とその運用

表2－3　児童福祉施設の目的・対象者等の一覧

平成30（'18）年

施設の種類	種　別	入(通)所・利用別	設置主体		施設の目的と対象者
児童福祉施設　助産施設（児福法36条）	第2種*	入　所	都道府県市　町　村社会福祉法人その他の者	届出認可	保健上必要があるにもかかわらず，経済的理由により，入院助産を受けることができない妊産婦を入所させて，助産を受けさせる
乳児院（児福法37条）	第1種*	入　所	同	上	乳児（保健上，安定した生活環境の確保その他の理由により特に必要のある場合には，幼児を含む）を入院させて，これを養育し，あわせて退院した者について相談その他の援助を行う
母子生活支援施設（児福法38条）	第1種*	入　所	同	上	配偶者のない女子又はこれに準ずる事情にある女子及びその者の監護すべき児童を入所させて，これらの者を保護するとともに，これらの者の自立の促進のためにその生活を支援し，あわせて退所した者について相談その他の援助を行う
保育所（児福法39条）	第2種*	通　所	同	上	保育を必要とする乳児・幼児を日々保護者の下から通わせて保育を行う
幼保連携型認定こども園（児福法39条の2）	第2種*	通　所	同	上	義務教育及びその後の教育の基礎を培うものとしての満3歳以上の幼児に対する教育及び保育を必要とする乳児・幼児に対する保育を一体的に行い，これらの乳児又は幼児の健やかな成長が図られるよう適当な環境を与えて，その心身の発達を助長する
児童厚生施設（児福法40条）　児童館　小型児童館，児童センター，大型児童館A型，大型児童館B型，大型児童館C型，その他の児童館	第2種*	利　用	同	上	屋内に集会室，遊戯室，図書館等必要な設備を設け，児童に健全な遊びを与えて，その健康を増進し，又は情操を豊かにする
児童遊園	第2種*	利　用	同	上	屋外に広場，ブランコ等必要な設備を設け，児童に健全な遊びを与えて，その健康を増進し，又は情操を豊かにする
児童養護施設（児福法41条）	第1種*	入　所	同	上	保護者のない児童（乳児を除く。ただし，安定した生活環境の確保その他の理由により特に必要のある場合には，乳児を含む），虐待されている児童その他環境上養護を要する児童を入所させて，これを養護し，あわせて退所した者に対する相談その他の自立のための援助を行う
障害児入所施設（児福法42条）（福祉型）（医療型）	第1種*	入　所	同	上	障害児を入所させて，保護，日常生活の指導，独立自活に必要な知識技能の付与及び治療を行う
児童発達支援センター（児福法43条）（福祉型）（医療型）	第2種*	通　所	同	上	障害児を日々保護者の下から通わせて，日常生活における基本的動作の指導，独立自活に必要な知識技能の付与又は集団生活への適応のための訓練及び治療を提供する

施設の種類	種別	入(通)所・利用別	設置主体	施設の目的と対象者
児童心理治療施設 （児福法43条の2）	第1種※	入所 通所	同　　　上	家庭環境，学校における交友関係その他の環境上の理由により社会生活への適応が困難となった児童を，短期間，入所させ又は保護者の下から通わせて，社会生活に適応するために必要な心理に関する治療及び生活指導を主として行い，あわせて退所した者については相談その他の援助を行う
児童自立支援施設 （児福法44条）	第1種※	入所 通所	都 道 府 県 市 町 村 届出 社会福祉法人 その他の者 認可	不良行為をなし，又はなすおそれのある児童及び家庭環境その他の環境上の理由により生活指導等を要する児童を入所させ，又は保護者の下から通わせて，個々の児童の状況に応じて必要な指導を行い，その自立を支援し，あわせて退所した者について相談その他の援助を行う
児童家庭支援センター （児福法44条の2）	第1種※	利用	都 道 府 県 市 町 村 届出 社会福祉法人 その他の者 認可	地域の児童の福祉に関する各般の問題につき，児童に関する家庭その他からの相談のうち，専門的な知識及び技術を必要とするものに応じ，必要な助言を行うとともに，市町村の求めに応じ，技術的助言その他必要な援助を行うほか，保護を要する児童又はその保護者に対する指導及び児童相談所等との連携・連絡調整等を総合的に行う

出典）厚生労働統計協会『国民の福祉と介護の動向2018／2019』を一部改変
※社会福祉事業には第1種と第2種があり，利用者への影響の点から第1種は公的規制の必要性が高い事業，第2種は公的規制の必要性が低い事業である。

い。現在児童自立支援施設は，全国に58施設があるが，国立2施設，私立2施設（北海道家庭学校，横浜家庭学園）がありその他の54施設は都道府県あるいは指定都市立である。児童自立支援施設以外の児童福祉施設については，都道府県による設置は義務づけられておらず，各都道府県の判断において条例により設置されている。

3）指定都市，中核市以外の市町村その他の者が設置する施設

指定都市，中核市以外の市町村は，あらかじめ必要な事項を都道府県知事に届け出て児童福祉施設を設置することができる。国，都道府県，市町村以外の者は都道府県知事の認可を得て児童福祉施設を設置することができる。

4）認可外保育施設に対する指導監督

近年都市部を中心に保育需要が急増しており，保育所の整備促進が計られているが，保育所に入所できない待機児童は高い水準で推移している。このような状況を背景に認可外の保育施設も増加し，認可外保育施設における事件・事故が社会問題として大きく取り上げられる事がある。このような社会状況を背景として，認可外の保育施設に対する都道府県知事による指導監督の権限について児童福祉法に規定されている。

〈指導監督の強化に関する主な内容〉

①認可外保育施設を設置した者は事業開始から1か月以内に都道府県知事に施設の名称，所在地等の事項を届けなければならないこと。

②事業開始の届けをした者は，届け出た事項に変更があった場合には変更の日から1か月以内に変更した内容を都道府県知事に届けなければならない（事業の廃止，休止したときも同様）こと。

③都道府県知事は届け出があった場合には，施設所在地の市町村長に通知すること。

④施設設置者は届け出た内容を利用者の見やすい場所に掲示しなければならないこと。

⑤都道府県知事は施設の設置者または管理者に，必要な事項の報告を求め，施設に立入調査し，必要な場合には改善の勧告をし，事業の停止，施設の閉鎖を命ずることができること。

などである。

(3) 児童福祉施設の運営

　児童福祉施設は，入所している児童が明るくて，衛生的な環境において，素養があり，かつ，適切な訓練を受けた職員の指導により，心身ともに健やかにして，社会に適応するように育成されることが保障されなければならない。

　そのために，児童福祉法（第45条，第45条の2）において，①都道府県は国が定める基準に従い，児童福祉施設の設備及び運営について，条例で基準を定めなければならない　②国は都道府県が条例で基準を定めるために，児童福祉施設に配置する従業者数及びその人数，居室や病室の床面積や設備などを定め，児童福祉施設の設置者は都道府県の定める基準を遵守しなければならないこと，施設の設置者は施設の設備及び運営についての水準の向上を図るように努めること　③厚生労働大臣は里親が行う養育に関する基準を定めること，里親はその基準を遵守しなければならないこと等が規定され，厚生労働省令で「児童福祉施設の設備及び運営に関する基準」（旧称：児童福祉施設最低基準）が制定されている。

　また，児童福祉施設の運営に要する費用についても公費による負担及び補助について児童福祉法（第49条の2から第55条）により規定されている。

1）児童福祉施設の設備及び運営に関する基準

　児童福祉施設の設備及び運営に関する基準には，目的，児童福祉施設に入所している者の人権に十分配慮しなければならないことなどの一般原則，職員の一般的要件，虐待の禁止，懲戒に係る権限の濫用禁止，秘密の保持，苦情への対応などのほか，助産施設，乳児院，母子生活支援施設，保育所，児童厚生施設，児童養護施設，福祉型障害児入所施設，医療型障害児入所施設，福祉型児童発達支援

センター医療型発達支援センター，児童心理治療施設，児童自立支援施設，児童家庭支援センターの施設種別ごとの設備・職員・運営内容などが規定されている。

2）児童福祉施設の費用

児童福祉施設の費用は，施設整備に関する費用，施設運営に関する費用に大別される。施設整備に関しては次世代育成支援対策施設整備交付金，保育所等整備交付金，社会福祉施設等施設整備費国庫補助金，施設運営に関しては，児童入所施設措置費等国庫負担金，子どものための教育・保育給付費の国庫負担金等により補助が行われている。

なお，措置費や補助金等の負担区分について，事業区分，施設種別，実施主体などにより，また国，都道府県，市町村の負担割合が異なるので，措置費についての負担区分表を例として表2－4に示す。

（4）社会的養護のあり方

2011（平成23）年7月に，「児童養護施設等の社会的養護に関する検討委員

表2－4　児童福祉施設措置費の負担区分表（措置費手帳9頁）

経費の種別	措置等主体の区分	児童等の入所先等の区分	措置費等の負担区分		
			市町村	都道府県	国
母子生活支援施設及び助産施設の措置費等	市及び福祉事務所を管理する町村	市町村立施設及び私立施設	1/4	1/4	1/2
		都道府県立施設		1/2	1/2
	都道府県，指定都市，中核市	都道府県立施設，市町村立施設及び私立施設		1/2	1/2
その他の施設里親の措置費等	都道府県，指定都市，児童相談所設置市	都道府県立施設，市町村立施設及び私立施設		1/2	1/2
一時保護所の措置費等	都道府県，指定都市，児童相談所設置市	児童相談所（一時保護施設）		1/2	1/2
保育の措置費	市町村（指定都市，中核市含む。）	特定教育・保育施設及び特定地域型保育事業所（以下「特定教育・保育施設等」という。）	1/4	1/4	1/2

会」，及び「社会保障審議会児童部会社会的養護専門委員会」において，「社会的養護の課題と将来像」が取りまとめられた。そこでは，措置される児童の9割が乳児院や児童養護施設に，1割が里親やファミリーホームに措置されているが，これを，今後，十数年をかけて，概ね3分の1が里親及びファミリーホーム，概ね3分の1がグループホーム，概ね3分の1が本体施設（児童養護施設はすべて小規模ケア）という姿に変えていくという方向性が示された。

その後，社会的養護の課題と将来像の実現に向けて，2015（平成27）年度から2030年度までの期間で里親委託の推進，施設の小規模化等の取り組みが進められてきた。

2016（平成28）年の児童福祉法改正では，子どもが権利の主体であること，子どもの家庭養育優先原則が明確に示された。このような法改正を受け，「新たな社会的養育の在り方に関する検討会」によって2017（平成29）年8月に今後の社会的養育の在り方を示す「新しい社会的養育ビジョン」が取りまとめられた。このビジョンでは，里親委託の推進，施設の小規模化等をさらに推し進めることが明確化され，実現に向けた数値目標も示された。数値目標の提示に関しては様々な議論が行われたが，今後約10年間の期間において，「概ね7年以内（3歳未満は概ね5年以内）に乳幼児の里親委託率75％以上」，「概ね10年以内に学童期以降の里親委託率50％以上」の実現に向けた取り組みが都道府県を中心に進められることとなった。詳しくは第3章第7節「社会的養護」を参照されたい。

3. 子ども家庭福祉の財政

児童福祉が円滑に運営されるためには，必要な財源が用意されていなければならない。大きくは公費，公費に準ずる公的資金，民間資金に大別される。公費は主として法令に基づき公の職務とされている分野の児童福祉事業及び国や地方自治体が児童の福祉増進のために行う事業等に支出される。また，施策の性格，内容に応じ，国，地方自治体の財政負担区分が定められている。

1 国及び地方公共団体の負担

国費の支出については，大きくは地方交付税交付金と国庫補助金等に分けられる。児童福祉事業に関わる国庫補助金等の種類は多岐，広範囲にわたり，国の負担割合も，10分の10（特別児童扶養手当），3分の1（児童扶養手当等），2分

の1（児童福祉施設の措置費等）等と各施策の性格，内容等により区分けされている。国庫金の取扱については，財政法，会計法，予算決算及び会計令等の諸法規が，補助金等については補助金等に係る予算の執行の適正化に関する法律があり，これらの諸法規に従い厳密な手続きにより支出が行われる。

2 国庫補助金等

　国庫補助金とは，補助金等に係る予算の執行の適正化に関する法律により「国が国以外の者に対して交付する」補助金，負担金，利子補給金，その他に分類される。ここで補助金とは，「相手方が行う事務または事業に対して，これを助成するために，あるいは奨励するために財政的な援助として交付する給付金」であり，負担金とは「相手方が行う事務または事業につき交付側も一定の義務あるいは責任があるので，その義務あるいは責任の程度に応じて相手方に対して交付する給付金」をいう。

　子ども家庭に関する補助金などは種類も多く，事業も広範囲にわたっているが，予算規模も大きく，都道府県（児童相談所）による行政処分に基づき施設に支払われる児童保護措置費について概説する。

　児童保護措置費負担金は，児童福祉法の措置として措置の実施主体が施設への入所措置を行った場合に施設に対して委託費として支払われるものである。施設において，入所者の福祉を計るための運営費，すなわち，処遇費，職員人件費及び施設の維持管理費等を一括して児童保護措置費と呼んでいる。

　児童養護施設における措置費の構造，費目を図2－9に例示する。

4. 子ども家庭福祉の計画と進展

　子ども家庭福祉は，第2次世界大戦後の国全体が疲弊した中で，子どもの保護と健全な育成に焦点を当て，戦災孤児，浮浪時への保護事業をはじめとして，時代の要請に応じ，母子保健施策，障害児施策などへと対象や事業を広げてきた。近年では1990（平成2）年に，1989（平成元）年の合計特殊出生率1.57と1966（昭和41）年（ひのえうまの年）の1.58を下回ったことを契機として，出生率の低下と子どもの数が減少傾向にあることが社会問題として認識されるようになり，その後の子ども家庭福祉の大きな課題として少子化への対応が計画的に取り組まれる端緒となった。

　1994年のエンゼルプラン・緊急保育対策等5か年事業，1999年の新エンゼル

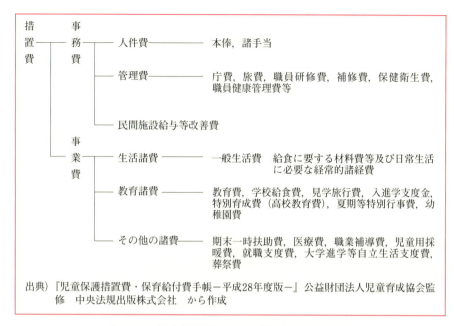

図2-9 児童養護施設における措置費の構造，費目

　プラン，2004（平成16年）年の子ども・子育て応援プランへと少子化への対策，子育て支援の対策が継続され，その間1999（平成11）年には少子化対策推進基本方針の策定，2003（平成15）年には少子化対策基本法，次世代育成支援対策推進法が制定され，地方公共団体，企業を含め，次世代育成行動計画を策定し，10年間の期間限定で子どもと家庭への対策を計画的に推進することとされた。次世代育成対策推進法は2014（平成26）年の改正により，有効期限がさらに2025年3月まで10年間延長された。

　少子化社会対策大綱に盛り込まれた施策の推進を図るため「子ども・子育て応援プラン」（2005年度〜2012年度）が少子化社会対策会議で決定され，その後少子化社会対策会議決定により新しい少子化対策について検討が行われ，2010（平成22）年1月に少子化社会対策基本法に基づく新たな大綱として「子ども・子育てビジョン」が策定された。並行して，子ども・子育て新システム検討会議において新たな子ども・子育て新システムの検討が行われ，2012（平成24）年に「子ども・子育て支援法等子育て関連3法」（子ども・子育て支援法，就学前の子どもに関する教育，保育等の総合的な提供の推進に関する法律の一部を改正する法律，子ども・子育て支援法及び就学前の子どもに関する教育，保育等の総合的な提供の推進に関する法律の一部を改正する法律の施行に伴う関係法律の整備に関する法律）が成立し，2015（平成27）年度から「子ども・子育て支援新制度」として本格的に施行された。

このほか子どもに関して，地方自治体が法律に基づいて定める福祉の計画には，障害児福祉計画（都道府県，市町村），子ども・子育て支援事業計画（都道府県は子ども・子育て支援事業支援計画，市町村）がある。

＜障害児福祉計画の概要＞

市町村障害児福祉計画

市町村は，厚生労働大臣が定める，障害児通所支援，障害児入所支援及び障害児相談支援の提供体制を整備し，障害児通所支援等の円滑な実施を確保するための基本的な指針，に即して障害児通所支援及び障害児相談支援の提供体制の確保その他障害児通所支援及び障害児相談支援の円滑な実施に関する計画（「市町村障害児福祉計画」という。）を定める。（児童福祉法第33条の20）

都道府県障害児福祉計画

都道府県は，厚生労働大臣が定める基本指針に即して，市町村障害児福祉計画の達成に資するため，各市町村を通ずる広域的な見地から，障害児通所支援等の提供体制の確保その他障害児通所支援等の円滑な実施に関する計画（「都道府県障害児福祉計画」という。）を定める。（児童福祉法第33条の22）

＜市町村子ども・子育て支援事業計画，都道府県子ども・子育て支援事業支援計画の概要＞

市町村子ども・子育て支援事業計画

市町村は，内閣総理大臣が定める，教育・保育及び地域子ども・子育て支援事業の提供体制を整備し，子ども・子育て支援給付並びに地域子ども・子育て支援事業及び仕事・子育て両立支援事業の円滑な実施の確保その他子ども・子育て支援のための施策を総合的に推進するための基本的な指針に即して，五年を一期とする教育・保育及び地域子ども・子育て支援事業の提供体制の確保その他子ども・子育て支援法に基づく業務の円滑な実施に関する計画（「市町村子ども・子育て支援事業計画」という。）を定める。（子ども・子育て支援法第61条）

都道府県子ども・子育て支援事業支援計画

都道府県は，内閣総理大臣が定める基本指針に即して，五年を一期とする教育・保育及び地域子ども・子育て支援事業の提供体制の確保その他子ども・子育て支援法に基づく業務の円滑な実施に関する計画（「都道府県子ども・子育て支援事業支援計画」という。）を定める。（子ども・子育て支援法第62条）

■1 少子化社会の現状と課題

2016（平成28）年の出生数は，976,978人と1899（明治32）年の統計開始以来初めて年間の出生数が100万人を割った。女性が一生の間に産む子ども数と考え

られている合計特殊出生率は1.44であり，これまでの最低記録である2005（平成17）年の1.26に比べると若干上回ってはいるが，人口が増えも減りもしないと考えられている2.07を下回っており，出生数は，緩やかな減少傾向が定着している。第1次ベビーブームであった1949（昭和24）年の約269万人，第2次ベビーブームであった1973（昭和48）年の約209万人の出生から比較すると，半分，あるいはそれ以下の出生数であり，第2次ベビーブーム世代の年齢を考えると大幅な出生数の増加は厳しい状況であり，2005（平成17）年以降総人口が減少に向かう社会となっている。(p.75　図3－1　出生数及び合計特殊出生率の年次推移参照)

　一方，高齢者については，平均寿命が男81.01歳，女87.26歳（2017（平成29）年）と世界で最も長寿の国となっている。子どもの減少，高齢者の増加により，65歳以上の年齢別人口割合が欧米諸国と比較しても非常に高くなっている。

　このような人口構造の急激な変化は，生産年齢人口の減少等による直接的な経済活動への影響だけではなく，医療，保険，年金などの社会保障全体へも大きな影響を及ぼすと考えられており，経済，労働，地域社会など社会のあり方そのものを大きく変える要素ともなる可能性がある。

２ 家族の現状と課題

　少子化傾向が長期化する中，子どもが生まれ育つ最も身近な環境である家族の状況はどうなっているのだろうか。近年，家族のライフスタイルが多様化し，夫婦共働きの一般化，子育て世代の女性の就業率が向上しており，一方家庭における子どもの養育力が低下しているといわれている。家族の構造，機能，子育ての問題についてみてみると，

（1）家族の構造

　　平均世帯人員　　1955（昭和30）年　4.68人　　2016（平成28）年　2.47人
　　核家族世帯割合　1970（昭和45）年　57.0%　　2016（平成28）年　60.5%
　　3世代世帯割合　1970（昭和45）年　19.2%　　2016（平成28）年　5.9%

となっており，核家族世帯の割合は大きな変化はないものの3世代世帯割合が大きく減少し，単独世帯，夫婦世帯の増加などから，平均世帯人数が半数近くに減少し，家族の規模が縮小している。

（2）家族の機能

　家族の機能としては，生殖，子の養育，経済，情緒的安定などがあげられているが，出生の場所，死亡の場所を見てみると，

出生の場所	病院等	1955（昭和30）年	17.6%	2016（平成28）年	99.8%
	自宅等	1955（昭和30）年	82.4%	2016（平成28）年	0.2%
死亡の場所	病院等	1955（昭和30）年	15.4%	2016（平成28）年	85.0%
	自宅等	1955（昭和30）年	84.6%	2016（平成28）年	15.0%

となっている。

　人は自宅等ではなく病院等で生まれ，病院等で亡くなるようになり出産や死亡という重大なライフイベントが家庭の外に出て行くようになった。生産活動，教育機能等も合わせて考えると家族の機能が大きく縮小しているのではないかと思われる。

（3）子育て

　自分の子を産むまで赤ちゃんへの接触の経験がない母親の割合が，1980年出生児の母（大阪レポート）15.0％，2003年出生児の母（兵庫レポート）26.9％であり，育児経験では1980年出生児の母親40.7％，2003年出生児の母54.5％となっており，2つのレポート間でも次世代への育児の伝達が困難になっているのではないかと考えられるデータがある。

【参考文献】

内閣府『平成29年版少子化社会対策白書』日経印刷，2017

一般財団法人厚生統計協会編『国民の福祉と介護の動向2018／2019』一般財団法人厚生統計協会，2018

補助金研究会監修『厚生省補助金ハンドブック　平成11年度版』第一法規出版，1999

原田正文『子育ての変貌と次世代育成支援－兵庫レポートにみる子育て現場と子ども虐待予防－』名古屋大学出版会，2006

公益財団法人日本児童福祉協会監修『児童保護措置費・保育給付費手帳（平成28年度版)』中央法規出版株式会社，2016

社会福祉士養成講座編集委員会編『児童や家庭に対する支援と児童・家庭福祉制度　第6版　新・社会福祉士養成講座15』中央法規出版株式会社，2016

第3章 子ども家庭福祉の現状と課題

〈学習のポイント〉
①具体的な子ども家庭福祉施策の学習を通じて，子ども家庭福祉はすべての子どもと家庭を対象としていることを学習しよう。
②健全育成の目標は，一人ひとりの子どもが持ちうる能力を最大限に発揮できる育成環境の保障であることについて理解を深めよう。
③母子保健サービス，保育サービス，子育て支援サービス，経済的支援が提供される目的と具体的なサービス内容を把握すると同時に，利用者のニーズがどのように変化してきているか考えてみよう。
④社会的養護，障害とハンディキャップ，非行，情緒障害，ひとり親家庭，子どもの貧困の各領域における施策の概要と課題について理解する。

1．子ども家庭福祉の現状と課題

1 すべての子どもと子育て家庭のために

　わが国の出生数は戦後の第1次ベビーブームを頂点とし，その世代が子どもを生み始めた第2次ベビーブームを境に減少に転じ，2005（平成17）年には史上最低の合計特殊出生率1.26，出生数は106万2,530人を記録した（図3−1）。そ

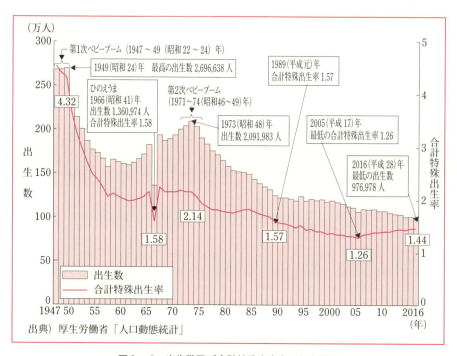

図3−1　出生数及び合計特殊出生率の年次推移

の後，合計特殊出生率は微増するものの，出生数は低下しており，2017（平成29）年の出生数は，946,060人となっている。

　少子化の要因は，女性の社会進出とそれにともなう未婚化，晩婚化であると当初は一般的に捉えられていたが，近年では結婚・出産に対する価値観の多様化もその背景にあると考えられている。未婚率で言えば女性だけではなく，男性の未婚率も高くなっている（図3-2）。従来の結婚にとらわれない非婚による出産や同姓との事実上の婚姻関係など，新たな考え方を持つ人も増えており，これまでの結婚→妊娠→出産→子育てという流れは当然のことではなく，その都度それぞれの価値観に基づく判断ができるようになっている。1.57ショック以来の様々な少子化対策の中から浮かび上がってきたのは，核家族化や世帯の小規模化，地

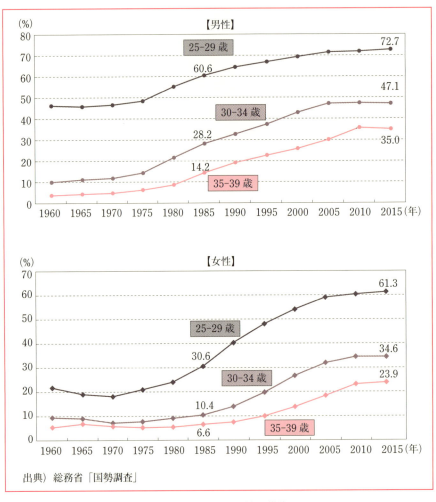

図3-2　年齢別未婚率の推移

域社会におけるつながりの希薄化などにより家庭やそれを支える地域の子育て力が低下し，子どもの健全な育成を家庭だけが担っていくことの困難性と限界であると言える。

　子ども本人のみを児童福祉政策の対象とするのではなく，子どもが生まれ育つ基盤となる家庭や地域を含む環境をも福祉施策の対象とし，「子ども家庭福祉」という概念が普遍化してきたのは，少子化傾向が顕著になってきた1990（平成2）年初頭からである。子ども家庭福祉は，問題が顕在化した子どもやその家庭だけを対象とする事後的，補完的な支援だけでなく，すべての子どもと子育て家庭を対象とした予防，啓発的支援を含むものである。そして，次代を担う子どもの健全な育成を，個々の家庭における個人的な営みと位置づけず，国や地方自治体，事業所なども含む地域社会など社会全体で支援していく次世代育成支援の必要性が高まっている。

2 子どもと家庭をとりまく状況

（1）仕事と育児の両立

　わが国の女性の労働力率はＭ字型カーブを描くと言われるが，働く母親の増加により，Ｍ字の底に該当する35～39歳，及びその前後の年齢層で上昇の傾向が見られる（図3－3）。しかし，子どもの年齢別に就業状況をみると，末子が低年齢児の間は就業率が低く，子どもが一定年齢に達したときに就業を再開する特徴には変化が見られない。

　女性の育児休業の取得率は毎年上昇しており，2017（平成29）年度は83.2％

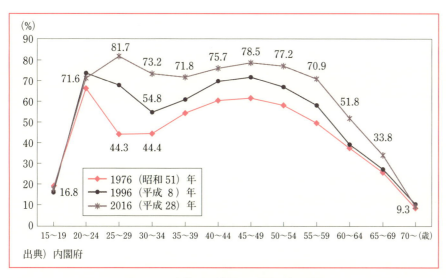

図3－3　女性の年齢階級別労働力率の推移

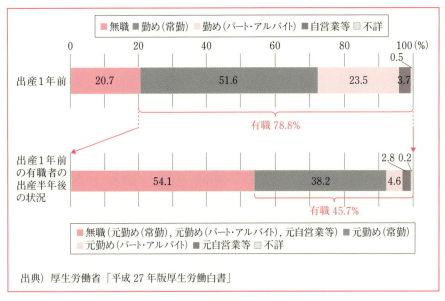

図3-4 第1子出産前後の女性の就業状況の変化

であるが，妊娠中に就労していた人の約6割は出産を契機に退職していて（図3-4），これは20年余り変わっておらず，就労の継続を希望しながらも両立の困難から退職している実態がある。その理由として，体力的な負担，育児休業の取得が困難，ニーズにあった保育サービスが利用できないなどがあげられている。

いったん退職した場合に，子育てをしながら正規雇用での再就職は困難であり，結果として多様な就労形態で働く母親が増加している。

保育所の待機児童問題の解消，働き方の多様化に応じた保育サービスの充実，病児・病後児保育の整備などの保育サービスに係る課題の解消に加え，子どもが病気のときには早退や休暇が取りやすい労働環境の整備なども含め，社会全体が子育て期にある労働者への理解を示し，働き方の見直しを進めることが求められている。

(2) 在宅で子育てする母親の負担

3歳未満の子どものほぼ7割が在宅で保護者により保育されているが，子どもと遊んだり，子どもの世話をするなどの機会を持たずに成長し，また子育てをするモデルを身近に持たない，さらには「できちゃった婚」など，子どもを持つ意志なくして妊娠という結果が先行して出産するなど，親準備性が不足する保護者が増えている。それに加え，核家族化の進行や地域社会におけるつながりの希薄化により，特に子どもが低年齢時に孤立する子育て家庭が増えている。専業主婦

3章　子ども家庭福祉の現状と課題

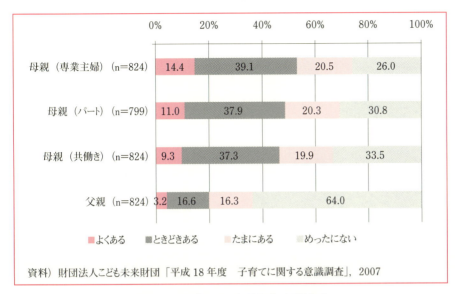

図3－5　子育てをしながら感じる孤立感

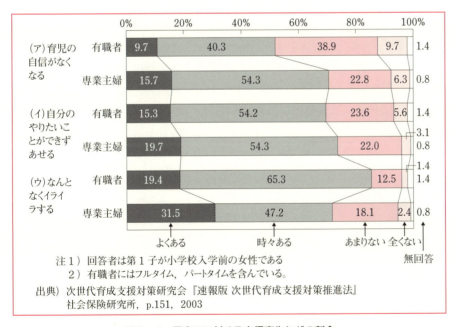

図3－6　子育てに対する自信喪失などの割合

のほうが働く母親よりも孤立感を感じる頻度が高く（図3－5），子育ての負担感が大きい背景には，保育所で保育の専門職の力を借りながら子育てをしている働く母親に対して，周囲からのサポートも十分に得られない専業主婦のほうが，育児に関する疑問や悩みを解消できないまま過ごすことにより，育児不安やイラ

イラ，子育ての負担感を増大させていることが推察される（図3－6）。

（3）父親の育児参画

　都市化や産業構造の変化は核家族化だけではなく，親類などによるインフォーマルなサポートを得にくい子育て家庭を増大させており，子育ての共同責任者としての父親の存在がより重要になりつつある。

　近年，育児に関心を持ち，育児に喜びを感じるなど，父親としての役割を積極的に果たそうとする父親は増加する傾向にあるが，6歳未満児のいる父親の場合，育児や家事にかける時間は1日約1時間しかなく（うち育児にかける時間39分），極端に短い。仕事優先の職場風土は育児における父親役割に関する理解を得られにくい職場環境の要因であるが，様々なライフステージに立つすべての人がそのときどきの生活と仕事を調和させることが可能となる働き方への改革が求められている。

（4）子育ちの環境

　子どもの生活から三間（サンマ），つまり，空間，時間，仲間の減少が指摘されて久しい。塾通いが子どもたちの放課後を分断し，テレビゲームや携帯電話などの電子メディアへの接触の増加などにより，実体験が減少している。少子化の影響も加え，子ども同士で切磋琢磨しながら社会性を身につける機会が減少し，対人関係でのコミュニケーション能力やストレスへの耐性が低下している。また，限られた家族関係や人間関係の中で育つことにより，大人の生活パターンの影響を受けることによる生活リズムの乱れや，保護者の価値観や保護者からの過度の期待に応えようとする子どもの精神的ストレスなども指摘されている。

　一方で，子どもをターゲットとする犯罪も増加しており，子どもが子ども時代を子どもらしく過ごすための，安全で安心な居場所づくりを地域に広げる必要性が高まっている。

2. 健全育成

1 健全育成の現状と課題

　健全育成の基本的な目的や方法は児童福祉法に規定されている通り，子どもの保護者はもとより，国や地方公共団体がともに責任を持ちながら，「児童の権利に関する条約の精神にのっとり，適切に育成される」ことが可能となるようにす

ることである。

　健全育成の目標は健やかに生まれ育つという消極的なものではなく，一人ひとりの子どもが健康，教育，精神面での成長など，全人的な発達の過程において，個性豊かに，持ちうる能力を最大限に発揮できるような育成環境を，愛情や思いやりに基づく人間関係と社会関係の下に保障することである。そのような子どもの成長こそが子ども家庭福祉の目指すところである。

　子どもの健全育成の方法としては，遊びが最も重視され，ハード，ソフト両面から健全な遊びの環境を整える施策が市町村を中心に推進されている。健全な遊びは体力の向上などの肉体的側面からも，ゆとりを感じるなどの精神的な側面からも健康を増進する。また，自由な遊びは創造性を育み，自己実現の喜びや知的好奇心を喚起する。さらに，様々な遊びを通じて，愛情や競争心，連帯感，ときには憎悪や苦しみなど人間関係の基礎を培うことができることから，遊びは人間の成長には不可欠なものであると言えるだろう。

　遊びが生活そのものである幼児期だけでなく，学童期，思春期を通じて成長の過程で遊びが必要であり，特に近年では低年齢化する少年犯罪や非行，いじめや「きれる」「荒れる」などの問題行動が増加している中学生・高校生など，思春期の子どもを対象とした居場所づくりやプログラム，専門職員等を整備する施策が積極的に進められている。

② 遊びの環境づくりと地域活動

（1）児童厚生施設

　児童厚生施設は児童に健全な遊びを与え，その健康を増進し，情操を豊かにすることを目的とする児童福祉施設である。屋内型の児童館と屋外型の児童遊園があり，地域の健全育成の拠点となっている。

　児童館は，その規模と目的によって，小型児童館，児童センター，大型児童館（A型，B型），その他の児童館に分類されており，「児童館ガイドライン」に則り運営されている。そのうち小型児童館は，小地域を単位として設置されているもので，子どもの健康を増進し，情操を豊かにする身近な健全な遊びの場として市町村によって整備されている。主として幼児から小学校低学年に利用されることが多く，放課後児童健全育成事業の拠点としても活用されている。また，学齢期の子どもが利用しない時間帯を活用して，遊戯室，相談室等に親と子の交流，つどいの広場を設置する，身近で利用しやすい地域交流活動が地域子育て支援拠点事業（児童館型）として行われている。

　児童館には，「児童の遊びを指導する者」（児童厚生員）が2名以上配置されており，子どもの自主性，社会性，創造性を高めるよう遊びを支援している。

児童センターにおいては，小型児童館の機能に加えて，健康増進を図るための機能が備えられている。また，中学・高校生などの思春期の児童を対象とした育成機能を持つものは大型児童センターと呼ばれている。

大型児童館は都道府県によって運営されるものであり，都道府県内の児童館の基幹的役割を持ち，また宿泊施設などを備えている。

児童遊園は全国に2,832か所あるが（2016〈平成28〉年10月現在），屋外の遊び場は恒常的に不足しており，身近で安全な遊び場として，より整備される必要がある。

(2) 地域組織活動（母親クラブ等）

地域の児童館などを拠点として，小地域単位に組織された地域組織活動が行われている。母親クラブや子ども会などにより，親子や世代間，あるいは母親同士の交流を図りながら，子どもの健全な育成を目的とする活動が行われている。

そのうち母親クラブは子どもを持つ母親たちの連帯組織であり，一定の要件を満たす活動には活動費の一部が補助されている。その活動の目的として，子どもの余暇活動，健康，栄養，社会生活訓練等の生活環境についての正しい知識を母親が学びあい，母親同士が親しくし，協力関係を結びながら子どもの社会性を助長することなどがあげられる。

地域で活動する児童委員もこれらの地域組織活動に協力している。

❸ 子どもの放課後生活の保障

(1) 放課後児童健全育成事業（放課後児童クラブ）

働く母親やひとり親家庭の増加に加え，子どもの安全を脅かす犯罪の増加により，放課後における学童の生活を保障する必要性が増している。また，いわゆる「小１の壁」により，これまで勤めて来た仕事を辞めざるを得ない親が急増しているという状況もある。放課後児童健全育成事業は，保護者が労働等により昼間家庭にいない小学校に就学している児童を対象に，授業終了後に児童館や余裕教室を利用して，適切な遊び及び生活の場を提供し，健全な育成を図る事業である。

放課後児童クラブ*には放課後児童指導員が配置され，①児童の健康管理，安全確保，情緒の安定，②遊びの活動への意欲と態度の形成，③遊びを通しての自主性，社会性，創造性を培う，④放課後児童の遊びの活動状況と家庭への連絡等が行われている。

2017（平成29）年５月現在，全国で２万4,573か所設置されており，登録児童数約117万人である。設置数の増加は著しいが，１万7,000人を超す待機児童もいるなど，量的には充足されておらず，2008（平成20）年の新待機児童ゼロ作戦

＊2017（平成29）年放課後児童健全育成事業（放課後クラブ）の実施状況によると，平日に18：30を超えて開所しているクラブは全体の約55％を占める。また，小学校内で実施するクラブ数は全クラブ数の半数以上（54％）である。

表3-1　新待機児童ゼロ作戦の目標（平成20年）

〈10年後の目標〉
○保育サービス（3歳未満児）の提供割合　38％（現行20％）
　　利用児童数（0～5歳児）100万人増
○放課後児童クラブ（小学1年～3年）の提供割合　60％（現行19％）
　　登録児童数　　　　　　　　　145万人

（表3-1）においても，目標の1つに放課後児童クラブの提供割合を現行の19％から60％と据えている。

　20015（平成27）年に通知された放課後児童クラブ運営指針では定員の適正規模を「おおむね40人程度」としているが，需要増大を受け，規模が巨大化する傾向にあり，子どもの「生活の場」を保障する事業として指導員の配置や開設時間などと併せ，質的な拡充が今後の課題となっている。

(2) 放課後子ども総合プラン

　いわゆる「小1の壁」を打破するとともに，次代を担う人材を育成するため，すべての就学児童が放課後などを安全・安心に過ごし，多様な体験・活動を行うことができるよう，文部科学省と厚生労働省の共同で，2014（平成26）年7月31日に「放課後子ども総合プラン」が策定され，学校施設（余裕教室や放課後等に一時的に使われていない教室等）を徹底活用して，放課後児童クラブ及び放課後子供教室の一体型を中心とした取り組みを推進することとした。これに基づき，30万人分の児童クラブ整備はできたもののさらなる待機児童が見込まれ，放課後児童クラブの追加的整備が必要不可欠な状況を受け，2018（平成30）年9月に「新・放課後子ども総合プラン」が策定された。新プランは，①放課後児童クラブについて，2021年度末までに約25万人分を整備し，待機児童解消を目指し，その後も2023年度末までに計約30万人分の受け皿を整備，②全ての小学校区で，両事業を一体的に又は連携して実施し，うち小学校内で一体型として1万か所以上で実施する，③両事業を新たに整備等する場合には，学校施設を徹底的に活用することとし，新たに開設する放課後児童クラブの約80％を小学校内で実施することを目指す，④子どもの主体性を尊重し，子どもの健全な育成を図る放課後児童クラブの役割を徹底し，子どもの自主性，社会性等のより一層の向上を図ることを目指している。

　すべての子どもを対象に，地域の方々の参画を得て，学習やスポーツ・文化芸術活動，地域住民との交流活動などの機会を提供する「放課後子供教室」は，2014（平成26）年12月現在，1,135の市町村で11,991教室が行われている。

　放課後児童クラブは「生活の場」として確保されるべき事業であり，放課後子

供教室との一体的運営では，指導員による安全確認やきめ細かい個別のケアが行われないことへの懸念も指摘されている。

4 豊かで楽しい遊びを体験させるための活動

(1) 児童ふれあい交流促進事業

児童が様々な人と出会い，交流することにより，自分以外の人への関心を深め，共感の気持ちを育み，地域の仲間づくりをすることも健全育成の重要な活動である。児童館等の公共施設を活用して，地域の仲間づくりなどの交流事業が実施されている。

なかでも，「年長児童の赤ちゃん出会い・ふれあい・交流事業」は，事前学習として赤ちゃん講座を中学生や高校生などの年長児童を対象に実施し，実際に乳幼児とふれあう機会を持つものである。年長児童にも好評であり，全国的な広がりが見られる。

その他にも，中学生や高校生の利用ニーズに応じたパソコン，音楽機材，創作ダンスなどの講習を実施するとともに，交流事業が行われる「中・高校生居場所づくり推進事業」や親子のふれあいの機会を作るための「絵本の読み聞かせ事業」や「親と子の食事セミナー事業」などが実施されている。

(2) 児童福祉文化の振興

社会保障審議会福祉文化分科会では，児童福祉文化財（絵本，童話，小説等の出版物，放送や映画，CD等の音響・映像，演劇や演奏会等の舞台芸術）の中から健全育成に資する優れた児童福祉文化財の推薦活動を行っている。推薦された文化財は児童館等の社会福祉施設，母親クラブ，教育委員会等の関係団体などにも周知されている。

また，子どもに有害な出版物や映像等を子どもが入手できないようにするため，全国地域活動連絡協議会が，父母の視点から児童に与えたくない有害な情報を自主点検するモニター事業を実施している。

3. 母子保健

1 母子保健とは

母子保健の目的は，母性及び乳幼児の健康の保持・増進を図るために母子保健に関する原理を明らかにし，母子保健に関する保健指導，健康診査，医療その他

の措置を講じることにより，国民保健の維持向上を促進することである。

　母子保健の対象は，母親と乳幼児に限定されず，胎児期，新生児期（出生後28日まで），乳児期（1歳未満），幼児期（小学校への就学前），学童期，思春期，青年期，成人期，更年期，老年期を含むものである。また，母親となる女性，あるいは妊娠，出産，育児期の女性のみを対象とするのではなく，将来的に親となる思春期の男女や，母性の安定を支え，ともに子育ての責任を担う父親も対象に含んでいる。

　母子保健事業は1994（平成6）年の地域保健法の改正に伴い，市町村で一元化され，住民に身近な市町村で一貫した母子保健サービスが提供されるようになった。保健所（都道府県）ではより専門的なサービスを担当している。市町村保健センターなどで実施される母子保健サービスは，これから親になる人たちが初めて妊娠，出産，育児に関する情報や知識を得る場でもあり，顔の見える身近な相談窓口としても，主要な子育て支援の拠点の一つとして位置づけられている。

　母子保健に関する施策は，結婚前から妊娠，出産，新生児期，乳幼児期を通じて，一貫したサービスが提供されるように体系化されている（図3－7）。このようなサービスを通じて，わが国の母子保健の水準は高く，特に乳幼児死亡率の低さは世界でも最高の水準に達している。一方で，妊産婦死亡率は減少傾向にはあるが，欧米諸国と比較すると高率になっている。近年では，疾病や障害の早期発見や早期対応への取り組みから，よりよい健康状態を目指す健康増進や親子の心の問題への取り組みへと広がりがみられる。

　また，21世紀の母子保健に関する取り組みの方向性が国民運動計画としてまとめられた「健やか親子21」*においては，2001（平成13）～2010（平成22）年までの目標として4つの主要課題，①思春期の保健対策の強化と健康教育の推進，②妊娠・出産に関する安全性と快適さの確保と不妊への支援，③小児保健医療水準を維持・向上させるための環境整備，④子どもの心の安らかな発達の促進と育児不安の軽減があげられ，67項目にわたる具体的な指標が設定された。この取り組みの一環として発表したマタニティマーク（図3－9）は，妊産婦に対する社会の理解と配慮を促し，妊娠・出産期における安全性と快適性を確保することを目的に配布されている。

2 相談・保健

（1）知識の普及

　母子保健に関する正しい知識の普及と相談指導を行うために，婚前学校や新婚学校，妊娠期の母親学校や両親学校，出産後の育児学級や親子学級などを実施する母子保健相談・指導事業が行われている。また，いずれ父親，母親となる思春

＊「健やか親子21」は2014（平成26）年をもって終了し，翌年から「健やか親子21（第2次）」がスタートした。図3－8に示すとおり，第2次においては，以下の3つの基盤課題と2つの重点課題が設定されている。

・3つの基盤課題
A：切れ目のない妊産婦・乳幼児への保健対策
B：学童期・思春期から成人期に向けた保健対策
C：子どもの健やかな成長を見守り育む地域づくり

・2つの重点課題
①：育てにくさを感じる親に寄り添う支援
②：妊娠期からの児童虐待防止対策

(2016（平成 28）年 3 月現在）

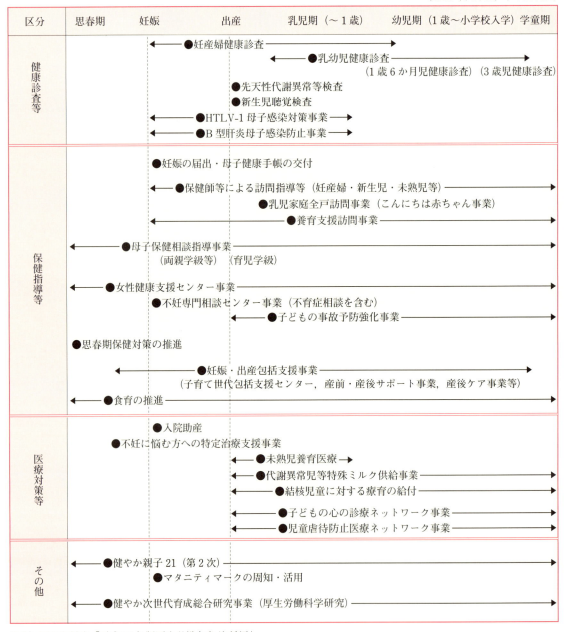

出典）厚生労働省「平成 29 年版厚生労働白書 資料編」

図 3-7　母子保健対策の体系

期の男女を対象として，この時期に特有の医学的問題や性に関する不安や悩みの
相談に応じる健全母性育成事業，思春期保健相談などが行われている。

3章　子ども家庭福祉の現状と課題

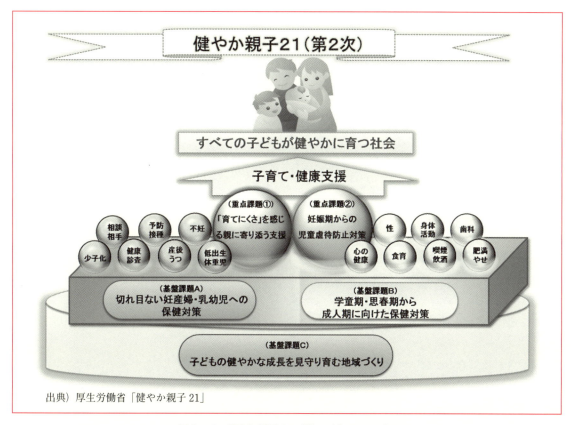

出典）厚生労働省「健やか親子21」

図3－8　健やか親子21（第2次）イメージ図

図3－9　マタニティマーク

(2) 妊娠の届出・母子健康手帳の交付

　妊娠した女性は市町村長に妊娠の届出が義務づけられており，それを受けて，市町村は母子健康手帳の交付をする。この届出により，市町村では妊娠を管理することができ，妊婦に保健指導や健康診査等の一貫した母子保健サービスが提供されることになる。

　母子健康手帳には妊娠，出産，乳幼児の健康管理や養育に必要な情報が掲載さ

れている。また，出生時の状況や乳幼児の発育の記録，予防接種の記録が記入される健康の記録簿であり，これに基づき健康診査や保健指導が行われる。

（3）保健指導

　妊娠，出産，育児や乳幼児の保健について一貫した指導が行われており，個別の保健相談に応じるほか，必要に応じて，妊産婦，新生児，未熟児などに対して家庭訪問による個別指導が行われている。乳児に対する保健指導としては，児童福祉法に基づく乳児家庭全戸訪問（こんにちは赤ちゃん）事業がある（図3－7参照）。

3 健康診査

（1）妊産婦・乳幼児健康診査

　母子健康法に基づき，妊娠期や乳幼児期に定期的に行われる健康診査であり，都道府県などが指定する医療機関で無料にて受診することができる。妊産婦については14回程度，乳児についても3～6か月と9～11か月に1回ずつというように受診できるものであるが，市町村が中心となって行われているため，健康診査の時期や健康診査の回数は地域の実情によって異なる。

（2）1歳6か月児健康診査

　1歳6か月を超え2歳に達しない幼児に対して，市町村より行われる健康診査である。身体発育の状況や栄養状態，疾病の有無の他，予防接種実施の状況を確認し，育児上の問題点などについて診査している。歩行や言語などの発達がみられるようになるこの時期に行われる健康診査は，先天的な原因などによる神経的障害の早期発見についてその効果が期待されるものである。

　この結果に基づき，保護者に対し，必要に応じて保健指導を行うことができる。健康診査は育児不安の強い保護者や悩みを持つ保護者を発見するよい機会であり，継続的な支援へとつなげることが可能となる。また，健康診査の結果，異常を認めた場合は専門機関での受診を勧めるなど，事後指導を行っている。

（3）3歳児健康診査

　満3歳を超え満4歳に達しない幼児に対して実施される健康診査である。幼児の健康や発達の個人差が比較的明らかになり，保健や医療による対応がその後の成長に影響を及ぼすこの時期に行われる健康診査では，斜視，難聴などの視聴覚障害についての早期発見の他に，身体の発育や人間関係などの社会的発達に関する障害の早期発見について，その効果が期待されている。

3章　子ども家庭福祉の現状と課題

（4）先天性代謝異常等検査

　早期発見により早期からの治療を行うことで，知的障害などの心身障害を予防できることがわかっているフェニールケトン尿症などの先天性代謝異常や先天性甲状腺機能低下症（クレチン症）など，20疾病についての血液検査が新生児期に行われている。また，新生児聴覚検査も実施されている。

4 医療援護

（1）未熟児についての対策

　体重が2500g未満の乳児が出生したときは，低体重児として届出が義務づけられており，これにより未熟児の発見をし，養育上必要があると認められる未熟児には医師，保健師等による訪問指導が行われる。また，病院等に入院が必要な未熟児に対しては，養育に必要な医療が給付されている。

（2）小児慢性特定疾患についての対策

　小児がんなど，その治療が長期間に及び，医療費の負担が高額となり，これを放置することが児童の健全な育成を阻害することが明らかな小児慢性特定疾患*については治療研究事業を行い，医療の確立と普及を目指すとともに，患者家族の医療費の軽減を図っている。

5 その他の母子保健施策

　その他医療保健に関連する子育て支援事業としては，病児・病後児保育事業，養育支援訪問事業（p.102参照）などがあるほか，不妊専門相談センターにおける不妊で悩む夫婦への相談指導などを含む「生涯を通じた女性の健康支援事業」や，乳児期から適切な食生活習慣を身につけ，将来にわたって健康な生活を送ることができることなどを目的とした「食育」が推進されている。

6 母子保健の今後の課題

（1）周産期**医療についての対策

　健やかな妊娠・出産を迎えるためには，早期の妊娠届出や妊婦健康診査の定期的な受診が欠かせないため，妊産婦健康診査への公費負担を拡充し，受診を促進する必要がある。また，深刻な産科医師不足や新生児集中治療管理室（NICU）の満床を要因とする母体及び新生児の搬送受入が困難となる事例など，問題が顕在化しており，周産期医療ネットワークの充実が求められている。

---

*対象となる疾病は次の16疾患群である。
① 悪性新生物
② 慢性腎疾患
③ 慢性呼吸器疾患
④ 慢性心疾患
⑤ 内分泌疾患
⑥ 膠原病
⑦ 糖尿病
⑧ 先天性代謝異常
⑨ 血液疾患
⑩ 免疫疾患
⑪ 神経・筋疾患
⑫ 慢性消化器疾患
⑬ 染色体又は遺伝子に変化を伴う症候群
⑭ 皮膚疾患
⑮ 骨系統疾患
⑯ 脈管系疾患

**胎児が子宮外で生活できるとみなされる妊娠週数より出生後7日間のことをいうが，妊娠週数については諸説ある。

（2）切れ目のない支援

　2015（平成27）年3月に閣議決定された少子化社会対策大綱などを受け，産休中の負担の軽減や産後ケアの充実を始め，妊娠期から子育て期にわたるまでの様々なニーズに対して総合的相談支援を提供する，ワンストップ拠点（子育て世代包括支援センター）の整備が企図されている。これは切れ目のない支援体制の構築を目指す施策の一環である。

（3）子どもの心の問題への対応

　引きこもりなどの適応不全，小児うつ，摂食障害など，様々な子どもの心の問題への積極的な対応が必要とされているが，子どもの心の診療を専門的に行う医師や専門機関が不足する実態があるため，拠点病院を中核とし，地域の医療機関や相談機関及び教育機関等との連携による支援体制の構築を目指す「子どもの心の診療ネットワーク事業」などの取り組みがある。

4. 保育

① 保育の現状

（1）多様化する保育ニーズ

　働く母親の増加により，保育ニーズは増大し，就労形態の多様化に伴い，保育ニーズも多様化している。

　わが国の保育システムでは保育所制度がその中心的役割を果たしており，全国に質の高い保育環境が整備されている。現在では，保育所は延長保育や一時保育などの多様な特別保育に積極的に取り組んでいるが，必ずしも始めからこのようなシステムであったわけではない。

　保育所によって充足されない保育ニーズは，保育所以外の保育サービスを発展させた。子どもの年齢，保育の時間帯や子どもの体調などにかかわらず，子どもを受け入れる保育サービスや，保育所との二重保育あるいは非定型的な就労のために利用できる保育サービスなどが誕生し，利用されてきた。それらのニーズに対応する保育サービスは，少子化対策の一環としての緊急保育対策等5か年事業，新エンゼルプラン，子ども・子育て応援プラン，子ども・子育てビジョンなどの取り組みにより，保育所においても一定数の拡充が図られた。

　現在では，それぞれの家庭の事情やニーズにあった保育の選択肢が保育の質も担保されながら，多様に整備されることが必要であるとの認識がようやく高ま

3章　子ども家庭福祉の現状と課題

図3－10　保育サービスの全体像

り，生み育てやすい社会の実現を目指して，2012（平成24）年に子ども子育て支援関連3法が成立。これにより，「子ども子育て支援新制度」がスタートし，図3－10に示すような保育サービスの体制が整えられたが，今後も量的及び質的な充足が必要となる。

　また，保育は仕事と育児の両立支援のためだけに必要なのではなく，在宅で子育てする家庭にも保育ニーズはある。核家族の進行により，身近に子どもの世話をしてもらえる人のいない家庭が増加し，母親自身や家族の病気や出産，また，社会的な事由，リフレッシュ，レスパイトなどにおいても，一時的な保育サービスが必要とされている。

（2）解消されない保育所入所待機児童*問題

　新しい制度となり，保育施設が拡充されるなか，少子化の進行により，過疎の地域では保育所の定員割れが深刻となる一方で，都市部では働く母親の増加など

＊保育所入所申込書が市区町村に提出され，かつ，入所要件に該当しているものであって，現に保育所に入所していない児童。ほかに入所可能な保育所があるにもかかわらず入所していない場合や，自治体の単独施策によって対応している場合は待機児童数に含まれない。

により保育所への入所を希望する家庭が増加しているため，保育所入所待機児童が増加するという現象が生じている。2017（平成29）年10月1日現在の待機児童数は5万5,433人となっている。待機児童は低年齢児（特に0歳児）に多く，3歳未満児が約95％を占めている。

　国は少子化の流れを止めるために，2001（平成13）年に待機児童ゼロ作戦を発表した。待機児童ゼロ作戦は，保育所の規制緩和*とともに進められた。また，年度当初に待機児童が50名以上いる地方自治体には，保育計画の提出を求め，各地方自治体は定員枠の弾力化や特別保育事業の活用，自治体の単独施策の展開に取り組んだ。しかし，保育サービスの供給体制が整えば整うほどに利用者の保育需要が喚起され，待機児童問題の解消は困難を極めた。

　2008（平成20）年2月，国は新待機児童ゼロ作戦を発表し，「希望するすべての人が子どもを預けて働くことができるためのサービスの受け皿を確保し，待機児童をゼロにする」という目標を掲げ，2010（平成22）年までの3年間を集中重点期間として推進することとしている。表3−1（p.83参照）のように10年後の目標を定めているが，保育所に限らず，家庭的保育事業，認定こども園，事業所内保育施設，幼稚園の預かり保育など，多様な保育サービスの充実と地域資源の活用を視野に入れているところに特徴がある。その後，待機児童解消加速化プランを打ち立て，地方自治体にできる限りの支援策を講じた。しかし，保育所の数は増えたものの保育士不足により，待機児童の大幅な減少にはなっていない。

> ＊定員の弾力化，短時間勤務保育士の導入，分園方式の導入，設置主体制限の撤廃，賃貸方式の認容，など。

② 保育所による保育サービス

（1）保育所の現状

　2017（平成29）年4月1日現在，保育所数は2万3,410か所である。保育所の設置主体制限が撤廃されたことや公立保育所の民営化の進展などにより，私立保育所が増加し，公立保育所は減少する傾向にある。

　定員は227万2,397人，利用児童数は211万6,341人であり，定員充足率は93.1％である。待機児童ゼロ作戦が発表された2001（平成13）年と比較すると，定員では約34万人，利用児童数では約29万人の増加をみている。

（2）保育所制度の仕組み

1）保育の実施

　保育所は，日々保護者からの委託を受け，保護者の就労や病気などの理由で日中「保育を必要とする」児童を保育＊＊することを目的とする児童福祉施設である。保育所の入所対象となる「保育を必要とする」児童とは，その保護者のいずれもが以下に示す項目のいずれかに該当する場合と規定されている。

> ＊＊保育所における保育は，養護及び教育を一体的に行うことをその特性とし，その内容については，厚生労働大臣が定める指針に従う。（児童福祉施設の設備及び運営に関する基準第35条）

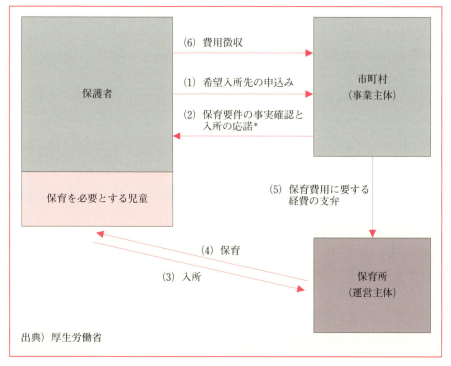

図3-11　保育所の入所方式

①就労（フルタイムのほか，パートタイム，居宅内の労働，夜間など基本的にすべての就労に対応。一時預かりで対応可能な極めて短時間の就労は除く）
②妊娠，出産
③保護者の疾病，障害
④同居又は長期入院等している親族の介護・看護
⑤災害復旧
⑥求職活動（起業準備を含む）
⑦就学（職業訓練校等における職業訓練を含む）
⑧虐待やDVのおそれがあること
⑨育児休業取得時に，既に保育を利用している子どもがいて継続利用が必要であること
⑩その他，上記に類する状態として市町村が認める場合

保育所の利用の仕組みは図3-11に示すとおりである。1997（平成9）年から，保育所入所は措置方式から選択利用方式に変更されており，保育所入所を希望する利用者は，利用したい保育所を選択したうえで，市町村に申請する。この

とき，利用者がそれぞれの保育所の内容や特色を知ったうえで選択ができるように，市町村には情報提供の義務が課されている。また，保育所は情報提供の努力義務と同時に，利用者に選択される保育所となるために，保育サービスの向上に努める必要性が高まった。なお，2015（平成27年）から始まった子ども・子育て支援新制度により，保育所を利用する際には，支給認定＊を受けることが必要となっている。

市町村では，希望者が入所要件を満たしているか確認のうえ，入所の手続をする。保育所に対する申込者が定員を超える場合には，市町村が公正な方法により入所者の選考を行うが，この選考の基準は公正に行われるべきものであり，低所得者など保育所利用の必要度の高い家庭への配慮を選考基準として明確にしておく必要がある。また，入所選考においては，ひとり親家庭や児童虐待未然防止の観点から特別の支援を要する家庭への配慮義務が法定化されている。

なお，市町村は，定員の理由以外の理由で入所を断ることはできない。

2）保育所の運営

児童福祉施設の設備及び運営に関する基準には，保育所における設備の基準，職員配置，保育時間，保育内容などが定められており，保育所はこの基準に従って運営されている。

設備については，児童の年齢に応じて必要となる設備や1人あたりの必要面積，保育所として整備すべき調理室などの設備等が細かく規定されている。また，職員については，保育所には保育士（または当該事業実施区域に係る国家戦略特別区域限定保育士），嘱託医，調理員を置かなければならない。保育士の配置は，乳児の場合は3：1，1〜2歳児の場合は6：1，3歳児の場合は20：1，4歳以上は30：1以上の配置にすることが決められている。

保育所の開設時間は11時間を標準とし，また1日8時間の保育時間を原則とし，保護者の労働時間その他家庭の状況等を考慮して，保育所長の判断で定めることとされている。

3）保育内容

保育所における保育内容は保育所保育指針に示されている。1965（昭和40）年に制定されて以来，4回の改定を経た保育所保育指針は，各保育所の保育の質を高める観点から，児童福祉施設の設備及び運営に関する基準第35条に基づき，2009（平成21）年度より厚生労働大臣が定める告示となった。保育所保育指針は，その内容により①遵守しなければならないもの，②努力義務が課されているもの，③基本原則にとどめ各保育所の創意や裁量を許容するもの，に分けられている。各保育所における創意工夫や取り組みを促す観点から，大綱化した内容とし，解説書を作成して通知している。

＊支給認定には，子どもの年齢や保育の必要性に応じて，1号認定から3号認定まで3つの区分があり，認定区分によって利用できる施設や時間が変わる。

保育所保育指針は5章で構成されており，平成20年の改定で盛り込まれた保育所の社会的責任の明確化，養護と教育が一体的に展開される保育所保育の特性と内容の明確化，小学校との積極的な連携，保護者支援の重要性，計画・評価や職員の質的向上などにプラスして，乳児，3歳未満児に関する記載の充実とともに幼児教育の積極的な位置づけが加えられた。

4）保育所による情報提供

保育所は地域住民に対して保育に関する情報の提供を行うとともに，本来の業務である保育に支障のない範囲において，乳幼児の保育に関する相談に応じ，助言をする役割を担っている。

3 その他の保育サービス

認可保育所以外で実施される保育サービスのうち，主だったものについて概説する。

（1）認可外保育施設

認可外保育施設とは，保育所と同様の業務を目的とする施設であるが，児童福祉法に基づく認可を受けていない保育施設の総称である。2016年3月31日現在の状況は表3－2の通りである。

表3－2　認可外保育施設（2016年3月31日現在）

	施設数（か所）	入所児童数
ベビーホテル	1,579	30,121人
その他の認可外保育施設	5,344	147,756人
事業所内保育施設	4,561	73,660人

出典）厚生労働省資料

認可保育所への入所を希望しても入所できない場合や，祝日や夜間など認可保育所では対応が困難な保育ニーズを抱える子育て家庭が利用するものであるが，この中には東京都が独自の認定基準を設けて補助を行う認証保育所や横浜市の横浜保育室などのように，地方自治体の単独事業として実施されているものも含まれている。

一方で，このような公的補助の対象になっておらず，劣悪な保育環境の下に子どもを保育する認可外保育施設において，虐待問題や乳児の窒息死などが起こったことから，子どもを6人以上預かる認可外保育施設については，都道府県による指導・監督の徹底，届け出制等を指導監督基準に規定し，都道府県による情報収集と監督義務が強化されている。

これに基づき，認可外保育施設の設置者は，①事業の開始後1か月以内に定め

られた内容を都道府県知事に届け出る，②提供するサービスの内容を利用者にわかりやすい場所に掲示する，③利用者への契約内容についての説明，④契約書面の交付，⑤都道府県知事への運営状況の報告等が義務づけられている。さらに，厚生労働省は利用者に向けて「よい保育施設の選び方 十か条」を発表し，利用者が良質な保育施設を選択することを啓発している。

（2）へき地保育所・季節保育所

へき地保育所は，交通条件及び自然的，経済的，文化的諸条件に恵まれない山間部，開拓地，離島等のへき地で，保育所を設置することが困難な地域における保育ニーズに対応するための施設であり，公民館，学校，集会所などに常設されている。運営のために必要な経費について国庫補助がある。

一方，季節保育所は農繁期などの地方産業の繁忙期における保護者の労働などのために保育に欠ける児童を保育するために，一時的に設置される保育所である。

（3）地域型保育事業
1）家庭的保育事業

保育士等の資格を持った家庭的保育者*が，仕事や疾病等の理由で保育を必要とする子どもを，家庭的保育者の自宅等において家庭的な雰囲気の中を預かり，少人数で保育する制度である。小規模で0～2歳児までの事業のため，「保育内容の支援（合同保育，園庭開放，行事参加等）」，「代替保育（家庭的保育者の状況）」としての役割を担う連携保育施設があり，定期的に連携保育所で集団保育を受けることもできる。対象は，満3か月より3歳未満の児童（年度途中に3歳に達した場合は当該年度末まで）で保育料は各自治体より定められている。

*家庭的保育者：必要な研修を修了した保育士又は保育士と同等以上の知識及び経験を有すると市町村長が認めるもの。

2）家庭訪問保育
①居宅訪問型保育事業

保育を必要とする乳幼児の居宅において，家庭的保育者よる保育を行う事業でc原則として3歳未満の保育を必要とする乳幼児のうち，①障害，疾病等の程度を勘案して集団保育が著しく困難であると認められる場合，②保育所の閉鎖等により，保育所等による保育を利用できなくなった場合，③入所勧奨等を行ってもなお保育の利用が困難であり，市町村による入所措置の対象となる場合，④ひとり親家庭の保護者が夜間・深夜の勤務に従事する場合等，保育の必要の程度及び家庭等の状況を勘案し必要な場合，⑤離島その他の地域であって，居宅訪問型保育事業以外の地域型保育事業の確保が困難である場合が対象となる。

②ベビーシッター事業

3章 子ども家庭福祉の現状と課題

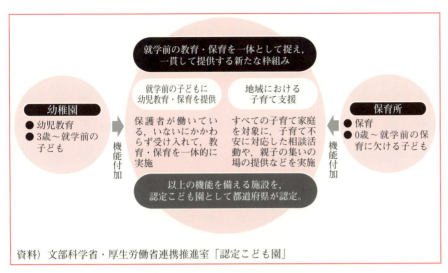

資料）文部科学省・厚生労働省連携推進室「認定こども園」

図3－12　認定こども園の概要

　保育者が子どもの家庭や保護者の希望する場所を訪問し，その家庭の方針に沿って行われる保育で，ベビーシッター事業に代表される。仕事を理由とする利用が圧倒的に多く，保育所や幼稚園，放課後児童クラブなどとの二重保育として活用されている。また，一時的な保育や保護者のリフレッシュの他に，産後支援ヘルパーとして地方自治体の事業の一翼を担っている。社団法人全国ベビーシッター協会は1991（平成3）年に国の認可を受け，以来ベビーシッターの研修事業や資格認定事業を実施している。ベビーシッター育児支援事業*や双生児家庭等育児支援事業**などの利用料補助がある。

(4) 認定こども園

　2006（平成18）年10月1日より，「就学前の子どもに関する教育，保育等の総合的な提供の推進に関する法律（認定こども園法）」が施行，認定こども園が制度化された。2018（平成30）年現在，全国に6,160か所ある（表3－3）。

表3－3　平成30年現在の認定こども園数

公私の別	幼保連携型	幼稚園型	保育所型	地方裁量型	合計
公立	647	69	288	2	1,006
私立	3,762	897	432	63	5,154
合計	4,409	966	720	65	6,160

資料）内閣府

　認定こども園は図3－12に示すとおり，幼稚園，保育所のうち，①教育及び保育を一体的に提供する（保育を必要とする子どもにもそうでない子どもにも対

＊利用者の勤務する事業所が契約し，割引券を購入することにより，利用料金の割引を受けることができる。

＊＊双生児などの多胎児を持つ家庭の育児リフレッシュのために，子どもが就学前の間は年2回までベビーシッターを無料で利用することができる双生児家庭育児支援事業と，産前産後の休業中に割引券が利用できる産前産後育児支援事業がある。

応する），②地域における子育て支援を実施するという2つの機能を備える場合には，都道府県から認定こども園として認定を受けることができるものであり，地域の実情に応じて，①幼保連携型，②幼稚園型，③保育所型，④地方裁量型の4類型が認められている。

内閣総理大臣，文部科学大臣，厚生労働大臣が定める基準に従い，各都道府県等が参酌して条例で定めることになっている。

○教育・保育の内容

＜幼保連携型，その他の認定こども園＞
・幼保連携型認定こども園教育・保育要領を踏まえて教育・保育を実施
　（幼稚園型は幼稚園教育要領，保育所型は保育所保育指針に基づくことが前提）
・小学校における教育との円滑な接続
・認定こども園として特に配慮すべき事項を考慮
また，働く職員は幼保連携型とそのほかで求められる資格が違う。
＜幼保連携型＞　保育教諭*を配置。
＜その他の認定こども園＞
・満3歳以上：幼稚園教諭と保育士資格の両免許・資格の併有が望ましい。
・満3歳未満：保育士資格が必要

*保育教諭は，幼稚園教諭の免許状と保育士資格を併有。ただし，施行から5年間は，一定の経過措置がある。

認定こども園がスタートしたときは200か所程度であったが，子ども・子育て支援新制度により6,000か所まで増えている。

新制度では教育・保育を利用する子どもについて3つの認定区分を設けている。

認定区分

1号認定：教育標準時間認定・満3歳以上 ⇒ 認定こども園，幼稚園
2号認定：保育認定（標準時間・短時間）・満3歳以上 ⇒ 認定こども園，保育所
3号認定：保育認定（標準時間・短時間）・満3歳未満 ⇒ 認定こども園，保育所，地域型保育

1号認定の場合

園に直接申込 → 園から入園内定 → 園を通じて認定申請 → 園を通じて認定証交付 → 園と契約

2号・3号認定の場合

市町村に「保育の必要性」の認定申請 → 市町村から認定証交付 → 園の利用希望者の申込 → 市町村が利用調整 → 利用先の決定後、園と契約

出典）内閣府ホームページ

5．子ども・子育て支援

① すべての子育て家庭のための支援サービス

　少子化対策の取り組みがスタートした当初は，仕事と育児の両立支援は積極的に推進されたが，在宅で専業で子育てをする家庭（以下，在宅子育て家庭）への支援の必要性は認識されていなかった。しかし，仕事を持つ保護者よりもむしろ在宅子育て家庭のほうが育児の悩みやストレスが大きく，孤立していることが明らかになってきた。いわゆる親準備性の不足する保護者が増加しているうえ，必要な援助や情報を得るためのソーシャル・サポート*やソーシャル・サポート・ネットワークを持たないままに孤立し，子育てしている家庭も多いことが認識されるようになった。育児の閉塞感や，外で自己の能力を発揮して働く同世代への焦燥感，思うようにいかない育児への苛立ちや不安感にさいなまれ，不安定な精神状態を呈すことや，溜まったストレスが高じて子どもへの虐待を誘発する可能性もあり，在宅子育て家庭への支援の必要性がクローズアップされてきた。

　エンゼルプラン（1994年～）においては，在宅子育て家庭にも一時保育の必要性があることへの理解が進み，続く新エンゼルプラン（1999年～）では，親子で出かけて過ごせる場や同世代の親子と交流できる機会，情報提供や気軽な相談に対応できる体制の整備など，地域における子育て支援が重要な施策の一つに位置づけられた。

　以来，子育て支援の様々なメニューが整備され，子育て家庭を社会的に支援するための子育て支援事業**が2003（平成15）年改正児童福祉法で法定化された。市町村の責務として，子育て支援事業が地域の実情に応じて提供される体制整備に努めるべきことを規定した。具体的には，放課後児童健全育成事業，子育て短期支援事業（p.102参照），並びに「児童及びその保護者又はその他の者の居宅において保護者の児童の養育を支援する事業」，「保育所等において保護者の児童の養育を支援する事業」，「地域の児童の養育に関する各般の問題につき保護者から

*他者から得ることのできる有形無形の援助であり，情緒的サポート（なぐさめ，励ましなど）と手段的サポート（育児や家事の手助けなど）や，フォーマルサポート（公的機関や専門職による）とインフォーマルサポート（個人を取りまく家族，親戚，友人，近隣の知人などによる）に分けられる。

**「国及び地方公共団体は，子育て支援事業を行う者に対して，情報の提供，相談その他の適当な援助をするように努めなければならない。」と，児童福祉法で規定されている。

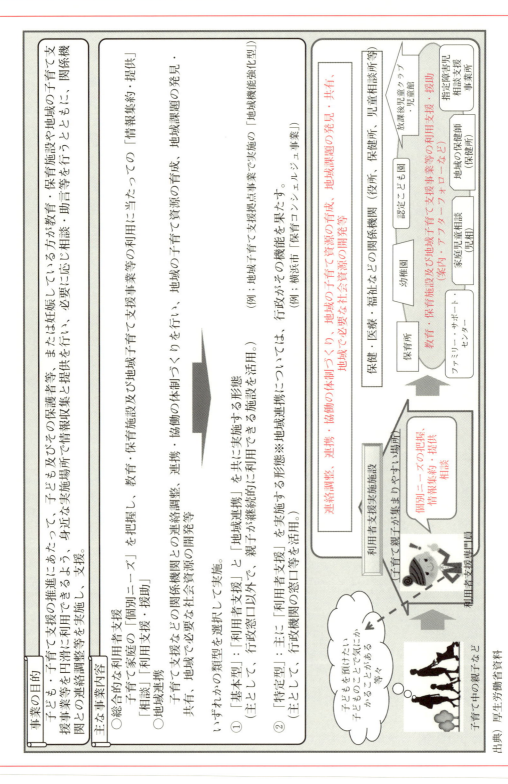

図3-13 「利用者支援事業」について

出典）厚生労働省資料

の相談に応じ，必要な情報の提供及び助言を行う事業」の3事業を省令により定めた。また，市町村が子育て支援事業についての情報提供や，あっせん・調整を行うこととされた。

　子育て支援においては，一方的なサービスの提供に留まることなく，サービスの利用を通じて当事者が育児への自信を回復し，情報や相談を通じて自己選択，自己決定しながら，自分自身で問題を解決していく力を獲得していくこと，すなわち保護者のエンパワメントが目標である。そのため，行政主導の施策ばかりでなく，NPOなどの住民組織や，民間事業者などの多様な運営主体が協働しながら当事者とともに作り上げ，運営する子育て支援事業を広げていく必要がある。

　なお，2008（平成20）年改正児童福祉法により，新たな子育て支援事業として，乳児家庭全戸訪問事業，一時預かり事業，地域子育て支援拠点事業，養育支援訪問事業が加えられることとなった（2009年度より施行）。子育て支援として必要と考えられるサービスメニューはおおむね揃った現在，これを量的にも質的にも拡充し，すべての子育て家庭の実質的に利用できるようにすることが今後の課題である。

　2015（平成27）年にスタートした，「子ども・子育て支援新制度」は，これまでの子育て支援サービスに加え，質・量ともに充実させることが求められている。その柱の一つが，「地域子ども・子育て支援事業」である。市町村は，子ども・子育て家庭等を対象とする事業として，市町村子ども・子育て支援事業計画に従って，以下の事業を実施する（子ども・子育て支援法第59条）。

① **利用者支援事業**（図3−13）

　子どもや保護者の身近な場所で，教育・保育施設や地域の子育て支援事業等の利用について情報収集を行うとともに，それらの利用に当たっての相談に応じ，必要な助言を行い，関係機関等との連絡調整等を実施する事業。

② **地域子育て支援拠点事業**

　家庭や地域における子育て機能の低下や，子育て中の親の孤独感や負担感の増大等に対応するため，地域の子育て中の親子の交流促進や育児相談等を行う事業。

③ **妊婦健康診査**

　妊婦の健康の保持及び増進を図るため，妊婦に対する健康診査として，ⓐ健康状態の把握，ⓑ検査計測，ⓒ保健指導を実施するとともに，妊娠期間中の適時に必要に応じた医学的検査を実施する事業。

④ **乳児家庭全戸訪問事業**

　生後4か月までの乳児のいるすべての家庭を訪問し，子育て支援に関する情報提供や養育環境等の把握を行う事業。

⑤　養育支援訪問事業

乳児家庭全戸訪問事業などにより把握した，保護者の養育を支援することが特に必要と判断される家庭に対して，保健師・助産師・保育士等が居宅を訪問し，養育に関する相談支援や育児・家事援助などを行う事業。

⑥　子どもを守る地域ネットワーク機能強化事業（その他要保護児童等の支援に資する事業）

要保護児童対策地域協議会（子どもを守る地域ネットワーク）の機能強化を図るため，調整機関職員やネットワーク構成員（関係機関）の専門性強化と，ネットワーク機関間の連携強化を図る取り組みを実施する事業。

⑦　子育て短期支援事業

母子家庭等が安心して子育てしながら働くことができる環境を整備するため，一定の事由により児童の養育が一時的に困難となった場合に，児童を児童養護施設等で預かる短期入所生活援助（ショートステイ）事業，夜間養護等（トワイライトステイ）事業。

⑧　子育て援助活動支援事業（ファミリー・サポート・センター事業）

乳幼児や小学生等の児童を有する子育て中の労働者や主婦等を会員として，児童の預かり等の援助を受けることを希望する者と当該援助を行うことを希望する者との相互援助活動に関する連絡，調整を行う事業。

⑨　一時預かり事業

家庭において一時的に保育を受けることが困難になった乳幼児について，保育所，幼稚園その他の場所で一時的に預かり，必要な保護を行う事業。

⑩　延長保育事業

保育認定を受けた子どもについて，通常の利用日及び利用時間以外の日及び時間において，保育所等で引き続き保育を実施する事業。

⑪　病児保育事業

病気の児童について，病院・保育所等に付設された専用スペース等において，看護師等が一時的に保育等を行う事業。

⑫　放課後児童健全育成事業（放課後児童クラブ）

保護者が労働等により昼間家庭にいない小学校に就学している児童に対し，授業の終了後等に小学校の余裕教室や児童館等において適切な遊び及び生活の場を与えて，その健全な育成を図る事業。

⑬　実費徴収に係る補足給付を行う事業【新規】

保護者の世帯所得の状況等を勘案して，特定教育・保育施設等に対して保護者が支払うべき日用品，文房具その他の教育・保育に必要な物品の購入に要する費用又は行事への参加に要する費用等を助成する事業。

⑭ **多様な主体が本制度に参入することを促進するための事業【一部新規】**

新規参入事業者に対する相談・助言等巡回支援や，私学助成（幼稚園特別支援教育経費）や障害児保育事業の対象とならない特別な支援が必要な子どもを認定こども園で受け入れるための職員の加配を促進するための事業。

② 仕事と育児の両立支援

仕事と育児の両立支援の柱の一つは育児休業制度である。育児休業制度は，育児休業，介護休業等育児又は家庭介護を行う労働者の福祉に関する法律（1991〈平成3〉年，2017〈平成29〉年改正）に基づくもので，(1) 育児や介護のための連続した休業の取得（育児休業に関しては1歳に達するまでの期間＊），(2) 育児や介護のための深夜労働の制限，(3) 勤務時間の短縮等の措置（育児休業を取得しない労働者には，子どもが満3歳に達するまでの間，短時間勤務，フレックスタイム制，所定外労働の制限など），(4) 就学前の子どもがいる場合は子どもの看護休暇の取得（年5日まで）などが定められている。

育児休業取得中は雇用保険法により育児休業基本給付金が規定されており，育児休業開始から5か月までは休業前給与の67％，6か月からは50％となる。

仕事と育児の両立支援のもう一つの柱は，仕事と生活の調和（ワーク・ライフ・バランス）である。職業生活にあわせて保育サービスの充実をはかるばかりでなく，社会全体で「働き方の見直し」を推進するため，2007（平成19）年には「仕事と生活の調和（ワーク・ライフ・バランス）憲章」や「仕事と生活の調和推進のための行動指針」が策定されており，地域における仕事と生活の調和推進事業が行われている。

2010（平成22）年からスタートした制度「パパ・ママ育休プラス」は，両親がともに育児休業を取る場合の特例として，通常は1年間である育児休業が2か月延長でき，子どもが1歳2か月になるまで休みを取ることができる制度である。男性の育児休業の取得を促す目的で設けられたもので，①配偶者（母親）が子どもの1歳到達日以前のいずれかの日において育児休業をしていること，②父親の育児休業開始予定日が，子どもの1歳の誕生日前であること，③父親の育児休業開始予定日が，母親の育児休業の初日以降であること，の要件を満たしている必要がある。

＊保育所への入所時期との兼ね合いで育児休業を短く取得する労働者が多いことから，2005年から「必要がある場合は，1歳6か月まで」育児休業を取得できると法改正されたが，さらに2017年から一定の要件を満たすと2歳の前日まで取得できるようになった。

6. 子どもの育ち・子育てへの経済的支援

1 子育て家庭の経済状況

　国民の所得格差は広がる一方であり，さらに子どもの貧困も深刻な状況となっている。2016（平成28）年国民生活基礎調査によると，全世帯の平均所得は545.4千円，児童のいる世帯は707.6千円となっているが，いずれも平成8年あたりから減少傾向にある。

　さらに，2015（平成27）年の貧困線（等価可処分所得の中央値の半分）は122万円となっており，「相対的貧困率」（貧困線に満たない世帯員の割合）は15.7％であり，「子どもの貧困率」（17歳以下）は13.9％となっており，6人に1人が貧困の状態であることがわかる。また，ひとり親世帯においては，およそ半数が貧困であると言われている。

　内閣府による「インターネットによる子育て費用に関する調査（2010年4月）」では，学校外教育費なども含まれるものの毎年100万円前後は養育費としてかかっている現状を示している。

　子どもの育ち・子育てへの経済的支援の方法は現金給付または減額，無料化などの手法があり，すべての子どもや子育て家庭に支給されるもの，所得制限や家庭の状況など一定の要件に適合する場合に提供されるものなどがある。その財源としては，税，社会保険，企業からの拠出金などがある。

2 児童手当

　子どもを養育している保護者に児童手当を支給することにより，家庭における生活の安定に寄与し，子どもの健全な育成及び資質の向上を目的とするもので，1972（昭和47）年より児童手当法に基づき実施されている。

　費用の負担は国，地方自治体，事業主によって行われており，支給額は表3－4のようになっている。また，所得制限限度額以上の場合には，特別給付として児童1人につき5,000円を支給している。

表3－4　児童手当

支給対象児童	1人あたり月額
0歳～3歳未満	15,000円（一律）
3歳～小学校修了前	10,000円 （第3子以降は15,000円※）
中学生	10,000円（一律）

※「第3子以降」とは，高校卒業まで（18歳の誕生日後の最初の3月31日まで）の養育している子どものうち，3番目以降をいう。

3章　子ども家庭福祉の現状と課題

③ 児童扶養手当

児童手当とは，1975（昭和47）年に制定された児童扶養手当法により，離婚等の理由で，父または母と生計を同じくしていない児童が育成される家庭の生活の安定と自立の促進のため，その子どもについて児童扶養手当を支給して福祉の増進を図ることを目的としている。ここでは18歳に達する日以後の最初の3月31日までの間にある者または20歳未満で，政令で定める程度の障害の状態にある子どもが対象となる。

制定当初は母子家庭が対象だったが，2010（平成22）年より父子家庭もその対象となっている。2018（平成30）年は子ども一人が月額42,500円で，子どもが増えるごとに加算される。

④ 特別児童扶養手当・障害児福祉手当

特別児童扶養手当等の支給に関する法律に基づき，特別児童扶養手当・障害児福祉手当・特別障害者手当が支給されている。

特別児童扶養手当は，20歳未満で精神または身体に障害を有する児童を家庭で監護，養育している父母等に支給されるものであり，2018（平成30）年4月現在，月額1級5万1,700円，2級3万4,430円が支給されている。

障害児福祉手当は，精神または身体に重度の障害を有するために日常生活において常時の介護を必要とする状態の，在宅の20歳未満の児童を対象に，月額1万4,650円が支給されるものであり，障害のために必要となる精神的，物質的な特別の負担の軽減の一助とすることを目的としている。

いずれの手当も受給者の所得制限がある。

⑤ 出産及び育児休業取得に係る経済的支援

（1）出産手当金・出産育児一時金

労働基準法により，6週間（多胎妊娠の場合は14週間）以内に出産を予定する女性が休業を請求した場合，及び産後8週間を経過しない女性を就労させることができないことが規定されている。この間，事業主により報酬を支払われない場合には，健康保険制度により，標準報酬日額の3分の2に相当する額が出産手当金として支給される。

また，被保険者または被扶養家族が出産したときに，1児につき42万円の出産一時金が支給される（産科医補償制度の対象外となる医療機関等での出産の場合は40.4万円）。また，医療機関の窓口で出産費用を全額支払う負担を軽減させる目的で，医療機関等による受取代理の仕組みが導入されている。

105

（2）育児休業に関する給付，免除

　雇用保険制度による育児休業給付は，休業中の所得保障として育児休業期間中に支給される育児給付基本給付金（休業前賃金の30％）と育児休業終了後6か月を経過して支給される育児休業者職場復帰給付金（休業前賃金の20％）が育児休業者の所得保障として支給される。

　また，育児休業取得中の社会保険料は被保険者，事業主ともに免除される。

6 その他の経済的支援

（1）年金制度

　被保険者が死亡したとき，18歳未満の子ども及び20歳未満の障害年金の障害等級1級または2級の障害者がいる場合，子のある妻及び子どもに対して遺族基礎年金が支払われる。また，老齢厚生年金，障害基礎年金，遺族基礎年金において，同様に子どもがいる場合は人数に応じて加算される。

（2）税制上の控除

　一般的な扶養控除は扶養家族1人につき，所得税38万円，住民税33万円の控除であるが，教育費の負担の大きい19歳～22歳については，特定扶養控除を設け所得税63万円，住民税45万円の控除となっている。その他に，勤労学生控除や障害児者，寡婦に対する税の軽減が行われている。

（3）その他

　その他，同じ世帯から同時期に保育所，幼稚園，認定こども園に子どもが通う場合の多子軽減措置や（年齢の低い子どもの保育料から順に軽減），世帯の所得状況により保育料の一部を補助する幼稚園就園奨励費などがある。

　また，都道府県や市町村が主体となり実施するものに，乳幼児医療費助成制度，妊婦健康診査への公費負担などがあるが，地方自治体により格差が生じている。さらには，都道府県などの次世代育成支援行動計画に基づき行われている事業に，子育て家庭が地域の商店街で買い物をしたときに割引やサービスが受けられる優待券なども配布されている。　　　　　　　　　　　　　　　　　　（上村麻郁）

【参考資料】

網野武博・迫田圭子・杤尾勲編『三訂保育所運営マニュアル 子育て環境の変化と保育所の子育て支援』中央法規，2007

保育法令研究会監修『平成20年度版保育所運営ハンドブック』中央法規，2007

柏女霊峰『子ども家庭福祉論』誠信書房，2009

厚生労働省『平成28年度版厚生労働白書』ぎょうせい，2016

厚生労働省雇用均等・児童家庭局『全国児童福祉主管課長会議資料』，2008

財団法人母子衛生研究会『わが国の母子保健 平成20年』母子保健事業団，2008

児童手当制度研究会監修『平成19年度児童健全育成ハンドブック』中央法規出版，2007

7. 社会的養護

1 社会的養護とは

　社会的養護サービスの対象となる子ども（要保護児童）は，児童福祉法第6条の3第8項に規定する「保護者のない児童又は保護者に監護させることが不適当であると認められる児童」である。「保護者のない児童」とは保護者の死亡，失踪，入院等で保護者がいない子どもであり，「保護者に監護させることが不適当であると認める児童」とは，保護者に放任されたり虐待されている子ども，また，これら保護者の監護状況等に起因して非行のある子どもなどである。

　児童福祉法第2条第3項は，「国及び地方公共団体は，児童の保護者とともに，児童を心身ともに健やかに育成する責任を負う」と規定している。また，2016（平成28）年の同法の改正により，「国及び地方公共団体は，児童が家庭において心身ともに健やかに養育されるよう，児童の保護者を支援しなければならない。ただし，児童及びその保護者の心身の状況，これらの者の置かれている環境その他の状況を勘案し，児童を家庭において養育することが困難であり又は適当でない場合にあっては児童が家庭における養育環境と同様の養育環境において継続的に養育されるよう，児童を家庭及び当該養育環境において養育することが適当でない場合にあっては児童ができる限り良好な家庭的環境において養育されるよう，必要な措置を講じなければならない」との規定が新設された（第3条の2）。すなわち，子どもが要保護的な状況に置かれるのを予防する観点から，保護者を支援することを国及び地方公共団体に求める一方，子どもを家庭において養育することが困難であったり適当でない場合は，まず子どもが「家庭における養育環境と同様の養育環境」において養育されるよう必要な措置を講ずることとしている。「家庭における養育環境と同様の養育環境」とは，具体的には里親や小規模住居型児童養育事業（ファミリーホーム）をさしている。そして，これら里親やファミリーホームでの養育が適当でない場合には，できる限り「良好な家庭的環境」において必要な措置を講ずることとしているのである。「良好な家庭

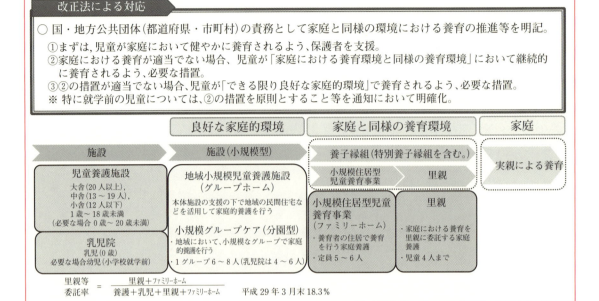

出典）厚生労働省子ども家庭局家庭福祉課「社会的養育の推進に向けて」2019〈平成31〉年1月

図3-14　家族と同様の環境における養育の推進

的環境」とは，具体的には家庭に近い形態の小規模な施設（グループホームや小規模グループケア）が挙げられる（図3-14を参照）。

　このように，2016（平成28）年の改正では，家庭と同様の養育環境や家庭に近い養育環境の保障が重視されている。その背景には，国連・子どもの権利委員会から，大規模な施設での養育偏重を改め，家庭的な環境での養育を保障するよう勧告されてきたこと，2009（平成21），国連総会において「児童の代替的養護に関する指針」が採択決議されたことなどがある。同指針は，子どもを家庭から離すのが最終手段であること，施設養護を限定的にとどめ，将来的には施設の進歩的廃止を図ることなどの内容が盛り込まれている。

　これら法的根拠に基づき，要保護児童を社会的に養育するシステムが「社会的養護」である。

2 社会的養護の役割の変化

　前述のとおり，児童福祉法第2条第3項は，国や地方公共団体について，保護者と同様に子どもの健全な育成の責任を規定している。本規定を根拠として社会的養護サービスをはじめとする種々の児童福祉サービスが展開されているわけであるが，時代とともに社会的養護の役割は変化しつつある。児童福祉法が制定さ

3章　子ども家庭福祉の現状と課題

図3－15　養護問題発生理由別児童数の割合の推移

れた当初は，戦争で親をなくしたいわゆる戦災孤児が巷に溢れ，これらの子どもたちをいかに収容・保護するかが最大の課題であった。その後も，貧困のために就労せざるを得ないひとり親家庭の子どもや，親が行方不明になった子ども，棄児など，家庭に恵まれない子どもたちのための「家庭の代替の場」としての役割を児童福祉施設や里親が担ってきたのである。

　しかし，近年，都市化や核家族化の進行等に伴い，家庭，地域における養育機能が低下し，子ども虐待や子育て不安が深刻化している。このような状況の中で，保護者がいてもその養育責任を果たし得ないために児童福祉施設等に入所する子どもが急増している（図3－15）。これらの事例では，単に「家庭の代替の場」としての養護サービスの提供のみにとどまらず，家族関係の再構築に向けた家庭支援が不可欠である。さらに，施設を利用している子どもやその保護者への支援のみならず，広く地域で子育てを行っている保護者への支援も求められている。

　また，現代では社会的養護の基本的方向として，社会的養護問題の発生を予防する観点からの保護者支援をはじめ，里親委託などの家庭養護の推進，施設の小規模化・地域分散化など家庭的養護体制の推進などが図られている。

　このように，子どもの育成責任を果たすための社会的養護のあり方も，家庭の養育機能が失われたときのみ，代替的サービスを提供するという必要最小限の関与から，保護者が子どもを健やかに育成できるよう積極的に支援する，つまり保護者と行政とのパートナーシップの下に子どもを養育するという方向に大きく変化しつつある。

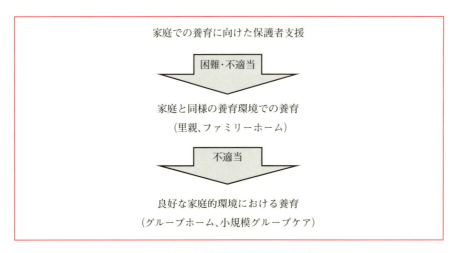

図3－16　児童福祉法第2条第3項の概念図

3 社会的養護の体系

　図3－16は、社会的養育の体系である。厚生労働省の「新たな社会的養育の在り方に関する検討会」が2017（平成29）年8月に公表した「新しい社会的養育ビジョン」（以下、「ビジョン」）に記載されている社会的養育システムを筆者が図にしたものである。ビジョンでは、従前の「社会的養護」に「通常の養育支援」を加え、これらを包括して「社会的養育」としたことが特徴的である。「通常の養育支援」は社会的養護問題が発生するのを未然に予防するための行政サービスをさす。従前、わが国における社会的養護は事後対策が中心となっていたが、予防的支援が社会的養育システムの中に組み込まれたことは極めて重要である。

　また、「社会的養護」に新たに「在宅指導措置」が加えられたが、これは「養育支援」が通常の行政サービス、すなわち支援を受けるかどうかは保護者の任意によるのに対し、「在宅指導措置」は、行政処分としての指導であり、行政の権限として指導を決定するものである。虐待事例での在宅指導などに適用される。

　「社会的養護」は、児童福祉施設、里親、一時保護、自立援助ホーム、障害児施設やショートステイなどの契約による福祉サービスなどで構成される。児童福祉施設には、乳児院、児童養護施設、児童心理治療施設、児童自立支援施設などがあり、児童相談所が入所措置をとる。障害児施設も児童福祉施設の一種であるが、基本的には契約による入所となるが、虐待事例などでは児童相談所が入所措置をとる場合もある。

4 主な社会的養護サービスの内容

(1) 児童福祉施設

　児童福祉施設の種別や具体的なサービス内容等については第2章第2節で詳述しているので参照されたい。

(2) 里親制度

　里親とは，①要保護児童の養育を希望する者のうち，養育里親名簿に登録されたもの（養育里親），②要保護児童の養育を希望する者及び養子縁組によって養親となることを希望する者のうち，養子縁組里親名簿に登録された者（養子縁組里親），③要保護児童の父母以外の三親等内の親族であって，当該要保護児童の養育を希望する者のうち，都道府県知事が児童を委託する者として適当と認めるもの（親族里親）をいう。

　里親は，家庭での養育に欠ける子どもに温かい愛情と正しい理解をもった家庭を与えることにより，その健全な育成を図ることを目的とする制度であり，「里親が行う養育に関する最低基準」（厚生労働省令）及び「里親制度の運営について」（平成23年3月30日厚生労働省雇用均等・児童家庭局長通知）に基づいて，子どもの養育に当たることになっている。

　2016（平成28）年の児童福祉法改正では，家庭での養育が困難であるか適当でない子どもについては，まず家庭と同様の環境において養育することとされたが，里親はその代表的なものである。

　里親は，都道府県知事，政令指定都市・児童相談所設置市の市長が里親として認定した家庭に，児童相談所が委託し，子どもの養護と自立支援を図る制度である。里親としての認定に際し，親族里親以外は研修の受講が前提となっている。また，子どもを受託している里親には，養育に必要な費用が支給されるとともに，養育里親に対しては里親手当が支給される。

　同時に委託できる子どもの数は4人を超えることはできない。

　なお，養育里親のうち，被虐待児や非行のある子ども，障害のある子どもなど，特に濃密な家庭的援助を必要とする子どもを養育する里親を「専門里親」という。

　小規模住居型児童養育事業（ファミリーホーム）は，5人から6人の要保護児童を養育するもので，里親の拡大型といえる。

　里親委託の成否は，里親の確保と，どこまで手厚い里親支援ができるかにかかっている。このため，児童福祉法は，都道府県知事（児童相談所長）について，里親からの相談に応じたり，必要な情報の提供，助言，研修などの援助を行うこととしている。さらに，2008（平成20）年度には，里親制度の広報啓発等によ

表3－5　里親制度における各里親・児童数

種類	養育里親	専門里親	養子縁組里親	親族里親
対象児童	要保護児童	次に挙げる要保護児童のうち，都道府県知事がその養育に関し特に支援が必要と認めたもの ①児童虐待等の行為により心身に有害な影響を受けた児童 ②非行等の問題を有する児童 ③身体障害，知的障害又は精神障害がある児童	要保護児童	次の要件に該当する要保護児童 ①当該親族里親に扶養義務のある児童 ②児童の両親その他当該児童を現に監護する者が死亡，行方不明，拘禁，入院等の状態となったことにより，これらの者により，養育が期待できないこと
登録里親数	9,073世帯	689世帯	3,798世帯	526世帯
委託里親数	3,180世帯	167世帯	309世帯	513世帯
委託児童数	3,943人	202人	301人	744人

出典）厚生労働省

る里親開拓から，里親と子どものマッチング，里親に対する訪問支援等による自立支援まで，一貫した里親支援を行う「里親支援機関事業」が都道府県（児童相談所）の業務として位置づけられ，これらの業務を里親支援についての知見や経験を有する NPO 法人等に委託することができるとされた。2016（平成28）年の児童福祉法改正では，これら里親支援機関事業が法定化された。また，児童養護施設や乳児院にも里親支援専門相談員が配置され，必要な支援を行っている。

表3－5は，2016（平成28）年3月末現在の里親等の数である。

（3）児童自立生活援助事業

児童自立生活援助事業は，義務教育修了後，児童養護施設，児童自立支援施設等を退所したが，いまだ社会的自立が十分できていない子どもを対象に，小規模なホーム（いわゆる自立援助ホーム）で，就職先の開拓や仕事上・日常生活の相談など児童の社会的自立に向けた支援を行う事業であり，昭和30年代から民間団体による先駆的な取り組みが行われてきたものであるが，1997（平成9）年の児童福祉法改正により法定化され，児童相談所の委託措置の対象とされた。また，2004（平成16）年の同法の改正では，児童自立生活援助事業の目的に就業の支援などが盛り込まれた。

厚生労働省の「児童養護施設入所児童等調査」（平成25年10月1日現在）によれば，自立援助ホームに入所している子どもたちの6割以上に被虐待経験があり，また，子どもたちの保護者の状況では，「両親ともいない」「両親とも不明」

が合わせて約3割となっている。

　厚生労働省子ども家庭局の調べでは，2016（平成28）年10月1日現在，全国の自立援助ホームの数は約140か所となっている。

(4) 児童家庭支援センター

　児童相談所における虐待相談の急増等，子どもをめぐる問題が複雑・困難化するなか，地域に密着したきめ細かな支援が求められている。このため，1997年の児童福祉法改正により創設された児童福祉施設である。児童相談所が継続的に相談，指導を行うことが困難な地域を中心に，児童相談所等の関係機関と連携しつつ，子どもや家庭に対する相談・支援を行っている。

　児童家庭支援センターの業務は次の通りである。①児童，家庭，地域住民その他からの相談のうち，専門的な知識・技術を必要とするものに応じ，助言を行うこと。②市町村の求めに応じ，技術的助言その他必要な援助を行うこと。③児童相談所の委託を受けて児童及び保護者に指導を行うこと。④児童相談所や児童福祉施設との連絡調整を行うこと。

　児童家庭支援センターには相談・支援を担当する職員や心理療法を担当する職員などが配置されている。

　2018（平成30）年5月1日現在，全国に123か所の児童家庭支援センターが設置されている。

5 社会的養護サービスの課題

(1) 利用児童の権利擁護

　福祉サービスの利用者と提供者との対等な関係の確立をめざして，2000（平成12）年には施設福祉サービスや在宅福祉サービスについて，利用契約制度（支援費制度）に転換されたが，これに伴い，サービス内容の評価や苦情処理の仕組みが導入されることになった。児童福祉施設については措置制度が残されることになったが，サービス評価や苦情処理の仕組みは，他の施設と同様に整備することとされたのは先に述べたとおりである。

　措置制度は支援費制度に比べ，ややもすれば利用者によるサービスの選択や利用する過程において利用者の意向が反映されにくくなりがちであり，利用契約の対象となる施設以上に，これら利用者の権利を守るための仕組みが特に強く求められていると言える。

　また，施設における虐待も後を絶たない。このため，2008（平成20）年の児童福祉法改正では，児童福祉施設の職員や里親，児童相談所の一時保護所職員等による虐待を「被措置児童等虐待」と規定し，これらを発見した者の通告義務，

通告があった場合の都道府県や都道府県児童福祉審議会などが講ずるべき措置等，施設内虐待等の防止のための規定が設けられた。

（2）自立支援

1997年の児童福祉法改正により，児童福祉施設は単に子どもを保護するのみならず，その自立を支援する拠点として位置づけられ，中長期的視点に立って計画的な援助を行うため，子どもの特性や社会環境に対する見立て（アセスメント）と，これを踏まえた自立支援計画の策定が不可欠であり，このことの徹底が重要な課題であることは先に述べたとおりである。

（3）施設におけるケア単位の小規模化と里親制度の充実

近年，児童福祉施設には虐待を受けた子どもの入所が急増しているが，これらの子どもたちは，保護者から無視されたり虐待されたりする中で，人に対する基本的信頼感が形成されていない者も少なくない。特定の大人との安定した濃密な関わりを通じて愛着関係を形成することは，子どもの健やかな発達にとってきわめて重要である。しかし，施設の多くは大舎制の集団生活であり，職員の勤務形態も交替制であることなどから，愛着関係の形成を保障するには限界がある。このため，個人の家庭において子どもを養育する里親制度の普及が望まれるが，登録里親数はピーク時の1961（昭和36）年度末には１万8,985組あったものが，2005年度末には7,737組，委託される子どもの数もピーク時の1957（昭和32）年度末の9,478人に対し，2005年度末3,293人と，登録里親，委託児童数とも2003〜2004年度以降，若干増加傾向にあるとはいえ，大幅に減少している。前述のとおり，2002年度には新たに専門里親制度が創設されるなど制度の充実が図られたが，里親制度の成否は里親支援がその鍵を握っているといっても過言ではない。里親を支援する仕組みを抜本的に強化するなど，よりいっそうの拡充が求められる。

また，児童福祉施設においても，ケア単位の小規模化を図るとともに，地域の一般の住宅で子どもたちと職員が少人数で生活するグループホームの抜本的な整備が求められる。国では2000年度，本体施設となる児童養護施設の下に，そのサテライトともいうべき「地域小規模児童養護施設」を創設している。これは，地域の一般住宅に６人の子どもが２人以上の職員の援助を受けながら生活するものである。また，2008（平成20）年の児童福祉法改正により，要保護児童の養育に関し相当の経験を有する者などがその住居で養育を行う事業が「小規模住居型児童養育事業（仮称：ファミリーホーム）」として新たに法定化された。

8. 障害とハンディキャップ

1 障害児福祉サービスの理念と施策の展開

　厚生労働省の推計値によれば，2011（平成23）年の知的障害児（療育手帳所持者）は15万9,000人，身体障害児（身体障害者所持者）は7万8,000人とされている（平成27年版厚生労働白書資料編）。

　身体障害には，視覚障害，聴覚・平衡感覚障害，音声・言語・そしゃく機能障害，肢体不自由，心臓機能障害，じん臓機能障害，呼吸機能障害，ぼうこう又は直腸機能障害，小腸機能障害，ヒト免疫不全ウイルスによる免疫機能障害，肝臓機能障害の種別がある。

　児童福祉法第1条は，「全て児童は，児童の権利に関する条約の精神にのっとり，（略）福祉を等しく保障される権利を有する」と規定している。すなわち，障害のあるなしにかかわらず，全ての子どもの平等な権利保障をうたっている。また，第2条第3項は「国及び地方公共団体は，児童の保護者とともに，児童を心身ともに健やかに育成する責任を負う」としており，子どもを健全に育成する責任を保護者と並んで国と地方公共団体にも課している。これらの規定を根拠として，各種の障害児福祉サービスが提供されているのである。

　しかし，障害児福祉サービスの理念は，時代とともに変化してきた。障害児にとって施設こそ専門的な療育と差別のない理想的な生活が保障できるとの考え方の下に，「コロニー」と呼ばれる大規模な入所施設が次々と整備された時代もあったが，1970（昭和45）年には障害者の自立と社会参加を理念とする障害者基本法（当時は，心身障害者対策基本法。1993〈平成5〉年に現行の法令名称に変更）が制定されるなど，昭和40年代から在宅福祉サービスと社会参加の重要性が認識されるようになり，以来各種の在宅福祉サービスの充実が図られている。特に，1981（昭和56）年の「国際障害者年」を契機として，障害をもつ人ももたない人も，生まれ育った地域で普通の生活を送るのが当然であるとする「ノーマライゼーション」の理念がわが国にも浸透しはじめ，障害者の地域生活を保障するための施策が急ピッチで推進されることになった。

　また，社会福祉基礎構造改革の一環として，2003（平成15）年には在宅福祉サービスや施設福祉サービス（児童を除く）が支援費制度に切り替えられ，2005（平成17）年には発達障害者支援法が施行された。

　さらに，2005（平成17）年10月には障害者自立支援法が制定され，障害者の地域生活と就労を進め，自立を支援する観点から，これまで障害種別ごとに異なる法律に基づいて提供されてきた障害児・者（身体障害者，知的障害者，精神障害者，障害児）の福祉サービス，公費負担医療などについて，共通の制度の下で

一元的に提供する仕組みが整備されたが，2010（平成22）年の改正では，それまで障害者自立支援法に基づいて提供されてきた児童デイサービスが児童福祉法に移行するとともに，障害種別ごとに分かれていた障害児施設が，障害児入所施設，児童発達支援センターにそれぞれ一元化された。また，この時の改正では，発達障害者が障害者に含まれることが明確化された。

2012（平成24）年6月にも改正が行われ，法の名称が，障害者の日常生活及び社会生活を総合的に支援するための法律（障害者総合支援法）に改められた。このときの改正では，目的規定において「自立」の代わりに「基本的人権を享有する個人としての尊厳」が明記されるとともに，基本理念として「全て国民が，障害の有無によって分け隔てられることなく，相互に人格と個性を尊重し合いながら共生する社会を実現するため，全ての障害者及び障害児が可能な限りその身近な場所において必要な日常生活又は社会生活を営むための支援を受けられることにより社会参加の機会が確保されること（略），地域社会において他の人々と共生することを妨げられないこと並びに障害者及び障害児にとって日常生活又は社会生活を営む上で障壁となるような社会における事物，制度，慣行，観念その他一切のものの除去に資することを旨として，総合的かつ計画的に行われなければならない」と規定している。さらに，このときの改正では「難病」が障害者の定義に加えられた。

このように障害児のための支援は，障害者基本法，児童福祉法，障害者総合支援法を基本的な法律として総合的・体系的に推進されている。

なお，2007（平成19）年4月には，身体障害児及び知的障害児を対象としていた従前の「特殊教育」が改められ，新たに発達障害児への支援も含めた「特別支援教育」へと転換が図られている。

② 障害児のための福祉サービス

障害児のための福祉サービスには，（1）手帳の交付，（2）早期発見・早期療育サービス，（3）在宅福祉サービス，（4）施設福祉サービス，（5）経済的保障などがある。

（1）手帳の交付

障害児（者）のための各種サービスを利用しやすくするために手帳制度が設けられている。身体障害児（者）には「身体障害者手帳」，知的障害児（者）には「療育手帳*」が都道府県知事から交付される。

＊なお，身体障害者手帳は身体障害者福祉法を根拠としているが，療育手帳は法律ではなく厚生事務次官の通知を根拠としている。

（2）早期発見・早期療育サービス

1）早期発見

　医学の進歩により，フェニールケトン尿症や血液型不適合による核黄疸に基づく知的障害などは，適切な医学的処置によりその大部分は未然に防止できるようになった。早期発見・早期対応を図るための施策としては，先天性代謝異常等に関する検査，乳幼児・1歳6か月児・3歳児の健康診査がある。さらに，手術等の治療により障害の改善が見込める子どもに対して，医療費の一部を公費で負担する「自立支援医療費」の支給がある。

2）早期療育

　障害をもつ子どもの発達を促し，円滑な日常生活や社会生活，将来の自立に備えるためには，早期からの療育（治療と教育）が重要である。具体的には，児童発達支援センターや児童発達支援事業をはじめ，「療育センター」「療育教室」などの名で呼ばれる市町村独自の療育事業などがある。

　児童発達支援センターは，従前，知的障害児通園施設，肢体不自由児通園施設など施設種別によって分かれていたが，前述したように，2010（平成22）年の児童福祉法改正により「児童発達支援センター」に一元化された。児童発達支援センターには福祉型と医療型の2種類がある。福祉型の児童発達支援センターは，日常生活における基本的な動作の指導，知識技能の付与，集団生活への適応訓練などの支援を行う。医療型児童発達支援センターは，児童発達支援センターの機能に治療を付加したものである。児童発達支援センターは，施設の有する専門機能を活かし，地域の障害児やその家族への相談，障害児を預かる施設への援助・助言を合わせて行うなど，地域の中核的な療育支援施設であり，児童発達支援事業は，専ら障害児やその家族に対する支援を行う身近な療育の場となっている。

（3）在宅福祉サービス

　在宅福祉サービスは，「障害児通所支援」として児童福祉法に定められているものと，障害者総合支援法に定められているものとがある。

1）「障害児通所支援」として児童福祉法に定める在宅福祉サービス

①児童発達支援

　前述のとおりである。

②医療型児童発達支援

　前述のとおりである。

③居宅訪問型児童発達支援

　重度の障害の状態にある障害児であって，児童発達支援，医療型児童発達

支援又は放課後等デイサービスを受けるために外出することが著しく困難な
ものにつき，当該障害児の居宅を訪問し，日常生活における基本的な動作の
指導，知識技能の付与，生活能力の向上のために必要な訓練その他の厚生労
働省令で定める便宜を供与する支援である。

④放課後等デイサービス

　就学している障害児について，放課後や休日に児童発達支援センターなど
の施設に通わせ，生活能力の向上のために必要な訓練，社会との交流の促進
その他の便宜を供与するものである。

⑤保育所等訪問支援

　保育所等に通う障害児又は乳児院等に入所する障害児につき，当該施設を
訪問し，障害児以外の児童との集団生活への適応のための専門的な支援その
他の便宜を供与するものである。

2）障害者総合支援法に定める在宅福祉サービス

障害者総合支援法に定める在宅福祉サービスには主に次のようなものがある。

①居宅介護（ホームヘルプ）

　身体に障害のある児童又は知的障害の児童であって日常生活を営むのに支障
があるものについて，その者の家庭において入浴，排泄，及び食事等の介護，
調理，洗濯，掃除等の家事並びに生活等に関する相談及び助言等の便宜を供与
する事業である。

②行動援護

　知的障害または精神障害により行動上著しい困難を有し，常時介護を要する
障害児に対し，当該障害児が行動する際に生じ得る危険を回避するために必要
な援護，外出時における移動中の介護を総合的に提供するサービスである。

③短期入所（ショートステイ）

　障害児について，その保護者等の疾病や事故，出産などの理由によって一定
期間家庭内での介護が困難となった場合，施設へ短期間入所させるサービスで
ある。

④重度障害者等包括支援

　常時介護を必要とする障害児で，介護の必要の程度が著しい障害児に対して
居宅介護等の障害福祉サービスを包括的に提供するものである。

⑤地域生活支援事業

　ア　相談支援事業

　　　障害者の福祉に関する様々な問題について，子どもや保護者等からの相
　　談に応じ，必要な情報の提供，障害福祉サービスの利用支援等を行うほ
　　か，権利擁護のために必要な援助も行う。

イ　移動支援事業

　屋外での移動が困難な障害者等について，外出のための支援を行うことにより，地域における自立生活及び社会参加を促すことを目的とする事業。

ウ　日常生活用具給付等事業

　障害者等に対し，自立生活支援用具等の日常生活用具を給付又は貸与すること等により，日常生活の便宜を図り，その福祉の増進に資することを目的とする事業。

エ　日中一時支援事業

　屋外での移動が困難な障害者等について，外出のための支援を行うことにより，地域における自立生活及び社会参加を促すことを目的とする事業。

（4）施設福祉サービス

　障害児のための施設には，通所型のものと入所型のものがある。従前，障害児のための施設体系は，知的障害児施設や肢体不自由児施設，重症心身障害児施設などのように，障害種別ごとに分かれていたが，2012（平成24）年から通所・入所の利用形態の別により一元化された（p.49 図2−6参照）。

　障害児通所支援については，先に述べたので，ここでは障害児入所支援について説明する。障害児入所支援に係る施設としては「障害児入所施設」がある。障害児入所施設は，福祉型障害児入所施設と医療型障害児入所施設に分けられる。障害児入所施設は，障害児を入所させて，保護，日常生活の指導及び独立自活に必要な知識技能を与える施設であるが，医療型施設では治療も行う。

　従前，施設入所については児童相談所の措置に基づいていたが，障害者自立支援法の施行に伴い，2006（平成18）年10月より，基本的に利用契約制度（支援費制度）に切り換えられた。ただし，保護者がいない子どもや虐待を受けている子どもなど，利用契約による入所が困難な子どもは，児童相談所による措置がとられる。

（5）経済的保障

1）特別児童扶養手当

　20歳未満の重度・中度の身体障害児または知的障害児のいる家庭に対し支給される。2018（平成30）年度における支給額は，重度児1人当たり月額5万1,700円（障害等級1級），中度児1人当たり月額3万4,430円（同2級）となっている。

２）障害児福祉手当

20歳未満の重度の身体障害児または知的障害児で，日常生活において常に介護を必要とする人に対して支給される。2018（平成30）年度における支給額は，１人当たり月額１万4,650円となっている。

③ 発達障害者支援法

発達障害者には，二次障害の予防の観点からも症状の発現後できるだけ早期の発達支援が特に重要であることから，発達障害を早期に発見し，発達支援を行うことに関する国及び地方公共団体の責務を明らかにするとともに，発達障害者に対し学校教育等における支援を図ることを目的として，2004（平成16）年12月に発達障害者支援法が制定された。同法では発達障害を，自閉症，アスペルガー症候群その他の広汎性発達障害，学習障害，注意欠陥多動性障害（ADHD）などの脳機能の障害で，通常低年齢において発現する者であって，発達障害及び社会的障壁により日常生活または社会生活に制限を受けるものと定義している。

同法は，発達障害の早期発見，早期支援等に必要な措置を講ずることを国・地方公共団体の責務として規定するとともに，早期発見・発達支援・保育・教育・就労などの支援について定めている。さらに，都道府県による相談・助言などを専門的に行う機関としての「発達障害者支援センター」の設置などについて規定している。発達障害者支援センターは，発達障害児（者）への支援を総合的に行うことを目的とした専門的機関で，都道府県・指定都市，または都道府県知事等が指定した社会福祉法人，特定非営利活動法人等が運営する。

なお，同法は2016（平成28）年に改正され，同年８月に施行されたが，その概要は次のとおりである。

- ・発達障害の早期発見と発達支援の目的として，「個人としての尊厳に相応しい日常生活・社会生活を営むことができるように」との文言が加えられるとともに，「障害の有無によって分け隔てられること無く」「相互に人格と個性を尊重しながら共生する社会の実現に資する」との文言が付記されたこと。
- ・発達障害者の定義に，「社会的障壁により日常生活または 社会生活に制限を受けるもの」との文言が加えられたこと。
- ・事業主の責務として，「発達障害者の能力を正当に評価し，適切な雇用機会の確保，個々の発達障害者の特性に応じた雇用管理を行うことにより雇用の安定を図るよう努める」との文言が加えられたこと。
- ・大学及び高等専門学校による教育上の配慮として，「個々の発達障害者の特性に応じ」との文言が加えられたこと。

3章　子ども家庭福祉の現状と課題

4 障害児福祉サービスの課題

（1）ウェルビーイングの保障

　従前は，どちらかといえば障害自体のみに着目した施策が講じられる傾向にあったが，障害児は障害をもつ存在である前に1人の子どもであり，家族の中で，仲間の中で，地域の中で生きている主体であることを忘れてはならない。したがって，生活面での適応やウェルビーイングに配慮した支援が最も重視されなければならない。そのためには，人間が本来有する無限の可塑性と可能性，多様性を信頼し，無理やり健常者の枠組みに子どもをはめ込もうとするのではなく，子どもの置かれた環境全体を視野に入れた個別のアセスメントと，これを踏まえたシステマティックな支援の流れを作り出すことが重要であり，支援者には高度な資質が求められる。

　特に，障害のある乳幼児を保育する機会の多い保育士の役割は重要である。保育所での生活は子どもは無論のこと，親にとっても大きな意味をもつ。子どもが自己の可能性を遺憾なく発揮し，のびのびと生きていけるよう，子どもやその親を支援することは保育士の責任である。さらに，地域社会の中で子どものウェルビーイングが尊重されるよう，地域住民の理解や受け入れに向けた働きかけを行うことも保育士の重要な役割である。

9. 非行・情緒障害

　子どもや家庭を取り巻く環境は厳しさを増しており，これに伴い非行や情緒障害をもつ子どもの問題が深刻化している。子どもは，生まれつき非行や情緒障害をもつわけではない。親の虐待や不適切な対応，子どもの健全な成長にとって好ましくない社会の文化や風潮など，種々の要因によって引き起こされるのである。非行も情緒障害も同根であり，これらの要因が作用して，盗みや傷害，恐喝，家出など社会的に許されない反社会的な行動に至ったものが非行，対人不安や対人恐怖，拒食，社会的引きこもりなど非社会的行動に至ったものが情緒障害といえる。しかし，現実には非行と情緒障害が渾然一体となって現れる事例も少なくない。したがって，本来的にはこれらを統合したサービスが求められるのであるが，制度的にはそれぞれ別の体系として展開されてきたので，本節では別々に論じることにする。

1 少年非行の実態

　図3−17は，少年による刑法犯等（刑法犯・危険運転致死傷・過失運転致死傷等）検挙人員の推移である（平成29年版犯罪白書）。少年による刑法犯等の検挙人員は，1951（昭和26）年の16万6,433人をピークとする第一の波，1964（昭和39）年の23万8,830人をピークとする第二の波，1983（昭和58）年の31万7,438人をピークとする第三の波という3つの大きな波が見られた。平成に入ってからも，2003（平成15）年に一時的な増加が見られたが，全体としては減少傾向にあり，2016（平成28）年には戦後最少の5万6,712人となっている。

　図3−18は，少年による刑法犯の検挙人員・人口比の推移である。少年による刑法犯の検挙人員についても，2004（平成16）年以降減少し続けており，2016（平成28）年は4万103人と史上最低を更新している。少年の人口比（少年人口全体に占める被検挙者の割合）についても減少傾向が続いている。図3−19は，家庭裁判所が扱った犯件数の推移である。ぐ犯件数も減少傾向が続いている。さらに，殺人や強盗，強制性交等罪のような凶悪犯についても減少傾向にある。

　このように，少年犯罪については，全検挙件数も凶悪犯検挙件数も減少している。にもかかわらず，凶悪犯罪が発生する度にマスコミがセンセーショナルに事件を扱うこともあって，「少年犯罪は増加・凶悪化している」との見方が一般的になっており，刑事罰適用年齢が16歳から14歳に引き下げられるなど，少年法は厳罰化される傾向にある。

2 非行への対応

（1）非行問題に対する視点

　少年法は，「『少年』とは20歳に満たない者をいい，『成人』とは，満20歳以上の者をいう」と定義し，さらに審判に付すべき少年（非行少年）を次のように定義している（第3条）。

① 犯罪少年　罪を犯した少年
② 触法少年　14歳未満で刑罰法令に触れる行為をした少年
③ ぐ犯少年　家に寄りつかない，自己または他人の特性を害する行為があるなど，将来，罪を犯し，または刑罰法令に触れる行為をするおそれのある少年

　かつて，非行は社会に害を及ぼす行為であるとの理由から，非行少年は，大人と同様に処罰の対象とされ，牢に入れられたり，ときには死刑になることもあった。非行少年が，懲罰ではなく，感化救済の対象とされるのは，1900年の感化法の制定を待たなければならなかった。感化法では，8歳から16歳までの非行

3章　子ども家庭福祉の現状と課題

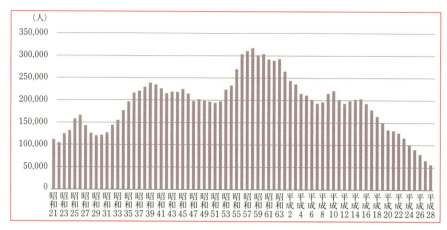

図3－17　少年による刑法犯等（刑法犯・危険運転致死傷・過失運転致死放蕩）検挙人員の推移

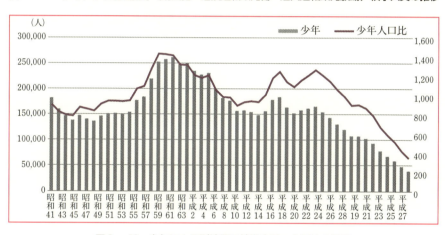

図3－18　少年による刑法犯の検挙人員・人口比の推移

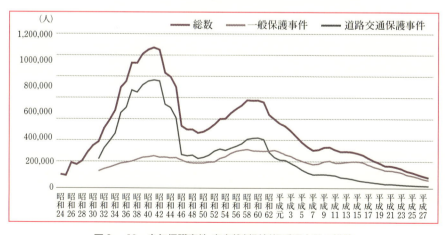

図3－19　少年保護事件 家庭裁判所新規受理人員の推移

図3－17～19出典）法務省「平成29年版犯罪白書」

少年を入所させて学習指導や職業教育を行う感化院を全国の都道府県に設置することが義務づけられた。1883年には池上雪枝が大阪で，1899年には留岡幸助が東京で（のちの北海道家庭学校）感化院を設立するなど，慈善家による先駆的な取り組みが感化法の制定につながるのである。彼らは，子どもを立ち直らせるには処罰ではなく，家庭的な環境の中で，生活指導や学習，職業教育などを一体的に行う必要があると考えたが，これは，非行少年を福祉的な措置の対象とする現代の考え方の基本をなすものである。なお，感化院は，1933（昭和8）年の少年教護法の制定により「少年教護院」に，1947（昭和22）年の児童福祉法の制定により「教護院」に，さらに1997（平成9）年の児童福祉法改正により「児童自立支援施設」となる。

前述のとおり，非行は，親の虐待等の不適切な家庭環境や社会環境に起因して発生するのであり，これに適切に対応するには，環境要因に目を向け，調整を図ることが重要となる。つまり，子どもは「環境の被害者」であり，これに懲罰をもって臨むのではなく，福祉の対象として捉え，その健全な育成を図ることが肝要である。だからこそ，児童福祉法も少年法もその理念に，子どもの健全育成を掲げているのである。

（2）非行のある子どものための施策の概要

非行のある子どもへの対応は，2つの系統に大別することができる。1つは，児童福祉法に基づく児童相談所を中核とした福祉的援助体系，もう1つは少年法に基づく家庭裁判所を中核とした保護処分の体系である。

児童福祉法第25条は，保護を要する児童を発見した者について，市町村，都道府県の設置する福祉事務所または児童相談所への通告義務を課しているが，満14歳以上の犯罪少年については家庭裁判所に通告することとしている。また，少年法では，家庭裁判所の審判に付すべき少年を発見した者について，家庭裁判所に通告する義務を課している（少年法第6条第1項）。「家庭裁判所の審判に付すべき少年」とは，（1）で述べた犯罪少年，触法少年，ぐ犯少年である。ただし，14歳未満の触法少年及び14歳未満のぐ犯少年については，児童相談所長から送致を受けたときに限り，これを審判に付すことができるとされている（少年法第3条第2項）。つまり，14歳未満の児童で，触法少年及びぐ犯少年は，すべて一義的には児童相談所が取り扱い，14歳以上20歳未満の児童については，犯罪少年は家庭裁判所が，ぐ犯少年については児童相談所と家庭裁判所のいずれが取り扱ってよいこととされている（表3－6）。

3章　子ども家庭福祉の現状と課題

表3-6　子どもの年齢と対応機関

	家庭裁判所	児童相談所
14歳以上で犯罪を犯した少年	○	
14歳未満で刑罰法令に触れる行為をした少年	(○)	○
ぐ犯少年	○	○

(○) は児童相談所から送致があった場合のみ

1）児童相談所を中核とした福祉的援助体系

　児童相談所は，児童福祉法第25条に基づく警察等からの通告，家庭裁判所からの送致，一般からの相談に対し，「ぐ犯等相談」，「触法行為等相談」として受理し，援助を開始する。ぐ犯等相談は，家出，乱暴，虚言癖，性的逸脱等に関する相談である。触法行為等相談は，警察から児童福祉法第25条による通告のあったものや犯罪少年に関し家庭裁判所から送致のあったケースである。

　援助の過程や援助方法，援助内容は，一般の相談と基本的に変わることはなく，援助形態としては，子どもを家庭に置いたまま指導を継続する在宅指導と，児童自立支援施設や児童養護施設等に子どもを入所させる施設入所措置，専門的里親への委託などがある。また，非行相談特有の手続きとして，家庭裁判所送致と強制措置許可のための送致の2つがある。家庭裁判所送致は，たとえば，保護者が児童自立支援施設への入所措置に反対している場合や，家庭裁判所による保護処分が適当と考えられる場合など，子どもの福祉を図るうえで家庭裁判所の審判に付することが適当と認められる場合に，当該事例を家庭裁判所に送致するものである（児童福祉法第27条第1項第4号）。なお，2007（平成19）年の少年法改正により，一定の重大事件に関わる触法少年について，通告を受けた都道府県知事及び児童相談所長は，原則として家庭裁判所送致の措置をとらねばならないこととされた。また，強制措置許可のための送致は，児童自立支援施設に入所措置をとった事例で，無断外泊が頻繁なため本人の福祉が阻害されており，行動の自由を制限する必要があると判断される場合などに，家庭裁判所の許可を求めるものである。児童自立支援施設では，この許可を得て子どもを鍵のかかる部屋に置くことができるが，このような部屋を備えているのは国立の2か所の施設のみである。行動の自由を制限する措置は，必要最小限にとどめるべきであり，例外的な措置であるといえる。

2）家庭裁判所を中核とした行政処分の体系

　少年法は，満20歳未満の少年を対象とし，その目的として「少年の健全な育成を期し，非行ある少年に対して，性格の矯正及び環境の調整に関する保護処分」を行うこととしている。つまり，子ども及びその環境に着目したソーシャル

125

ワーク的な援助を行うこととしているのである。

　警察や検察官，児童相談所等から送致されてくる事案について，家庭裁判所は少年事件として受理し，家庭裁判所調査官が調査を行い，その調査結果に基づいて審判官（裁判官）が保護処分等について決定する。また，審判を行ううえで必要があるときは，観護措置がとられる。観護措置には，家庭裁判所調査官の観護に付する場合と，少年鑑別所への送致とがある。少年鑑別所は，児童相談所の一時保護に類似する機能を有しており，少年の保護，鑑別が行われる。

　家庭裁判所が決定する保護処分には，保護観察所による保護観察，少年院送致，児童自立支援施設または児童養護施設への送致などがある。保護処分を決定するために必要があると認められるときは，一定期間，家庭裁判所調査官による試験観察が行われる。

　なお，2000（平成12）年の少年法改正では，刑罰対象年齢が「16歳以上」から「14歳以上」に引き下げられるとともに，16歳以上で殺人などの重大な犯罪を犯した場合は，原則として家庭裁判所から検察官に送致し，成人と同様に刑事裁判に付すこととされた。さらに，2007（平成19）年には，①非行事実を解明するため，触法少年についても警察の調査権限が法定化されたこと，②一定の重大事件に係る触法少年について，都道府県知事または児童相談所長は，原則として家庭裁判所送致の措置をとらなければならないこと，14歳未満（おおむね12歳以上）の少年についても，家庭裁判所が特に必要と認める場合には，少年院送致の保護処分を行うことができることなどの改正が行われた。

　このような「厳罰化」の動きに対し，前述のとおり，「処罰より，福祉的・教育的措置を」という観点から批判的な意見もある。

3）児童自立支援施設

　児童自立支援施設は，1997（平成9）年の児童福祉法改正までは「教護院」と呼ばれていた施設で，「不良行為をなし，又はなすおそれのある児童及び家庭環境その他の環境上の理由により生活指導等を要する児童を入所させ，又は保護者の元から通わせて，個々の児童の状況に応じて必要な指導を行い，その自立を支援し，あわせて退所した者について相談その他の援助を行うことを目的とする施設」である（児童福祉法第44条）。

　児童自立支援施設には，児童相談所が警察署からの通告や保護者からの相談等を受け，施設における指導が必要と判断して入所措置がとられた子どものほか，家庭裁判所による保護処分としての児童自立支援施設送致に基づき入所措置がとられた子どもも入所している。

　「児童養護施設入所児童等調査結果（平成25年2月1日現在)」によると，入所児童の入所時平均年齢は13.1歳，平均在所期間は1年で，約9割が2年未満の

在所である。また，入所児童のうち58.5％に虐待経験がある。

　児童自立支援施設は少年院と異なり，鍵も高い塀もない開放的な施設であり，児童相談所が必要と認めるときは満20歳に達するまで引き続き在所させることができる。

　児童自立支援施設には，施設長，児童自立支援専門員*，児童生活支援員**，個別対応職員，家庭支援専門相談員，栄養士，嘱託医等の職員が配置されている。

　2016（平成28）年10月現在，全国に公立56，私立2，合計58の児童自立支援施設があり，在所者数は1,395人である。

3 情緒障害

（1）情緒障害とは

　情緒障害とは，情緒を適切に表出したり，抑制したりすることができない状態をさしており，たとえば家では話ができるのに学校などではまったく言葉が出ない，保護者から虐待を受けた等のために心的後遺症（トラウマ）を有しており，繰り返しフラッシュバックが襲ってくるなどの情緒の不安定な状況，混乱した状況をいう。情緒障害という言葉は，Emotional（情緒の）Disturbance または Disorder（混乱，乱れ）の訳語で，医学診断名や分類用語ではなく，行政用語である。「身体障害」等の場合の「障害」の概念とは異なるので注意が必要である。

（2）情緒障害への対応

1）児童相談所

　児童相談所は18歳未満の子どもの福祉に関するあらゆる相談に対応している。情緒障害は，通常「性格行動相談」として受理されるが，養護相談や非行相談等，他の相談で受理した事例でも情緒障害が発見されることもある。特に，虐待相談が急増している最近では，被虐待児に情緒障害が見られる例がきわめて多くなっている。

　相談を受理した児童相談所は，児童福祉司による調査，児童心理司による心理面接や心理検査，医師による診察等を経て，子どもにとって最善の援助方針を決定する。援助には，在宅指導と施設入所措置や里親委託，他機関斡旋などがある。在宅指導は，親子で児童相談所に通所させ，児童福祉司が保護者への面接指導，児童心理司や医師が子どもへの心理療法等を行うものや，児童福祉司，児童心理司などが家庭訪問して必要な援助を行うものである。短期間の集中的・専門的な治療を受けるのが適当と判断された場合や，重篤な虐待のため親子分離を図る必要があるが，虐待に起因した情緒障害が見られるため治療が必要と判断され

*児童自立支援専門員は，児童自立支援施設で個別の児童自立支援計画に基づき，児童の生活指導，職業訓練，学科指導，家庭環境調整を行う。

**児童生活支援員は，児童自立支援施設で児童の生活支援を行う。

た場合などは，児童心理治療施設への入所措置がとられる。また，他機関斡旋とは，医療機関や民間のカウンセリング機関等を紹介するものである。

2）児童心理治療施設

児童心理治療施設は，「家庭環境，学校における交友関係その他の環境上の理由により社会生活への適応が困難となった児童を，短期間，入所させ，又は保護者の下から通わせて，社会生活に適応するために必要な心理に関する治療及び生活指導を主として行い，あわせて退所した者について相談その他の援助を行うことを目的とする施設」である（児童福祉法第43条の5）。児童相談所が必要と認めるときは，満20歳に達するまで引き続き在所させることができる。

児童心理治療施設の目的は，子どもがもつ情緒障害を治療することにあり，生活施設というよりも，治療施設の色彩が強い。情緒障害の治療により，自立支援のための基盤をつくる施設である。したがって，一定期間入所した子どもが，情緒障害が治癒した後も保護者の虐待等家庭環境等の問題から保護者の元で生活できないという場合には，児童養護施設・里親等に措置変更されることとなる。

2016（平成28）年現在，全国に46の児童心理治療施設があり，1,399人の子どもたちが入所している。施設の絶対数は少ないが，虐待問題の深刻化等に伴い，児童心理治療施設への期待は大きく，各都道府県に最低1か所の整備が望まれている。

児童心理治療施設には，施設長，医師，心理療法担当職員，児童指導員，保育士，看護師，個別対応職員，家庭支援専門相談員，栄養士及び調理員が配置されている。

４ 非行・情緒障害のある子どもへの支援の課題

社会経済状況の変化に伴い，子どもの育ちをめぐる環境は厳しさを増しつつある。都市化の進展に伴い，地域における住民同士の支え合い，助け合いがなくなりつつあり，家庭は孤立の度を深め，子ども虐待や子育て不安の大きな要因になっている。また，昔は様々な年齢の子どもたちが集団で遊ぶのが一般的であり，このような集団遊びを通じて子どもたちは社会性を育んだのであるが，少子化や都市化などの進展は，子どもの仲間集団の小規模化，同質化（同性，同年齢で構成される仲間集団）を招き，社会性の発達への影響が懸念されている。さらに，高学歴化は厳しい受験競争を招き，幼い頃から塾通いが一般化し，子どもの生活ストレスの要因ともなっている。

このような厳しい環境の中で，子どもたちのウェルビーイングは疎外され，非行や情緒障害の重要な要因となっている。まさに，子どもたちにとって現代は受難の時代といえる。

3章　子ども家庭福祉の現状と課題

　そして，世間を騒がせるような凶悪事件を子どもたちが起こせば，必ず厳罰化の議論が持ち上がる。これらの議論は多くの場合，なぜ子どもがそのような事件を起こしてしまったのか，なぜ防ぐことができなかったのかといった本質論というより，事件の外面的な凶悪性のみが強調され，報復心情によるものが多いように思われる。非行に走ったり情緒障害になる子どもたちは「環境の被害者」であることを忘れてはならない。

10.　ひとり親家庭

1　ひとり親家庭の推移と支援サービス

　離婚や未婚の母の増加に伴い，ひとり親家庭が増加している。厚生労働省は，おおむね5年ごとに全国の母子世帯等に対する実態調査を行っているが，表3－7，表3－8はそれぞれ母子世帯及び父子世帯になった理由別の世帯数の推移を示している。2016（平成28）年度の調査では，母子世帯が123万2,000世帯に対し，父子世帯は18万7,000世帯と圧倒的に母子世帯が多くなっている。また，ひとり親家庭になった理由では，母子家庭，父子家庭とも死別が減少しているのに対し生別が増加しており，2016（平成28）年度の調査では，母子家庭は生別が91.1％であるのに対し死別は8.0％にとどまっている。

　ひとり親家庭は，社会的，経済的，精神的に不安定な状況に置かれがちであるが，ひとり親家庭の子どもがその置かれている環境にかかわらず，心身ともに健やかに育成されるために必要な諸条件と，その親の健康的で文化的な生活とが保障される必要がある。これまでは，ひとり親家庭への支援は母子家庭が中心であったが，父子家庭においても，社会的，経済的，精神的なハンディキャップを負っている場合が少なくないことに変わりはないことから，2014（平成26）年には，ひとり親家庭を支援するための基本的な法律である母子及び寡婦福祉法について，名称が母子及び父子並びに寡婦福祉法に改められるとともに，父子家庭に対する支援策の拡充が図られるなど，父子家庭を視野に入れた施策が進められている。

2　ひとり親家庭の状況

　上に述べた厚生労働省の2016年の調査によれば，ひとり親世帯になったときの末子の平均年齢は，生別母子家庭では4.3歳，生別父子家庭では6.1歳といずれも低く，子育ての負担感の大きいことをうかがわせる。母子家庭の母のうち，就

129

表 3 - 7 母子家庭の推移

単位：千人，（ ）内は％

調査年次	総数	死別	生別						不詳
			総数	離婚	未婚の母	遺棄	行方不明	その他	
昭和58	(100.0)	(36.1)	(63.9)	(49.1)	(5.3)			(9.5)	(－)
63	(100.0)	(29.7)	(70.3)	(62.3)	(3.6)			(4.4)	(－)
平成5	(100.0)	(24.6)	(73.2)	(64.3)	(4.7)			(4.2)	(2.2)
10	(100.0)	(18.7)	(79.9)	(68.4)	(7.3)			(4.2)	(1.4)
15	(100.0)	(12.0)	(87.8)	(79.9)	(5.8)	(0.4)	(0.6)	(1.2)	(0.2)
18	(100.0)	(9.7)	(89.6)	(79.7)	(6.7)	(0.1)	(0.7)	(2.3)	(0.7)
23	(100.0)	(7.5)	(92.5)	(80.8)	(7.8)	(0.4)	(0.4)	(3.1)	(－)
28	2,060 (100.0)	165 (8.0)	1,877 (91.1)	1,637 (79.5)	180 (8.7)	11 (0.5)	8 (0.4)	41 (2.0)	18 (0.9)

資料）厚生労働省

表 3 - 8 父子家庭の推移

単位：千人，（ ）内は％

調査年次	総数	死別	生別						不詳
			総数	離婚	未婚の母	遺棄	行方不明	その他	
昭和58	(100.0)	(40.0)	(60.1)	(54.2)	－			(5.8)	(－)
63	(100.0)	(35.9)	(64.1)	(55.4)				(8.7)	(－)
平成5	(100.0)	(32.2)	(65.6)	(62.6)				(2.9)	(2.2)
10	(100.0)	(31.8)	(64.9)	(57.1)				(7.8)	(3.3)
15	(100.0)	(19.2)	(80.2)	(74.2)		(0.5)	(0.5)	(4.9)	(0.6)
18	(100.0)	(22.1)	(77.4)	(74.4)	－	－	(0.5)	(2.5)	(0.5)
23	(100.0)	(16.8)	(83.2)	(74.3)	(1.2)	(0.5)	(0.5)	(6.6)	(－)
28	405 (100.0)	77 (19.0)	324 (80.0)	306 (75.6)	2 (0.5)	2 (0.5)	2 (0.5)	12 (3.0)	4 (1.0)

資料）厚生労働省

労している者が8割を超えているが，そのうち常用雇用者は4割程度にとどまっている。このため，母子家庭の平均就労収入は年額200万円（2015年度）となっており，児童のいる一般世帯の707万円とは大きな開きがある。

父子家庭の父の雇用形態では，常用雇用者は約7割となっているが，平均年収は398万円であり，母子家庭の母に比べると多いが，児童のいる一般世帯の平均年収と比べると大幅に少なくなっている。

ひとり親家庭における親の悩みで最も多いのは，母子家庭，父子家庭とも子どもの「教育・進学」で，それぞれ58.7％，51.8％となっており，次いで「しつけ」で，それぞれ13.1％，16.5％となっている。ひとり親本人が困っていることで最も多いのは，母子家庭，父子家庭とも「家計」で，それぞれ50.4％，36.5％と，

多くのひとり親が経済的な問題で困っている。相談相手の有無では，母子家庭では「相談相手あり」が80.0％，「相談相手なし」が20.0％であるのに対し，父子家庭では「相談相手あり」が55.7％，「相談相手なし」が44.3％と，相談相手のいない家庭が母子家庭に比べて多くなっている。

③ ひとり親家庭に対する支援サービス

（1）経済的支援

1）母子父子寡婦福祉資金の貸付

ひとり親家庭の経済的自立の助成と生活意欲の助長を図り，あわせてその扶養している子どもの福祉を増進するため，修学資金，技能習得資金，就職支度資金等，12種類の貸付金が用意されている。

2）児童扶養手当

父又は母と生計を同じくしていない児童が育成される家庭の生活の安定と自立の促進に寄与するため，一定の要件の下に児童扶養手当が支給されている。児童扶養手当は，従前母子家庭に対してのみ支給されていたが，前述したように父子家庭の経済的状況も厳しいことや，子育ての負担感は親の性別によって変わることはないとの考え方から，2010（平成22）年から父子家庭にも支給されるようになった。

2018（平成30）年4月現在，児童1人の場合における支給月額は4万2,500円，児童2人目の加算額が10,040円，3人以上の場合は1人当りの加算額が6,020円となっているが，所得制限が設けられている。

なお，児童扶養手当は，従来の所得保障から離婚直後の生活緩和のための施策に目的が移行し，2008（平成20）年4月から，子どもが3歳になるまでの期間は受給期間に含めない，障害を有する場合には一部支給停止の対象外とするなど，一定の配慮はなされているものの，手当の受給期間が5年（支給事由発生から7年）を超える場合には，手当の一部支給停止措置が施行されている。

（2）母子相談・生活支援サービス

1）母子・父子自立支援員

ひとり親家庭の生活全般にわたる相談に対応するため，都道府県等の職員として母子・父子自立支援員が配置されており，母子及び父子並びに寡婦福祉法に基づき，主として福祉事務所などに駐在して相談や自立に必要な情報提供等の支援を行っている。

2）ひとり親家庭生活支援事業

1996（平成8）年度に開始された父子家庭等支援事業を前身とするもので，

ひとり親家庭の親自身が生活の中で直面する諸問題の解決や，子どもの精神的安定を図ることにより，ひとり親家庭の地域での生活を総合的に支援することを目的とする事業である。具体的には，精神面・身体面での健康管理について相談を行う健康支援事業や，ひとり親家庭の子どもが気軽に相談できる大学生等（ホームフレンド）を家庭に派遣する児童訪問援助事業をはじめ，生活支援講習会等事業，土日・夜間電話相談事業，ひとり親家庭情報交換事業などが含まれている。いずれの事業についても，父子家庭も対象となっている。

3）ひとり親家庭等日常生活支援事業

ひとり親家庭の親が，自立のための資格取得や疾病などにより，一時的に生活援助や保育サービスが必要となった場合に，家庭生活支援員を派遣したり，家庭生活支援員の居宅や児童館，母子生活支援施設などにおいて，子どもの世話などを行う事業である。

4）子育て短期支援事業

保護者の疾病，出産，出張，学校等の行事への参加などの事由により，家庭における子どもの養育が一時的に困難になった場合に，児童養護施設，母子生活支援施設，乳児院，里親等で養育・保護する事業である。子育て短期支援事業には，児童の養育が一時的に困難になった場合や，母子が夫の暴力等により緊急に一時保護が必要な場合の短期入所生活援助事業（ショートステイ）と，父子家庭等が仕事などの事由によって帰宅が恒常的に夜間にわたる場合に，施設等に通所させて生活指導，夕食の提供等を行う夜間養護等事業（トワイライトステイ）の2つがある。

（3）就労支援サービス

ひとり親家庭，特に母子家庭の就労支援は重要な課題である。このため，種々の就労支援策が講じられている。

1）母子家庭等就業・自立支援センター事業

就業相談や就業支援講習会をはじめ就業情報の提供など，一貫した就労支援を行っている。

2）母子・父子自立支援プログラム策定事業

プログラム策定員が個々の母子家庭・父子家庭に実情や希望などに応じた自立支援プログラムを策定するとともに，ハローワークや母子家庭等就業・自立支援センターとが緊密な連携を図りながら就業に結びつける取り組みも行われている。プログラムを策定した家庭の約半数が就業に結びついている。

3）その他

母子家庭の母について，専門的な職業能力を獲得するための無料の公共職業訓

練の受講斡旋をはじめ，訓練中の託児サービスの提供などが行われている。また，パソコンやホームヘルパーなどの教育訓練講座の受講料の一部を支給する「自立支援教育訓練給付金」や，看護師や介護福祉士，保育士などの経済的自立に資する資格を取得することを支援する「高等職業訓練促進給付金」の支給なども実施されている。さらに，公共施設における雇用促進のための取り組みや，公共施設内での売店の設置，たばこの小売り販売業の優先許可，母子家庭等の親を雇用する事業主への支援なども行われている。

（4）施設サービス

1）母子生活支援施設

母子生活支援施設は児童福祉法に基づく児童福祉施設の1つで，「配偶者のない女子又はこれに準ずる事情にある女子及びその者の監護すべき児童を入所させて，これらの者を保護するとともに，これらの者の自立促進のためにその生活を支援し，あわせて退所した者について相談その他の援助を行うことを目的とする施設」（児童福祉法第38条）である。つまり，母子生活支援施設は，母子家庭の子どもの健全な育成を図るために母子を入所させて保護し，生活を支援するための施設であり，単なる住居の提供にとどまらず，生活指導，就労支援や施設内保育の実施，退所後のアフターケアなどを通じてその生活を支援する施設である。

従前は福祉事務所による措置（行政処分）により入所決定がなされていたが，利用者の選択を尊重するという社会福祉基礎構造改革の理念を踏まえて，2000（平成12）年には児童福祉法が改正され，措置制度が廃止され，利用者が希望する母子生活支援施設を選択できる制度に切り替えられた。つまり，施設への入所を希望する者は，入所を希望する施設等を記載した申込書を都道府県等（都道府県，市及び福祉事務所を設置する町村）に提出し，都道府県等はこれを受けて，利用者が選択した施設に対し，サービスの実施を委託することとされた。

2016（平成28）年10月1日現在の設置数は232か所であり，3,300世帯が入所している。厚生労働省の「児童養護施設入所児童等調査結果（平成25年2月1日）」によると，母子世帯になった理由は，「離婚」が58.3％と最も多く，次いで「未婚の母」が14.5％となっている。また，母子生活支援施設への入所理由では「配偶者からの暴力」が45.7％で半数近くを占めている。最も多くなっている。入所世帯の母親の66.1％は就業しているが，「臨時・日雇・パート」が50.3％と最も多く，「常用勤労者」が13.6％（前回19.0％）となっている。

2）母子・父子福祉施設

母子及び父子並びに寡婦福祉法に基づく母子・父子福祉施設として，母子・父子福祉センター及び母子・父子休養ホームがある。母子・父子福祉センターは無

料または低額な料金で各種の相談に応じるとともに生活指導及び生業の指導を行う等，母子・父子家庭等の福祉のための便宜を総合的に提供することを目的とする施設である。母子・父子休養ホームは無料または低額な料金でレクリエーションその他，休養のための便宜を提供する施設である。

4 ひとり親家庭支援サービスの課題

（1）より手厚い総合的な支援サービスの必要性

　2002（平成14）年，政府は母子家庭等自立支援対策大綱を策定し，それまでの所得保障中心のサービス体系から，ひとり親家庭の経済的な自立を支援するサービス体系へと転換を図った。ひとり親家庭であっても，一般家庭と同じように就労等による収入を得て自立できる社会をつくる必要があるとの認識からである。具体的には，養育費徴収の実効性を確保すること，児童扶養手当をひとり親家庭になった直後の激変緩和のためのサービスとして位置づけ，その支給年限を原則的に5年間とすること，就業支援サービスを拡充することなどである。

　ひとり親家庭が経済的に自立できることはむろん望ましいことではあるが，所得格差が広がり，非常用雇用や従業員派遣など雇用関係が不安定で低賃金低所得の人たちが急増しつつある現実の中で，経済的自立のみが強調され，結果的に他の支援サービスが後退することにより，ひとり親家庭の成員のウェルビーイングが疎外される状況があってはならない。ひとり親家庭は様々なハンディキャップを抱えているがゆえに，子どもたちの健やかな育成を図るには，より手厚い総合的な支援サービスが必要であることを忘れてはならない。

（2）ドメスティック・バイオレンス（DV）への対応強化

　子どもへの虐待と同様，配偶者間暴力（DV）も深刻化している。これに伴い，DVを理由に婦人保護施設や母子生活支援施設などに入所する女性は急増しつつある。配偶者からの暴力の防止及び被害者の保護等に関する法律（配偶者暴力防止・保護法）が2001（平成13）年10月に施行され，その後2004（平成16）年及び2013（平成25）年には改正が行われるなど，施策の充実が図られつつある。しかし，被害を受けた母や子どもへの心のケア，加害者への心理的アプローチのあり方などについては取り組みが始まったばかりであり，きわめて不十分と言わざるをえない。今後積極的な実践が望まれるとともに，これらの実践から得られた知見を関係者間で共有するなど，援助手法の確立に向けた取り組みが急務の課題である。

11. 子どもの貧困と家族への支援

1 わが国における貧困の実態

　厚生労働省の「平成25年国民生活基礎調査」によれば，国民全体の相対的貧困率は16.1％となっており，統計を取り始めた1985年（昭和60）年以降で最も高い比率となっている。特に，ひとり親世帯の貧困率は 54.6％と高い比率を占めている。生存が脅かされている状態を意味する絶対的貧困に対し，相対的貧困率は，その社会の標準的な暮らしが困難な状態を意味する。一般世帯の子どもの 6 人に 1 人，ひとり親家庭の子どもの 2 人に 1 人以上が相対的貧困の状況に置かれていることになる。わが国の相対的貧困率は，OECD（経済協力開発機構）加盟国の中でも 7 番目に高いものである。

2 貧困が子どもの成長・発達に及ぼす影響

　金澤ますみ（2017）は，貧困が子どもの成長・発達に及ぼす影響について具体的に述べているが，以下その概略を紹介する。

　小学校入学の時点で学用品がそろわない⇒授業に必要な物理的な準備がない⇒忘れ物が増え指導の対象になる⇒授業に向かう気力が損なわれる⇒周りにもついていけなくなる⇒その社会の標準的な暮らしが困難な状態⇒叱られる対象としてしか存在できず，ほめられたり，ありがとうと言われる関係性が失われる⇒友達とのトラブルも増える⇒遊び相手や遊ぶ機会を失う⇒孤立する⇒自尊心が低下する⇒学校には興味がなくなり，学校に通う意味を見失う⇒進学の意欲や機会をなくす⇒恵まれない職に就く⇒低所得となり貧困の再生産⇒学校体験が悪いまま大人になり，自分の子どもにも学校に通わせる意味を見いだせない。

　このように，貧困は，子どもの生活の基盤を揺るがせるだけでなく，自尊感情や社会性などの発達に重大な影響を及ぼすとともに，貧困の連鎖にもつながる深刻な問題である。

3 子どもの貧困に関連する法制度

(1) 子どもの貧困対策の推進に関する法律，及び子供の貧困対策大綱の概要

　2013（平成25）年 6 月，子どもの貧困対策の推進に関する法律が制定され，翌年 1 月から施行されている。この法律の目的は，「子どもの将来がその生まれ育った環境によって左右されることのないよう，貧困の状況にある子どもが健やかに育成される環境を整備するとともに，教育の機会均等等を図るため，子どもの

貧困対策に関し，基本理念を定め，国等の責務を明らかにし，及び子どもの貧困対策の基本となる事項を定めることにより，子どもの貧困対策を総合的に推進すること」（第1条）とされている。

この目的の下，同法では，たとえば国の責務として子どもの貧困対策に関する大綱を策定するとともに，内閣府に子どもの貧困対策会議を設置することなどを定めている。また，地方公共団体の責務として，子どもの貧困対策に関する計画を策定するよう努めるとともに，「教育の支援」「生活の支援」「保護者に対する就労の支援」「経済的支援」「調査研究」について必要な施策を講じることとしている。

同法を受けて，2014（平成26）年8月には子供の貧困対策に関する大綱が閣議決定され，子供の貧困対策に関する基本方針，子供の貧困に関する指標，今後5年間に取り組む重点施策などが盛り込まれた。大綱に基づき，都道府県等においても子どもの貧困対策に関する計画が策定されている。

(2) 生活困窮者自立支援法の概要

2013（平成25）年12月には生活困窮者自立支援法が制定され，2015（平成27）年4月に施行された。非正規雇用労働者が増えるなど雇用状況が変化するとともに，地縁・血縁が希薄化するなど，社会経済状況が構造的に変化しつつある中，生活保護受給者数が過去最高を更新しつつあり，今や誰もが生活困窮に至るリスクに直面している。

このような状況を背景として，同法は生活困窮者の自立の促進を図ることを目的に，生活困窮者自立相談支援事業や生活困窮者一時生活支援事業の実施，生活困窮者就労訓練事業などの具体的な施策を盛り込んでいる。同法には生活困窮家庭の子どもに対する「学習支援事業」も盛り込まれているが，貧困の世代間連鎖の防止の観点からも特に重要である。

４ 子どもの貧困に関するその他の取り組み

上に述べた法制度以外に，子ども食堂や学習支援，居場所づくりなど，貧困状態にある子ども支援するための取り組みが自治体や社会福祉協議会，NPO，ボランティア団体などによって進められている。

５ 課題

子どもの貧困対策の推進に関する法律及び生活困窮者自立支援法の制定，子供の貧困対策大綱の策定などによって，貧困家庭やそこで育つ子どもたちのための施策の充実が図られつつある。また，子どもの貧困を防止するための民間活動も

活発化しつつある。貧困家庭に育つ子どもは，学力，健康，家庭環境，非行，虐待，いじめなど，種々の面で不利な立場に置かれている。このため，貧困家庭やそこに育つ子どもたちのための法制度化や民間活動は，子どもの権利保障や貧困の世代間連鎖の防止の観点からも重要であることは論を待たない。しかし，貧困の最も大きな原因は，「ワーキングプア」という言葉に象徴されるように，不安定な雇用形態や劣悪な労働環境にある。上に述べた貧困に特化した施策の拡充はむろん重要な課題であるが，やはり安定した雇用形態や人間らしい雇用環境の整備が根本的な課題であることを忘れてはならない。　　　　　　（才村純）

【参考文献】

児童養護研究会編『養護施設と子どもたち』朱鷺書房，1994

許斐有『子どもの権利と児童福祉法』信山社，1996

財団法人日本児童福祉協会『子ども・家族の相談援助をするために―市町村児童家庭相談援助指針・児童相談所運営指針』2005

第4章

子どもの権利擁護

〈学習のポイント〉　①子どもの権利とは何か，これを擁護するとはどういうことなのかについて考えてみよう。
②子どもの権利を擁護するための施策の動向を理解しよう。
③子どもへの最大の権利侵害である虐待問題の現状やその対策，課題を理解しよう。
④子どもへの最も深刻な権利侵害である子ども虐待対策の現状と課題について理解しよう。

1. 子どもの最善の利益の保障

1 児童の権利に関する条約（子どもの権利条約）

　1989（平成元）年11月20日，国際連合総会で「児童の権利に関する条約（以下，「子どもの権利条約」）が採択された。日本は158番目の締約国として1994（平成6）年にこれを批准した。この条約は，子どもの人権の尊重と確保の視点から必要となる詳細かつ具体的な事項を規定したものであり，子ども家庭福祉を推進するうえでの中核的な基本理念となっている。

　条約は，前文，本文54か条及び末文から構成されている。前文では原則が示され，本文第1条から第41条では締約国が負うべき義務，第42条から第54条は条約の順守，監視，促進，条約発効の条件について既定している。

（1）特徴

　従前の子どもの権利に対する考え方は，「子どもは発達途上にあり未熟な存在であるから，大人のように自ら能動的に権利を行使することはできない。このため，大人が子どもに代わって意思決定を行い，子どもがそれに従うのが子どもの利益になる」といったものであった。つまり，親や行政などが子どもの利益につながると判断されるものを与えられる主体（権利の受動的主体）として子どもを捉える考え方が主流であった。たとえば，1951（昭和26）年に制定された「児童憲章」の条文がすべて「生活を保障される」「守られる」「みちびかれる」といった受動態で表現されていることが象徴的である。しかし，子ども虐待に典型的に見られるように，大人が子どものために行う判断やこれに基づく行為が，必ずしも子どもの利益を保障するとは限らない。わが子を虐待する親の中には，「わが子のため」「しつけのため」と思っている者が少なくない。

この意味において，子どもの権利条約は，可能な限り子ども自身が大人と同様に権利を能動的に行使することを認めている，つまり権利の能動的主体として子どもを捉えようとしているのは画期的である。たとえば，意見表明権，思想・信条・宗教・集会等の自由などの権利は子ども自身が能動的に行使・享受することを認めている。

　また，条約は，「児童に関するすべての措置をとるに当たっては，（略）児童の最善の利益が主として考慮されるものとする」と規定しており，子どもに関する立法，行政，司法を含む官民の取り組みに際しては，常に「児童の最善の利益」が考慮されなければならないとされている。この「児童の最善の利益の考慮」も条約の重要なキーワードとなっている。

(2) 4つの柱

　子どもの権利条約では，①生きる権利　②守られる権利　③育つ権利　④参加する権利の4つを子どもたちが持つ基本的な権利の柱として位置づけている。①生きる権利は，健康に生まれ，安全な水や十分な栄養を得て，健やかに成長する権利などをさす。②守られる権利は，あらゆる種類の差別や虐待，搾取などから守られる権利である。③育つ権利は，教育を受ける権利や思想や信条が守られる権利などである。④参加する権利は，意見を表明したり，自治会の結成など集まってグループを作るなどの権利である。

(3) 児童の権利委員会

　条約の締約国は，国際連合の児童の権利委員会に対し，条約に認められた子どもの権利を実現するためにとった措置について報告し，審査を受ける義務がある。わが国は，子どもの貧困，障害を持った子どもへの施策，体罰問題などについて同委員会から勧告を受けている。

2　子どもの権利と児童福祉法

　児童福祉法第1条は，児童の福祉を保障するための原理として，児童の権利に関する条約（子どもの権利条約）の精神にのっとり，適切に養育される権利，生活を保障される権利，愛され，保護される権利，心身の健やかな成長・発達・自立が図られる権利など，子どもが保障されるべき権利を具体的に列挙している。この規定は，2016（平成28）年の改正で設けられたもので，子どもの権利条約及び日本国憲法第25条の規定を踏まえたものである。特に，日本国憲法第25条は，「すべて国民は，健康で文化的な最低限度の生活を営む権利を有する」と規定しているが，このことは，子どもも基本的人権を有する主体として，みんな平

等にその福祉が保障される権利を有していることを意味している。

　さらに，児童福祉法第2条第1項は，「全て国民は，児童が良好な環境において生まれ，かつ，社会のあらゆる分野において，児童の年齢及び発達の程度に応じて，その意見が尊重され，その最善の利益が優先して考慮され，心身ともに健やかに育成されるよう努めなければならない」と規定している。すなわち，子どもを心身ともに健やかに育成するのは国民全体の責務であると規定しているのである。本条においても，子どもの意見表面権や最善の利益への優先的考慮など，子どもの権利条約の内容を踏まえたものである。

　第2条第2項は，「児童の保護者は，児童を心身ともに健やかに育成することについて第一義的責任を負う」と規定している。この条文は，従前は存在しなかったが，2016（平成28）年の改正で追記されたものである。第2条第3項は，「国及び地方公共団体は，児童の保護者とともに，児童を心身ともに健やかに育成する責任を負う」と規定している。保護者のわが子に対する健全育成責任と同様に，子どもたち一人ひとりの健全育成責任を国や自治体に対しても課しているのである。

③ 子どもの権利擁護とは

　子どもの権利条約や児童福祉法などの文言を総合すると，子どもの権利擁護とは，子どもを独立した人格を有する社会的存在として認め，国や自治体，子どもの保護者をはじめ，国民一人ひとりの責任においてその幸せ（ウェルビーイング：子どもが自己の可能性を最大限に発揮し，生き生きのびのびと育っている状態）を実現していくことといえよう。そして，これら子どもの権利擁護の具現化を図るために，子どもの権利条約及び児童福祉法を基軸として種々の関連法令により，具体的な施策が講じられている。

　なお，子どもの権利擁護に関して付言しておきたい。子どもの権利擁護とは，決して子どものいいなりになって甘やかすことではない。子どもは成長発達過程にあることから，自立した人間として自己の責任を全うできるよう，ときには厳しく粘り強く支えていくことが援助者に求められる。要するに，子どもの権利擁護とは子どもを一個の独立した人格を有する主体として認め，これと正面から向かい合い，その声に真摯に耳を傾けるとともに，子どもの健やかな育ちに大人が責任を持つことといえよう。

④ 子どもの権利擁護の課題と動向

　子どもの権利擁護を高らかに謳った法令や条約等の理念にかかわらず，現実には保護者による子どもへの虐待，施設職員や学校教員等による体罰，子ども同士

のいじめなど，子どもに対する権利侵害は後を絶たない。

　このような状況の中で，国においても子どもの権利擁護をよりいっそう推進するため，種々の取り組みが進められている。以下，その主なものを概観する。

(1) 児童の意向の尊重

　前述のとおり，児童の権利に関する条約では，子どもの意見表明権を保障している。特に，親元を離れて新たに施設入所したり里親宅で生活することは，当の子どもにとってはきわめて重大な出来事であるため，これらの措置をとるに当たって児童相談所は，子どもの意向を確認する必要がある。しかし，従来，児童福祉法には児童の意向を聴く旨の規定が存在しなかったため，なかには，これらのサービスを利用する当の子どもの意向を確認することなく，児童相談所と保護者との間だけでこれらの方針を決める事案も見られた。このため，1997（平成9）年の児童福祉法改正では，児童相談所が施設入所等の措置をとるに当たって，子どもの意向を聴く旨の規定が盛り込まれた。また，児童相談所がこれらの措置をとる際には，あらかじめ子どもや保護者にそのことを十分説明し，その了解が得られるよう努めること（インフォームド・コンセント）が当然であるが，どうしても子どもや保護者がこれらの措置に同意しない場合，児童福祉審議会の意見を聴取することが児童相談所に義務づけられた。このような仕組みを講じることにより，子どもの意見表明権を尊重し，その最善の利益を図ろうとするものである。

(2) 児童の自立支援

　1997（平成9）年の児童福祉法改正により，児童養護施設や児童自立支援施設等の理念について，単に児童を保護するにとどまらず，その自立を支援することとされた。自ら考え，判断し，責任を持って行動できるようになることが自立であり，自立支援とは児童が将来大人として種々の権利を主体的に行使し，義務を適切に果たせるよう支援することであり，また，児童の権利に関する条約が保障する能動的権利を児童が主体的に享受できるよう支援することにほかならない。児童は発達途上にあるわけであるから，ときには誤った判断をしたり，無責任な行動をとったりして，自らの権利を適切に行使できない場合もある。このため，施設は，児童が自立できるよう粘り強く，かつ積極的な支援を行う必要がある。

(3) 施設内虐待等の防止に向けた取り組み

　児童福祉法第47条第1項は，児童福祉施設の長は，親権者や後見人のいない

入所児童に対し親権を行うと規定している。また，同条第3項は，施設長，小規模住居型児童養育事業（ファミリーホーム）の実施者，里親について，親権者や後見人がいる児童であっても，監護，教育，懲戒に関し，児童のために必要な措置をとることができると規定している。つまり，児童福祉施設の長等には，児童を懲戒する権限が付与されている。しかし，このような権限は児童の福祉を図るために，最小限かつ適切に行使されるべきことはいうまでもない。にもかかわらず，現実には施設において体罰等，懲戒権の濫用事件が後を絶たない。このため，1997（平成9）年の児童福祉法の改正を機に「児童福祉施設最低基準」（現「児童福祉施設の設備及び運営に関する基準」）が改正され，「身体的苦痛を与え，人格を辱める等その権限を濫用してはならない」との規定が新設され（第9条の3），具体的にどのような行為が「身体的苦痛を与え」，「人格を辱める」行為なのかが別途通知で示された。

　なお，子どもが施設入所中や里親等に委託中，子どもの親権者や未成年後見人が理不尽な主張や行為をして子どもの権利を侵害する事案が存在することに鑑み，2011（平成23）年の児童福祉法改正により，子どもの親権者や未成年後見人は，監護・教育・懲戒に関して施設長や里親等が子どもためにとる必要な措置を不当に妨げてはならない旨の規定が新設された。

　また，2008（平成20）年11月には児童福祉法が改正され，施設や里親などに措置された子どもたちや児童相談所に一時保護された子どもたちが，施設職員や里親，児童相談所職員などによって虐待を受けた場合，これを「被措置児童等虐待」として規定し，その対応として，たとえば虐待を受けた旨の子ども自身による届出，職員の通告義務，子どもの状況の把握，虐待の防止，子どもの保護などに関する規定が設けられている。

　特に，最近では虐待を受けて施設に入所する子どもが急増しているが，これらの子どもの中には大人への不信感等から，職員に挑発的な言動をとる者もおり，職員がこれに巻き込まれ，逆上して体罰に走る例もある。親から虐待を受けた子どもにとって，施設は「最後の砦」ともいうべき存在であり，そのような施設において子どもが再び虐待を受けるようなことがあってはならない。子どもの権利擁護に関する職員の意識啓発を図るとともに，体罰ではなく適切な手法による対応が図れるよう，専門性の向上を図る必要がある。

（4）社会福祉基礎構造改革とサービス利用者の権利擁護

　1998（平成10）年6月，中央社会福祉審議会社会福祉構造改革分科会から，従来の恩恵的な福祉観に立脚した社会福祉制度を抜本的に改め，サービスの利用者と提供者との対等な関係を確立するため，措置制度から利用契約制度への切り

替え等を柱とする社会福祉基礎構造改革に関する意見書が出された。これを踏ま
え，2000（平成12）年6月には社会福祉事業法が大幅に改正され，社会福祉法
に改称されるとともに，児童福祉施設等への入所措置を除く福祉サービスについ
て措置制度が廃止され，利用者が直接サービスの提供者との間で利用契約を締結
し，行政が利用者の負担軽減を図る観点から「支援費」を支給する制度に切り替
えられた（支援費方式）。そして，サービスの利用者の権利を擁護する観点から，
サービスの提供者は一定の評価基準に従ってそのサービス内容を自ら評価すると
ともに，第三者機関による評価を受けることが規定された。

　さらに，サービスの提供者はその提供するサービスについて，利用者から苦情
があった場合，サービスの提供者自らがこれを適正に処理するよう努めるととも
に，これが困難な場合に，双方の調整や勧告等を行う運営適正化委員会（都道府
県の社会福祉協議会に設置）を設置することとされた。

　児童福祉施設の利用手続きについては利用契約がなじみにくいとして，措置制
度が存続されることになったが，内部及び外部によるサービス評価や苦情処理の
ためのシステムについては，児童福祉施設も他の施設同様，整備することとされ
ている（障害児施設については，2006〈平成18〉年10月から，虐待事例や保護
者の行方不明などの事例を除き，基本的に支援費制度の対象とされた）。

（5）児童買春・児童ポルノ禁止法の制定

　児童買春や児童ポルノ等，子どもに対する性的搾取や性的虐待は，子どもの人
権と利益を著しく侵害するものである。このため，1999（平成11）年5月，児
童買春，児童ポルノに係る行為等の処罰及び児童の保護等に関する法律（現，児
童買春，児童ポルノに係る行為等の規制及び処罰並びに児童の保護等に関する法
律）が制定され，同年11月から施行された。同法には，国外犯も含めた処罰の
対象となる行為や量刑等をはじめ，性的被害にあった子どもの保護のための規定
などが盛り込まれている。

　また，2014（平成26）年の改正において，自己の性的好奇心を満たす目的で
の児童ポルノの単純所持に対して新たに罰則が科せられるとともに，法律の適用
に際しては，学術研究，文化芸術活動，報道等に関する国民の権利及び自由を不
当に侵害しないように留意する旨の規定が盛り込まれた。

（6）児童虐待防止法の制定

　子どもに対する虐待問題が深刻化している。虐待は，子どもへの最大の権利侵
害であり，子どもの心身の成長及び人格の形成に重大な影響を与えることから，
防止に向けた総合的な対策が重要となる。このため，2000（平成12）年5月に，

児童虐待の防止等に関する法律（児童虐待防止法）が制定され，同年11月に施行された。同法には，子どもに対する虐待の禁止，子ども虐待防止に関する国及び地方公共団体の責務，虐待を受けた子どもを保護するための措置等が規定されている。2004（平成16）年には改正が行われ，虐待の通告先として市町村が追加されたが，さらに，2007（平成19）年にも改正が行われ，死亡など重大な事態に至った虐待事例に対する検証が，国や地方公共団体の責務として規定されるとともに，保護者が立入調査等に応じない場合における強制立入の仕組み（臨検・捜索）の導入をはじめ，都道府県知事による保護者に対する接近禁止命令の制度，都道府県知事による指導勧告に保護者が従わない場合における対応措置などが新たに規定された。

(7) 配偶者からの暴力の防止及び被害者の保護等に関する法律の制定

　夫の暴力から逃れて婦人相談所や民間のシェルターに逃げ込む女性が急増するなど，配偶者間の暴力問題も深刻化している。子どもの目の前で日常的に繰り返される暴力は，子どもの成長・発達にも深刻な影響を及ぼすものであり，子どもへの重大な権利侵害といえる。2001（平成13）年4月には，配偶者からの暴力の防止及び被害者の保護等に関する法律が制定され，同年10月に施行された。同法には，配偶者からの暴力防止及び被害者保護における国，地方公共団体の責務，被害者に関する相談，指導，一時保護，情報の提供などを専門的に行う「配偶者暴力相談支援センター」の設置，加害者の被害者への接近禁止・住居からの退去等に関する地方裁判所の保護命令等の規定が盛り込まれている。

　また，2004（平成16）年には，配偶者からの暴力の定義に，身体的暴力のみならず心身に有害な影響を及ぼす言動を含むこと，接近禁止の対象を被害者のみならず一緒にいる子どもにも拡大すること，配偶者暴力相談支援センターの業務を市町村にまで広げることなどの改正が行われた。

2. 子ども虐待への対応

1 虐待と子育て不安の深刻化とその社会的背景

(1) 子ども虐待の深刻化

　図4-1は，全国の児童相談所における虐待相談の処理件数の推移であるが，年々増加の一途を辿っている。虐待相談件数が増加している要因としては，虐待そのものの増加に加え，虐待問題に対する社会の認識と関心の高まりに伴い，従

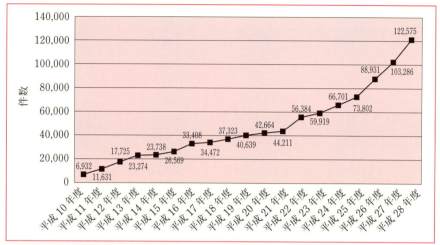

出典）厚生労働省福祉行政報告例

図4－1　児童相談所における虐待相談処理件数の推移

前は潜在化していたものが発見・通告されやすくなったこと，特にネグレクトや心理的虐待等，以前は虐待として認識されることの少なかった行為や態度が「虐待」として認識されるようになったことが考えられる。特に，2004（平成16）年の児童虐待の防止等に関する法律（児童虐待防止法）の改正により，子どもの面前のドメスティック・バイオレンス（DV）が心理的虐待に当たる旨の規定が追記されたことに伴い，近年心理的虐待相談の増加が著しくなっている。

（2）現代の子育て事情

図4－2～6は，原田正文らが行った調査研究の一部である*。原田らは2003（平成15）年，乳幼児健診を受診した兵庫県の保護者を対象に，子育てに関する意識などについてアンケート調査を実施した。この調査に先立つ1980（昭和55）年に原田らは，やはり乳幼児健診を受診した大阪府下の保護者を対象に，同じ質問のアンケート調査を行っている。そこで，原田らは，23年間で子育てに関する保護者の意識がどのように変化したかを比較した。以下，兵庫県民を対象とした調査を「兵庫調査」，大阪府民を対象とした調査を「大阪調査」ということにする。なお，兵庫調査も大阪調査も大都市圏のベッドタウンの住民を対象としているため，地域差は無視してもよいと考えられる。

図4－2の質問では，「自分の子どもが生まれるまでに，小さい子に食べさせたり，おむつをかえたりした経験」の有無を尋ねているが，「よくあった」という回答が22％から17％に減り，逆に「なかった」という回答が41％から56％に増えている。つまり，2003（平成15）年の調査では，半数以上の親が，自分の

*原田正文，山野則子，他「児童虐待を未然に防ぐためには，何をすべきか－子育て実態調査『兵庫レポート』が示す虐待予防の方向性」，子どもの虐待とネグレクト，vol 6, No. 1, 2004. 5, 日本子どもの虐待防止研究会

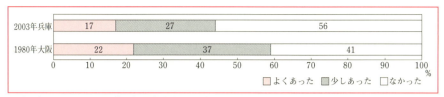

出典）原田正文，他「児童虐待を未然に防ぐためには何をすべきか―子育て実態調査『兵庫レポート』が示す虐待予防の方向性」日本子どもの虐待防止研究会，2004

図4-2 「自分の子どもが生まれるまでに，小さい子に食べさせたり，おむつをかえたりした経験」の有無

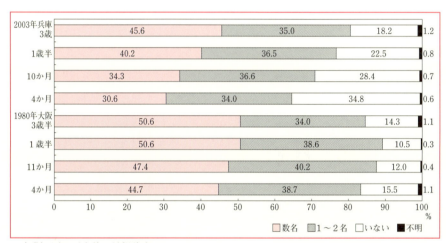

出典）原田正文他・前掲論文

図4-3 「近所にふだん世間話をしたり，赤ちゃんの話をしたりする人」の有無

子どもを生む前に乳幼児の世話を経験したことがないと答えている。

図4-3では，「近所にふだん世間話をしたり，赤ちゃんの話をしたりする人がいますか」と尋ねているが，子どもの年齢にかかわらず，「数名いる」という回答が減り，「いない」という回答が増えている。

図4-4では，「育児で今まで不安なことがあったか」どうかを尋ねているが，これも，子どもの年齢にかかわりなく「しょっちゅう」という回答が大幅に増え，「あまり不安を感じない」という回答が減っている。

図4-5では，「育児でいらいらすることが多いか」どうかを尋ねているが，これも「はい」という回答が大幅に増え，「いいえ」という回答が極端に減っている。

図4-6の設問は，「子育てを大変と感じますか」というものであるが，この設問は大阪調査にはなく，兵庫調査で初めて尋ねたものである。子どもの年齢に

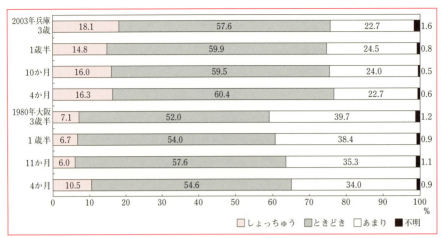

出典）原田正文・前掲論文

図4−4　「育児で，不安なことがあったか」について

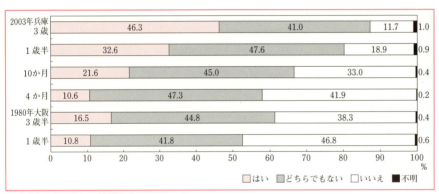

出典）原田正文・前掲論文

図4−5　「育児でいらいらすることが多いか」について

はかかわりなく，いずれも過半数の親が「はい」と回答している。

(3) 子ども虐待，育児不安の深刻化の社会的背景

　これらの調査結果から見えてくるのは，子育ての孤立化と困難感の増大である。その背景には，都市化・核家族化に伴う地域，家庭における子育て機能の弱体化が考えられる。とりわけ，「母子カプセル」という言葉に象徴されるように，国際的に見ても父親による家事や子育てへの参加が極端に低調な中で，母親の肩に子育ての負担が重くのしかかるなど，孤独感と閉塞感負担感の中で母親は追い詰められている。

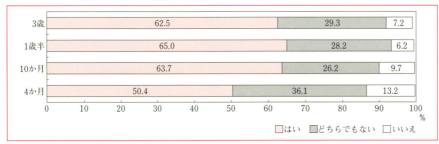

出典）原田正文他・前掲論文

図4－6 「子育てを大変と感じるか」について

　また，幼い頃から自然に子育てに関わり合う経験が現代では希薄になっており，図4－2でみたように，わが子を生んで初めて乳児に接するという例も珍しくなく，不安と戸惑いの中で親は子育てを行っている。このような親を受け止め，サポートできる人がいればよいが，親の孤立が深刻化する中で，親子の緊張関係が高まっていくのである。現代では，誰もが虐待の罠にはまりこむ危険性をもっているといえる。

2 虐待とは何か

　「虐待とは，子どもの心身の成長・発達に著しく有害な影響を及ぼす行為」といえる。いくら親に愛情があっても，また親がしつけのつもりであっても，結果的に親の言動が子どもの心身の成長・発達に著しく有害な影響を与えているとすれば，それはすべて虐待といわざるを得ない。つまり，虐待であるかどうかは，親の事情とは一切関係なく，子どもの視点から判断することが大切である。
　児童虐待防止法は，保護者による次のような行為を虐待と定義している（定義文は一部文言を変えている。（　）内は例示）。

(1) 身体的虐待
　児童の身体に外傷が生じ，または生じるおそれのある暴行を加えること（殴る，蹴る，たばこの火を押しつける，熱湯を浴びせる，浴槽に溺れさせるなど）。

(2) 性的虐待
　児童にわいせつな行為をすること，または児童をしてわいせつな行為をさせること（性的行為を強要する，性的行為を見せる，ポルノ写真の被写体にするなど）。

(3) ネグレクト (養育の拒否, 怠慢)

児童の心身の正常な発達を妨げるような著しい減食または長時間の放置, 保護者以外の同居人による虐待と同様の行為の放置その他の保護者としての監護を著しく怠ること (幼い子どもを家に置いたままたびたび外出するなど安全状態を損ねるほどの放置, 十分な食事を与えない, 病気やけがをしてもまったく医療を受けさせない, 風呂に入れない, おしめを替えない, 同居人が虐待しているのに見て見ぬふりをするなど)。

なお, 児童虐待防止法は, あくまで保護者による行為を虐待と規定しており, 同居人による虐待的行為は虐待とみなされない。このため, 同居人による虐待的行為を知っていながら保護者が適切な対応を怠れば, 保護者によるネグレクトという規定の仕方をしている。

(4) 心理的虐待

児童に対する著しい暴言または著しく拒絶的な対応, 児童が同居する家庭における配偶者に対する暴力その他の児童に著しい心理的外傷を与える言動を行うこと (「おまえなんかいないほうがいい」というような子どもの存在や自尊感情を否定するような暴言や, きょうだい間の極端な差別, 無視, 子どもの目の前で配偶者に暴力をふるうなど)。

虐待は以上の4つに分類されるが, 現実には, いくつもの種別の虐待が同時に発生することが珍しくない。

図4-7は児童相談所における虐待対応件数のうち, 虐待種別別の内訳。図4-8は主な虐待者の内訳である。

③ 虐待の発見から保護までの制度的仕組み

(1) 発見と通告

児童福祉法第25条は, 「要保護児童を発見した者は, これを市町村, 都道府県の設置する福祉事務所若しくは児童相談所又は児童委員を介して市町村, 都道府県の設置する福祉事務所若しくは児童相談所に通告しなければならない」と規定している。要保護児童とは, 「保護者のない児童又は保護者に監護させることが不適当であると認められる児童」と定義されている。「保護者に監護させることが不適当であると認められる児童」の中に, 被虐待児が含まれる。

通告は児童委員を介して行うこともできる。児童虐待防止法により, 学校, 児童福祉施設, 病院その他児童の福祉に業務上関係のある団体及び学校の教職員, 児童福祉施設の職員, 医師, 歯科医師, 保健師, 助産師, 看護師, 弁護士その他児童の福祉に職務上関係のある者は, 児童虐待を早期に発見しやすい立場にある

4章 子どもの権利擁護

図4-7 平成28年度 児童虐待の相談種別対応件数

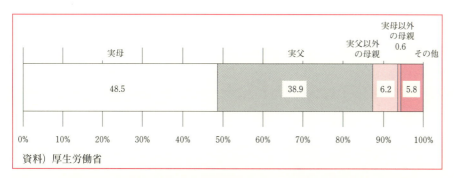

図4-8 平成28年度 児童虐待相談における主な虐待者別構成割合

ことを自覚し，虐待の早期発見に努めなければならないこと，虐待を発見した場合は速やかに児童相談所等に通告しなければならないことが規定されている。

市町村，福祉事務所，児童相談所の3つの機関が通告先として位置づけられているが，医学的，心理学的，教育学的，社会学的，精神保健上の判定といった専門的な機能や，立入調査，一時保護，施設入所措置など虐待の対応に必要な法的権限は児童相談所に付与されていることから，通告を受けた市町村や福祉事務所は，必要と判断した場合は児童相談所に送致することになる。つまり，児童虐待の対応においては児童相談所が中心的な役割を担っている。以下，児童相談所における虐待事例への対応の流れについて述べる（図4-9参照）。

(2) 調査

通告を受けた児童相談所は，速やかに（原則として48時間以内に）子どもの安全確認のための措置を講ずるとともに，必要と判断された場合は一時保護を行う。虐待が行われているおそれがあると認められる場合であって，子どもの安全確認等の調査を保護者が拒否する場合，都道府県知事（児童相談所長）は児童相談所職員や児童委員等に児童の住所，居所に立ち入って必要な調査や質問をさせることができる。保護者が調査や質問を正当な理由なくして拒んだり，虚偽の答弁等をした場合には罰則が科せられる。

151

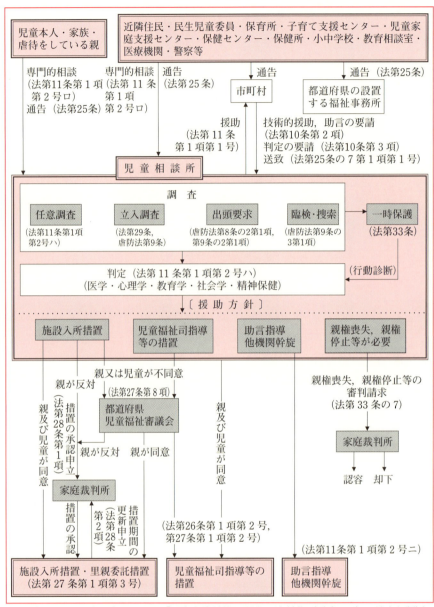

出典）厚生省児童家庭局企画課『児童虐待対策に関する資料集（平成12年3月改訂版）』2000年，一部改変

図4-9　児童相談所における虐待事例への対応の流れ

また，都道府県知事（児童相談所長）は，児童虐待が行われているおそれがあると認めるときは，保護者に対し児童を同伴しての出頭を求めることができるが，保護者がこれに応じない場合は，立入調査等の必要な措置を講ずることとさ

れている。そして保護者が正当な理由なくこれらを拒んだ場合などには裁判所の許可状により，臨検・捜索ができることとされている。臨検とは，強制力を行使しての立入，捜索は児童を探し出すことである。

（3）一時保護

　調査の結果，子どもの心身にただちに重大な危害が加わるおそれがあるものとして一時保護が必要と判断された場合は，速やかに一時保護を行う。一時保護には，児童相談所に付設の一時保護所を活用する場合と，児童福祉施設や医療機関等，他の適当な機関や個人に委託する場合とがある（委託一時保護）。一時保護に際しては親権者等の了解を求めるのが原則であるが，親権者等の同意がなくても一時保護は可能とされている（職権一時保護）。一時保護の期間は2か月を超えることはできないが，親権者等の意に反して2か月を超えて一時保護を行う場合には，家庭裁判所による審査を受けることとされている。

　なお，子どもの安全確認，一時保護，立入調査，臨検・捜索等に際して，必要があると認めるとき，児童相談所長は警察署長に対し援助を求めることができる。

（4）援助方針の決定

　児童相談所には，所長のほかに調査や指導等を担当する児童福祉司，心理検査や心理療法等を担当する児童心理司，診察や医学的治療等を担当する医師（精神科医，小児科医），心理療法担当職員，弁護士，子どもの健康や心身の発達に関する指導を担当する保健師，一時保護中の子どもの指導等を担当する児童指導員，保育士など，様々な専門職が配置されており，これらのチームワークにより業務が行われている。

　援助方針の決定に当たっては，判定会議において，各専門職がそれぞれの見立て（診断）を持ち寄り，当該子どもにとっての最善の援助に向けた意見調整を行う。すなわち，児童福祉司はそれまでの調査結果等を踏まえ，虐待の内容や程度，虐待発生の要因，援助方針等を盛り込んだ社会診断を，児童心理司は子どもとの心理面接や心理検査等を通じて把握した子どもの心理学的特徴や心理的メカニズム，これらに立脚した援助方針等を盛り込んだ心理診断を，医師は診察等に基づく医学診断を，児童指導員や保育士は一時保護中の子どもの行動観察等を通じて把握した子どもの行動特徴と援助方針を盛り込んだ行動診断を立てる。そして，判定会議の場でこれらの専門職が協議，調整のうえ，総合診断が立てられる。この総合診断を立てることを判定（アセスメント）という。

(5) 援助の実行

　児童相談所では，判定結果に基づき，児童相談所長や各専門職の参加のもとに開催される援助方針会議の場において，援助指針が策定される。援助には，施設入所措置や里親委託等の親子分離を行うものと，在宅指導のように親子分離を行わずに援助を継続するものとがある。前者は，虐待の程度等が著しく，重大な結果が想定される場合をはじめ，保護者が虐待の事実を認めず虐待が繰り返されるおそれがある場合や，保護者が定期的な訪問や来所指導を拒否している場合などに行われる。子どもが入所する施設には，児童養護施設，乳児院，児童自立支援施設，児童心理治療施設などがあり，子どもが委託される里親には養育里親（専門里親を含む），養子里親・親族里親があるが，子どもの態様やニーズ，保護者の状況等を総合的に勘案し，入所先や委託先が決定される。

　児童相談所長や施設長は，必要に応じて保護者に対し，児童との面会・通信を制限することができる。

　なお，親権者等の意に反して親子分離の措置をとる場合には，家庭裁判所の承認が必要とされている（児童福祉法第28条）。家庭裁判所の承認により施設入所措置等の措置がとられた場合，当該措置期間は2年を超えることができないが，必要と認める場合，児童相談所は家庭裁判所の承認を得て，当該措置期間を更新することができる。また，特に必要があると認める場合，都道府県知事は保護者に対し，6か月を限度に（必要な場合は当該期間の更新が可能）児童への接近を禁止する命令を出すことができる。

　在宅指導は，虐待の程度が比較的軽い場合や虐待の再発の危険性が少ないと判断される場合等に行われる。在宅指導では，児童相談所の職員が市町村の児童福祉主管課をはじめ，保育所や学校，保健師，児童委員など他の関係機関とも連携を図りながら訪問指導を行ったり，児童相談所に通所させて親のカウンセリングや子どもの心理療法などを行う。また，事例によっては他の機関をあっ旋したり，市町村に連絡したりする。さらに福祉事務所の社会福祉主事や市町村，児童家庭支援センター，児童委員などに指導を委託する場合もある。

　なお，児童相談所の援助方針と子どもまたは保護者の意向が異なる場合や，児童相談所長が必要と認めた場合，児童相談所長は都道府県児童福祉審議会の意見を聴かなければならない。

　親子分離の措置であれ，在宅指導であれ，児童相談所が児童福祉司等の指導措置をとった場合，保護者はその指導を受けなければならず，保護者が指導を受けない場合，都道府県知事は保護者に対し指導を受けるよう勧告することができる。保護者が当該勧告に従わない場合で必要があると認めるときは，都道府県知事（児童相談所長）は一時保護や児童福祉法第28条の規定による施設入所等の

措置などを行うこととされている。

　親子分離したケースについては，親子関係が再構築され，子どもが安心して家庭復帰できる基盤整備が不可欠である。このためには，虐待を繰り返す保護者へのカウンセリングや子どもへの関わり方などについて，助言するなどの支援が極めて重要となる。しかし，現実には支援が十分に行われているとはいえず，関係機関間の連携も不十分であるといわざるを得ない。その結果，措置が解除された後，いっそう深刻な事態に陥るケースも発生している。このような状況を防止するため，親子分離の措置と併せて児童福祉司等の指導措置がとられた事例について，児童相談所長が親子分離の措置を解除しようとするときは，当該指導を担当した児童福祉司等の意見を聴くとともに，当該指導の効果，虐待の再発予防について見込まれる効果などを勘案することとされている。

　さらに，2016（平成28）年の児童福祉法及び児童虐待防止法の改正では，親子関係再構築支援について，

・児童相談所，市町村，施設，里親などの関係機関が連携しながらこれを行うべきこと

・措置の解除に当たって，児童相談所が保護者に対し，児童への接し方などの助言，カウンセリングを実施すべきこと

・措置解除後の一定期間，児童相談所は地域の関係機関と連携し，定期的な児童の安全確認，保護者への相談・支援などを実施すること

とされた（児童福祉法第48条の3，児童虐待防止法第13条・第13条の2）。

　なお，親権者が子どもを虐待したり，悪意で遺棄しているときや，親権の行使が著しく困難であったり不適当であったりして子どもの利益を著しく害していると判断するとき，児童相談所長は，家庭裁判所に対し親権喪失の審判を請求することができる。

　また，親権者による親権の行使が困難であったり不適当であったりして子どもの利益を害していると判断するとき，児童相談所長は家庭裁判所に対して親権停止の審判を請求することができる。

4 虐待対策の課題

　児童虐待対策については制度・実践の両面において充実が図られつつあるが，残された課題も多い。以下，主なものについて述べる。

（1）虐待の発生予防

　虐待が急増する背景には，親の孤立に起因する子育て不安や子育て負担感の増大があげられる。したがって，虐待の発生を予防するには，これら親の孤立を防

止し，不安感や負担感を軽減するための子育て支援策の充実を図るべきことはうまでもないが，子育てに苦しむ親の中には自尊感情や自己肯定感をもてない人も少なくなく，自己の殻にひきこもり，自ら援助を求めることに消極的になりがちである。このため，サービスの希望者自身による申請やアクセスを前提とした従前のサービス提供方式では限界がある。国は2004（平成16）年度，実施主体である市町村が必要と認めた場合，当事者からの願い出がなくても，専門家やボランティアを家庭に派遣し，子育てのアドバイスや家事援助などを行う「育児支援家庭訪問事業」を創設した。

さらに，2007（平成19）年度からは，民生・児童委員や愛育班員，母子保健推進員などのボランティアや保健師などが，生後4か月までの乳児のいるすべての家庭を訪問し，お互いに顔の見える関係を構築することにより，若い親が追い詰められることを防ぐ「こんにちは赤ちゃん事業」を創設したが，今後，これらアウトリーチ型の拡充が望まれる。

なお，2008（平成20）年の児童福祉法改正により，育児支援家庭訪問事業が「養育支援訪問事業」，こんにちは赤ちゃん事業が「乳児家庭全戸訪問事業」として法定化された（施行は2009年4月1日）。

（2）家族再統合に向けた援助

2004（平成16）年の児童虐待防止法改正では，国及び地方公共団体の責務として「親子の再統合の促進への配慮」が新たに盛り込まれるとともに，2007（平成19）年の改正では，都道府県知事の指導勧告に従わない場合における対応規定が新たに設けられ，加えて，措置を解除する際，保護者に対してとられた措置の効果等を勘案すべき規定が盛り込まれるなど，家族再統合に向けた援助が強く求められている。しかし，筆者らの調査では，虐待を理由に施設入所等の措置がとられている子どものうち，家族再統合に向けて保護者への援助が行われているのは，たとえば2006（平成18）年度では8.9％に過ぎないことが明らかになっている*。

低調な要因として，児童相談所が虐待通告への初期対応に追われ，保護者や子どもへの援助にまで手が回らない実態があること，一部の児童相談所や児童養護施設，民間の虐待防止機関などにおいて先駆的な取り組みがなされているが，援助技法として確立されるまでには至っていないことなどが考えられる。また，現行制度では，立入調査や職権による一時保護などの強権的な機能と，保護者との信頼関係に根ざした保護者への援助機能という相矛盾する機能を一手に児童相談所に担わせているため，いったん，児童相談所が強権発動を行うと，親との信頼関係が崩壊し，児童相談所が援助の提案をしても，親の拒否感情が強いため援助

*才村純，他「児童虐待防止制度改正後の運用実態の把握・課題整理及び制度のあり方に関する調査研究」（主任研究者：才村純）平成18年度児童関連サービス調査研究等事業報告書，財団法人こども未来財団，2007

4章　子どもの権利擁護

に結びつかないこともその一因と考えられる。

　児童相談所などの体制を強化するとともに，先駆的な実践例の集積これを発信していくなど，知見や手法の共有化を図ることが急がれる。

　さらに，虐待通告に対する初期介入と，家族再統合援助などの援助機能について，それぞれ機関を別にするなど，抜本的な制度改正が必要と考えられる。

（3）福祉人材の抜本的拡充

1）児童相談所

　今，児童相談所も市町村も児童福祉施設も，職員は多忙とストレスに喘いでいる。筆者らが児童相談所を対象にタイムスタディを行ったところ，心身障害相談1件に係る業務量を1.0とした場合，虐待相談の業務量は12.8，つまり虐待相談への対応は心身障害相談の約13倍の時間がかかっていることがわかった*。その虐待相談がこの20年間で25倍に増えたが，児童福祉司の数は2.6倍しか増えていない。

　筆者らの別の調査**では，児童福祉司1人当たり本来対応しなければならないケースを107件抱えており，これは欧米先進国におけるソーシャルワーカー1人当たりの担当ケース数の5倍前後であることが明らかになった。国によりシステムが異なるため，単純に比較することはできないとしても，わが国の児童福祉司は格段に多くのケースを担当していることは間違いない。

　このような状況の中，児童相談所の体制強化が図られつつことも事実である。2016（平成28）年の児童福祉法改正では，従前は設置が認められていなかった特別区について，児童相談所を設置することができることとされたほか，新たに弁護士などが配置されるとともに，児童福祉司についても，従前の人口割の配置基準（平成30年度は経過措置として人口5万人に1人以上）に加え，相談対応件数なども考慮することとされた。

　また，スーパーバイザーの配置が法定化され，配置基準は児童福祉司6人に1人，児童福祉司としての経験年数は概ね5年以上とされた。さらに，2016（平成28）年4月には「児童相談所強化プラン」（厚生労働省児童虐待防止対策推進本部決定）が策定され，児童福祉司をはじめ，児童心理司や保健師等の増員等が盛り込まれた。また，2018（平成30）年7月には政府の「児童虐待防止対策の強化に向けた緊急総合対策」がとりまとめられ，2022年までに児童福祉司を2,000人程度増やすなどの対策が示された。

　このように児童相談所については質量両面からの体制強化が図られつつあるが，課題も残る。特に，児童福祉司の増員が図られることになっているが，先進諸国との比較においてもまだまだ「焼け石に水」であり，場当たり的な対応とい

*才村純，他「虐待対応等に係る児童相談所の業務分析に関する調査研究」（主任研究者：才村純）『平成16年度日本子ども家庭総合研究所紀要』第41集，日本子ども家庭総合研究所，2005

**才村純，他「児童虐待防止制度改正後の運用実態の把握・課題整理及び制度のあり方に関する調査研究」（主任研究者：才村純）平成18年度児童関連サービス調査研究等事業報告書，財団法人こども未来財団，2007

わざるを得ない。先に述べたように，介入部門と援助部門の分離など，児童相談所のあり方を抜本的に見直す必要があり，まず児童家庭相談体系や虐待対応システムについてのグランドデザインを描いた上で，児童相談所のあり方や児童福祉司の望ましい配置のあり方を検討していく必要がある。

　さらに，専門性の確保も重要な課題である。特に，虐待対応の要ともいうべき児童福祉司について，一般行政職を充てている自治体は少なくない。児童虐待への対応にはソーシャルワーカーとしての基礎的な素養に加え，豊かな経験が不可欠である。一般的に虐待への対応には最低5年から10年の経験が必要といわれるが*，異動サイクルの短い一般行政職では経験の蓄積は期待できない。

　また，2016（平成28）年の児童福祉法改正においても，スーパーバイザーについて経験年数5年以上という基準が明示されたが，5年という経験年数はスーパービジョンを行うには浅いといわざるを得ない。さらに，この要件すら満たす職員が果たして確保できるか疑わしい。

　さらに，制度的には，児童相談所長やスーパーバイザー，一定の任用要件で配属されている児童福祉司については，研修が義務づけられているが，短期間の研修受講では極めて不十分である。児童福祉司の任用資格をたとえば社会福祉士の資格保有者に限定するか，児童福祉司の国家資格化を図るなど，いっそう厳格化するとともに，現任研修の抜本的強化と体系化を図る必要がある。

2）市町村

　2004（平成16）年の制度改正により，市町村が子ども家庭に関する相談の一義的窓口として位置づけられるとともに，虐待通告の受け皿として位置づけられるなど，市町村の役割が重視された。子育て支援ニーズが多様化するなか，地域に密着したきめ細かな支援を行うには住民に最も身近な自治体である市町村が一義的に相談に応ずることになったのは評価できる。しかし，2006（平成18）年4月1日現在を調査時点とした厚生労働省の調査**では，児童家庭相談をするうえでの困難点として，「専門性を有する人材の確保」を挙げた自治体が79.5％，「職員数の確保」を挙げた自治体が61.8％を占めるなど，法改正の理念にもかかわらず，現実にはこれを支える人材の確保に多くの自治体が苦慮している実態が伺える。

　特に，要保護児童対策地域協議会が法定化され，その事務局である要保護児童対策調整機関を担う市町村は多忙を極めている。

　また，虐待への対応では，通告事例における緊急性，危険性をアセスメントし，市町村で対応するのか児童相談所に送致すべきなのかといった判断を的確に行う必要があり，これを誤ると取り返しのつかない事態を招きかねない。これらスクリーニングにはきわめて高度な専門性が求められるが，実際の体制はきわめ

*厚生労働省「今後の児童家庭相談体制のあり方に関する研究会報告書」，2006

**厚生労働省「市町村の児童家庭相談業務の状況について」，2006

て脆弱である。

したがって，必要な人材確保に向けた財政的支援を強化するとともに，人材確保が困難な自治体のために相談支援や虐待対応のノウハウを有する団体等へのアウトソーシング（外部委託）を容認する制度とすべきと考えられる。

3）児童福祉施設

被虐待児の入所の急増に伴い，児童養護施設等の児童福祉施設は子どものパニックや暴力，子ども間のトラブルなどへの対応に追われ，個々の子どものニーズに合った援助を行うという施設本来の役割を果たすことが困難な状況にある。施設が「野戦病院と化している」といわれるゆえんである。

2016（平成28）年の児童福祉法改正では，家庭養護の原則が打ち出され，社会的養護問題の発生を予防する観点からの保護者支援が国や地方公共団体の責務として規定され，家庭での養育が困難か不適当な場合は，家庭と同様の養育環境，具体的には里親小規模住居型児童養育事業（ファミリーホーム）での養育を，これらが困難か不適当な場合は，グループホームや施設での小規模グループケアなど家庭的な環境で養育することとされた。また，2017（平成29）年には，国の検討会から「新しい社会的養育ビジョン」が公表され，在宅支援を含めたこれからの社会的養育体制の方向性と具体的な工程が示された。これらの動きに伴い，グループホームの運営や支援，小規模グループケアの運営，地域や里親への支援など，児童福祉施設の役割は大きく変わろうとしている。これからの社会的養護のグランドデザインを具体的に描出し，職員の配置のあり方，職種，資格要件，業務内容などについて具体的に検討していく必要がある。

【参考文献】

才村純『ぼくをたすけて―子どもを虐待から守るために』中央法規，2004
才村純『子ども虐待ソーシャルワーク論―制度と実践への考察』有斐閣，2005
才村純『図表でわかる子ども虐待―保育・教育・養育の現場で活かすために』明石書店，2008
高橋重宏編『新版・子ども虐待』有斐閣，2008
川崎二三彦『児童虐待―現場からの提言』岩波書店，2006
児童福祉法制定60周年記念全国子ども家庭福祉会議実行委員会編『日本の子ども家庭福祉―児童福祉法制定60年の歩み』明石書店，2007
才村純編『保育者のための児童福祉論』樹村房，2008

第**5**章

子ども家庭福祉の動向と展望

〈学習のポイント〉　①少子化の進行と子ども家庭福祉サービス利用者数の変化について理解しよう。
　②子どもと子育て家庭の現状と課題，及びその改善策について考えてみよう。
　③保育制度改革の動向として，子ども・子育て関連3法に基づいて2015（平成27）年4月から実施されている子ども・子育て支援新制度についてまとめてみよう。
　④要保護児童対策地域協議会が制度化されたことの意義と課題について理解を深めよう。
　⑤市区町村子ども家庭総合支援拠点が担っている役割について整理してみよう。

1. 次世代育成支援と子ども家庭福祉の推進

1 少子化の進行と子ども家庭福祉サービス利用数の変化

　今日，周知のように，少子化が急速に進行している。厚生労働省の統計によれば，2016（平成28）年の出生数は約97.7万人であり，第2次ベビーブームのピークである1973（昭和48）年の209万人と比べると，42年間で半数以下にまで減少したことになる。

　しかし，他方で，1995（平成7）年4月に160万人であった保育所に入所する子ども数は，出生数の減少にもかかわらず，近年急激に増加している。2017（平成29）年4月には保育所等の利用者数が約246万人となり，幼稚園型認定こども園と地域型保育事業を含めると約255万人となっている。22年間に約1.5倍増加していることになる。

　また，放課後児童健全育成事業（放課後児童クラブ）を利用する子ども数も統計を取り始めてから最高を更新し続けている。1998（平成10）年に34万8,543人であった放課後児童クラブ登録数は，2016（平成28）年に117万1,162人へと増加している。18年間で3倍以上増加していることになる。

　そうしたなか，子ども虐待に児童相談所が対応した児童虐待相談件数は統計を取り始めてから過去最高を更新している。1990（平成2）年に1,101件であった児童虐待相談件数は2016（平成28）年度には12万2,575件に増加している。26年間におよそ111倍と増加していることとなる。

　さらに，社会的養護の制度下において生活している子どもの数も増加している。1999（平成11）年に2,122人であった里親・ファミリーホームへの委託児童

数は，2012（平成24）年度末に5,407人となり（2.55倍），1995（平成7）年に27,145人であった児童養護施設入所児童数は，2013（平成25）年10月時点で28,831人となり（1.06倍），1995（平成7）年に2,566人であった乳児院入所児童数は，2013（平成25）年10月時点で3,069人となり，1.20倍となっている。

　以上の結果から，2014（平成26）年に社会的養護の制度下において生活している子どもの数は約4万6,000人となり，社会的養護を含めた子ども家庭福祉サービスのニーズが高まっていることがわかる。

２ 子どもの生活の現状と課題

　子どもの生活を構成する「時間」「空間」「仲間」の3つの「間」を「サンマ」と呼び，こうした「サンマ」が喪失しているとしばしば指摘される。

　松原（2015）は，現代の子どもは睡眠時間が短く，塾，習い事，スポーツ活動，イベントへの参加に追われ，生活全体の時間的余裕を喪失し，また，世代間の交流や子どもたちの居場所など空間を地域から失い，時間や居場所がないことで，仲間相互の関係による育ちあいの機会が得にくくなっていると述べている。

　子どもの生活における時間，空間，仲間が失われつつあるこうした課題を解決するために，たとえば，地域社会の中に子どもたちの居場所を意図的に創り出したり，世代間交流できる空間を確保したりすることが必要になってくる。かといって，単に居場所を作ればいいということではない。

　この居場所づくりに関わって，大倉（2011）は，自分の思いをはっきり持ってそれを実行することと，他者の気持ちを理解してそれと折り合いをつけて他者とつながることのほどよいバランス感覚を育むことが重要であると指摘している。そのためには，子どもたちが相互に交流し，仲間として育ち合える機会や環境を用意し，それを社会全体で支援することが求められる。

３ 子育て家庭の現状と課題

（1）近所づきあいの減少と子育ての孤立化

　子育てをしている母親の心理・社会的状況の変化を通して子育て家庭の現状を調査した原田（2006）によれば，近所で日常的に世間話をする話し相手がいない母親は44.0％しか子育て仲間がいないのに対して，いる母親は90.2％子育て仲間がいる。また，近所で日常的に世間話をする話し相手がいない母親では，子どもの同年代の遊び相手が20.1％しかいないのに対して，数名いる場合は，62.0％である。

　近所で日常的に世間話をする相手がいない母親ほど，子育て仲間も，子どもの同年代の遊び相手も少ないため，子育ての孤立化が深刻といえる。それゆえに，

子育て親子が交流し，語り合い，同年代の子ども同士で遊べる場の創出が期待される。

（2）自分の子どもが生まれる前までに小さい子どもと関わった経験の変化

また，原田（2006）は，小さい子どもとの接触経験が1980年の大阪レポート（服部・原田，1991）と2003年の兵庫レポート（原田，2006）を比較し，小さい子どもとの接触経験がなかった母親が，15.0％から26.9％へと増加し，よくあった母親は42.3％から32.3％へ減少していることを明らかにしている。23年の間に子どもとの接触経験のない母親が11.9％増え，経験のある母親が10％減っているのである。

自分の子どもが生まれる前までに小さい子どもと関わった経験を増加させるためには，たとえば，小・中・高校におけるキャリア教育や職場体験学習等において，乳幼児との交流活動などを取り入れていくことが考えられる。

（3）子育てストレスの増大

さらに，原田（2006）によれば，子育て不安とイライラ感との関連性について，心配なことがあまりなかった母親のうち47.9％が子育てでイライラすることが多いと回答したのに対して，心配なことがしょっちゅうあった母親では85.1％が子育てはイライラすることが多いと回答している。また，三品ら（2011）の調査では，産後3か月で73％，産後6か月で56％の母親が子育て不安を有しているとのことである。

実に産後3か月では7割の母親が子育て不安を感じ，子育て不安の高い母親の方が，イライラ感の割合が高くなることから，産前産後の段階から子育て不安を低下させる子育て支援策の充実が必要である。

（4）孤立した子育てと子育てネットワーク再編の必要性

1960年代と1980年代の子育てを比較調査した落合（2004）は，1960年代の母親は近隣の人たちとあまり付き合わずに家族だけで子育てしていたようにみえたが，実は，別世帯に住む自分の姉妹たちと頻繁に協力し合い，1980年代の母親たちも近隣に住む母親同士で協力し合う子育てネットワークを形成していたことを明らかにし，子育てネットワークの再編成の必要性を指摘している。

母親の孤独感・ストレス・イライラが増加し，近所づきあいや小さい子どもと関わった経験が減少し，母親同士で協力し合う子育てネットワークが社会から喪失している今日において，国民の意識を高めるとともに，社会全体で子育てを支え合える子育てネットワークを形成し，それを持続的に機能させることが求めら

れる。

④ 少子化対策から仕事と子育て・家庭生活の両立支援へ

　1990（平成2）年の1.57ショックを契機として，日本政府は仕事と子育ての両立支援など子どもを生み育てやすい環境づくりに向けた少子化対策の検討を始め，1994（平成6）年12月に，1995（平成7）年度〜1999（平成11）年度の5年間に取り組むべき基本的方向と重点施策を定めた「今後の子育て支援のための施策の基本的方向について」（エンゼルプラン）を策定した。

　その後，少子化が一層進行したため，1999（平成11）年12月に，2000（平成12）年度〜2004（平成16）年度の5年間に取り組むべき「少子化対策推進基本方針」（少子化対策推進関係閣僚会議決定）と「重点的に推進すべき少子化対策の具体的実施計画について」（新エンゼルプラン）を策定して，重点施策の具体的実施計画を示した。

　しかし，エンゼルプランと新エンゼルプランでは，少子化の進行に歯止めをかけることはできなかった。というのも，両プランは，仕事と子育ての両立のための雇用環境の整備よりも，保育所の量的拡充，乳児保育や延長保育等の多様な保育サービスの充実，地域子育て支援センターの整備などの保育対策を中心としていた。

　そこで，少子化対策に関する新しい提案として，少子化の流れを変えるために，「男性を含めた働き方の見直し」，「地域における次世代支援」，「社会保障における次世代支援」，「子どもの社会性の向上や自立の促進」を4つの柱にした「少子化対策プラスワン」が，2002（平成14）年9月20日に示された。

　新しい取り組みとして，すべての働きながら子どもを育てている人のために，少子化の背景にある「家庭よりも仕事を優先する」というこれまでの働き方が見直された。また，仕事時間と生活時間のバランスがとれる多様な働き方を選択できるようにするため，家庭にやさしい企業（ファミリー・フレンドリー企業）の普及促進がなされ，特に優良な企業の取り組みの公表・表彰がなされることになった。

⑤ 次世代を担う子どもの育成と子育て家庭への社会的支援

　「少子化対策プラスワン」によって，特に保育に関する施策を中心とした仕事と子育ての両立支援から，企業を巻き込んだ幅広い社会全体が一体となった総合的な子どもと子育て家庭への支援が進められることになった。そこで，2003（平成15）年3月，少子化対策推進関係閣僚会議において，「次世代育成支援に関する当面の取組方針」が決定された。そして，同年7月に，この方針に基づいて，

地方自治体（特定事業主）及び企業（一般事業主）における10年間の集中的・計画的な取り組みを促進する，次世代育成支援対策推進法が制定された。これにより，地方自治体及び企業が，次世代の育成を支援するための行動計画を策定し，実施していくこととなった。なお，301人以上の労働者を雇用する事業主には行動計画策定が義務づけられ，300人以下には努力義務が課された。さらに，2008（平成20）年の改正次世代育成支援対策推進法で，従業員101人以上の事業主に，一般事業主行動計画の策定・公表が義務づけられた。

そして，2003（平成15）年7月には，少子化社会対策基本法が制定され，それを受けた少子化社会対策大綱が，2004（平成16）年6月に閣議決定された。そこでは，若者の自立を支援する「自立への希望と力」，子育て不安や負担を軽減し，職場優先の風土を変える「不安と障壁の除去」，子育てを地域や社会全体で支援する「子育ての新たな支え合いと連帯―家族のきずなと地域のきずな―」の3つの視点が示された。そして，少子化社会対策大綱に盛り込まれた施策を効果的に推進するため，2004（平成16）年12月に「少子化社会対策大綱に基づく具体的実施計画」（子ども・子育て応援プラン）が決定され，2005（平成17）年度から実施された。

その後，2007（平成19）年12月には，仕事と生活の調和（ワーク・ライフ・バランス）憲章並びに仕事と生活の調和推進のための行動指針が策定され，男女共同参画の視点も重視されることとなった。

さらに，2010（平成22）年1月には，子ども・子育てビジョンが閣議決定され，子どもが主人公（チルドレン・ファースト）という基本的な考えの下，これまでの「少子化対策」から「子ども・子育て支援」へと視点を移して，「社会全体で子育てを支える」という方向性が示された。また，「生活と仕事と子育ての調和」を目指しながら，次代を担う子どもたちが健やかにたくましく育ち，子どもの笑顔があふれる社会のために，子どもと子育てを全力で応援することが目的とされた。

6 子ども・子育て支援新制度をめぐる動向

（1）子ども・子育て関連3法

2015（平成27）年4月から「子ども・子育て支援新制度」が始まった。この新制度は，2012（平成24）年8月に成立した，子ども・子育て支援法，認定こども園法の一部改正，子ども・子育て支援法及び認定こども園法の一部改正法の施行に伴う関係法律の整備等に関する法律から構成される子ども・子育て関連3法に基づいている。

「子ども・子育て支援新制度」の理念としては，「子ども・子育て支援法」の第

表5−1 子ども・子育て関連 3 法による 7 つのポイント

①認定こども園，幼稚園，保育所を通じた共通の給付（「施設型給付」）及び小規模保育等への給付（「地域型保育給付」）の創設
②認定こども園制度の改善（幼保連携型認定こども園の改善等）
③地域の実情に応じた子ども・子育て支援（利用者支援，地域子育て支援拠点，放課後児童クラブなどの「地域子ども・子育て支援事業」）の充実
④基礎自治体（市町村）が実施主体
⑤社会全体による費用負担
⑥政府の推進体制
⑦子ども・子育て会議の設置

2 条に「子ども・子育て支援は，父母その他の保護者が子育てについての第一義的責任を有するという基本的認識の下に，家庭，学校，地域，職域その他の社会のあらゆる分野におけるすべての構成員が，各々の役割を果たすとともに，相互に協力して行われなければならない」と述べられている。これにより，子ども・子育て支援の主体は，父母その他の保護者であり，その保護者を社会が支えることが明示された。いい換えれば，社会全体の支援による子ども・子育て支援の重要性が強調されたのである。

そして，子ども・子育て支援法の「子ども・子育て支援給付」においては，児童手当法の定めるところにより支給される「子どものための現金給付」と，支給認定（要保育認定等），施設型給付・地域型保育給付，所得に応じた利用者負担による「子どものための教育・保育給付」が規定されている。

なお，子ども・子育て関連 3 法には 7 つのポイントが示されている（表5−1 を参照)。

(2) 子ども・子育て支援新制度（図5−1，5−2）

「子ども・子育て支援新制度」においては，教育・保育施設の基本事業の運営に関する費用は，施設型給付と地域型保育給付から支払われることとなった。

まず，施設型給付の創設により，認定こども園，幼稚園，保育所においては，共通の給付体制となった。次に，地域型保育給付の創設により，都市部における待機児童解消とともに，子どもの数が減少傾向にある地域における保育機能の確保に対応することとなった。なお，認定こども園においては，認可・指導監督が一本化され，学校及び児童福祉施設として法的に位置づけられた。

そして，「子ども・子育て支援新制度」においては，教育・保育施設を利用する子どもの家庭だけでなく，在宅の子育て家庭を含むすべての家庭及び子どもを対象とする事業として，市町村が「利用者支援事業」「地域子育て支援拠点事業」

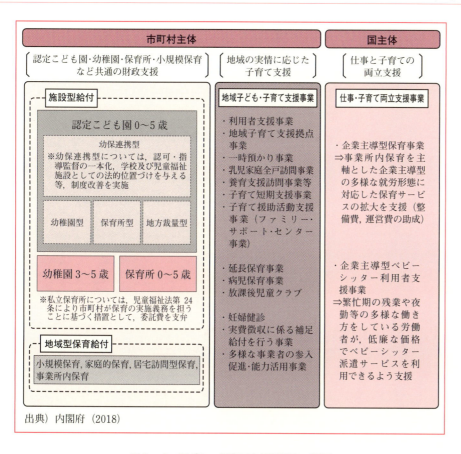

図5－1 子ども・子育て支援新制度の概要

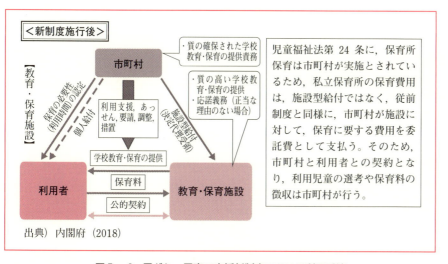

図5－2 子ども・子育て支援新制度における利用手続

「放課後児童クラブ」などの「地域子ども・子育て支援事業」を地域の実情に応じて実施することとなった。

また，市町村は地域のニーズに基づき計画を策定，給付・事業を実施し，その市町村を国・都道府県が重層的に支える仕組みとなった。さらに，消費税率の引き上げによって，費用が負担されることになった。

なお，これまで制度ごとにバラバラであった政府の推進体制を整備するため，内閣府に子ども・子育て本部が設置され，有識者，地方公共団体，事業主代表・労働者代表，子育て当事者，子育て支援当事者等が，子育て支援の政策プロセスなどに参画・関与することができる仕組みとして，国に子ども・子育て会議が設けられた。そして，市町村等においても，地方版子ども・子育て会議を設置するように努めなければならないと規定された。

2. 地域における連携・協働とネットワーク

1 子ども家庭福祉ネットワーク

子どもは家庭や地域において様々な社会関係の中で生活しているため，子ども家庭福祉分野のみならず，保健，医療，教育，司法，警察，労働など，子どもの生活に関わるすべての分野の協働によるネットワークを設置する必要がある。

複数の機関がネットワークの重要性を認識しながらネットワークを立ち上げた場合，ケースの進捗状況や援助の適否，問題点，課題等について，特定の機関が責任を持って把握，分析，調整を行う必要がある。そこで，子ども家庭福祉分野におけるネットワークの重要性に基づいて，子ども虐待防止ネットワークとして制度化されたのが，要保護児童対策地域協議会である。

(1) 要保護児童対策地域協議会における情報共有と連携

2004（平成16）年度児童福祉法改正によって，「要保護児童対策地域協議会（子どもを守る地域ネットワーク　※以下，地域協議会とする）」が任意設置ではあるものの法律上はじめて位置づけられた。地域協議会では，児童虐待を受けている子どもなど要保護児童の早期発見や適切な保護を図るためには，関係機関が子どもと子育て家庭に関する情報や考え方を共有し，適切な連携の下で対応していくことが重要であるとの認識に基づいている。

そして，多数の関係機関の円滑な連携・協力を確保するためには，運営の中核となって関係機関相互の連携や役割分担の調整を行う機関を明らかにすることで

責任の所在を明確化することと，関係機関からの円滑な情報の提供を図るための個人情報保護の要請と関係機関における情報共有の関係を明らかにすることが重要とされる。

そこで，地方公共団体が要保護児童の適切な保護を図るために，関係機関等によって構成される地域協議会において，要保護児童とその保護者（以下，要保護児童等という）に関する情報の交換や支援内容の協議が行われることとなった。

そして，地域協議会を設置した地方公共団体の長は，要保護児童等に対する支援の実施状況の把握と関係機関等との連絡調整を行う要保護児童対策調整機関がどこであるかを指定し，地域協議会の運営の中核として，地域協議会を構成する関係機関等と連絡調整したり，管轄区域における要保護指導の全体的な把握を行ったりすることとなった。

（2）要保護児童対策地域協議会における守秘義務

さらに，地域協議会を構成する関係機関等に対して，守秘義務が課される。守秘義務が課されることで，地域協議会で行われる要保護児童等に関する情報の交換や支援内容の協議に際して，必要があると認められるときに，関係機関等に対して資料や情報の提供と，意見の開陳その他必要な協力を求めることができるようになった。

こうした児童福祉法改正によって，地域協議会を構成する関係機関等に守秘義務が課せられた。そのことによって，関係機関のはざまで適切な支援が行われないといった事例の防止が図られたり，個人情報の提供に躊躇していた医師や地方公務員などからも積極的な情報提供が図られたりして，要保護児童の適切な保護がなされることとなった。

そしてNPO法人や民間団体など，法律上の守秘義務が課せられていなかった関係機関等の積極的な参加と積極的な情報交換，連携が期待されるようになった。

（3）要保護児童対策地域協議会の意義と課題

こうした地域協議会の意義について，才村（2005）は，協議会の構成員にすべからく守秘義務が課せられたことにより，これらの者が躊躇なく情報開示できるようになり，効果的なネットワーク運営が期待できるとともに，民間虐待防止団体のネットワークへの参加が促進されることが期待されると述べている。まさに，官民の垣根を越えて，緊密なネットワークが整備されたことの意義は大きいといえる。

また，才村（2005）は地域協議会の3つの課題を挙げている。①要保護児童対策調整機関（事務局）の設置機関が曖昧なこと，②事務局に対し一律にケー

ス・マネジメント機能を求めていること，③公示に記載された人以外の機関職員や個人に対する守秘義務が曖昧なこと。

　そして，これらの課題を踏まえた３つの具体的な地域協議会システムのあり方について提言している。①３層構造のネットワーク（代表者会議，定例実務者会議，臨時実務者会議の３層構造），②２層のケース・マネジメント（A.事務局が定例実務者会議において行う包括的（網羅的・調整・洗い直し）ケース・マネジメント：横糸，B. 個々の事例における主担機関が最終責任者として行う個別的ケース・マネジメント：縦糸），③虐待防止ネットワークと子育て支援ネットワークの関係（虐待に特化したネットワークと虐待を含めて広く子育て支援のあり方を視野に入れたものが２つあり，両者を統合した方が効率的な子育て支援総合型の協議会の創設）。

　こうした課題を受けて，現在，管轄区域における要保護児童を全体的に把握することと，ネットワーク会議を階層構造で捉えてそれぞれの役割を明確化することは，ネットワーク会議を整備する上での重要事項となっている。

　現在，地域協議会では，代表者会議，実務者会議，個別ケース会議の３層構造となり，関係機関との相互連携・役割分担・調整機関の明確化（責任体制の明確化）が図られている。そして，個人情報保護の要請と，関係機関における情報共有の在り方の明確化が，ネットワーク会議の果たすべき役割となっている（図５－３）。

　また，児童虐待に特化したネットワーク会議だけでなく，児童虐待を含めて子

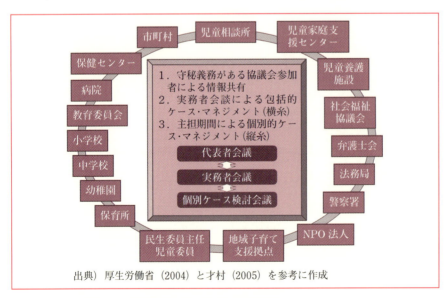

図５－３　要保護児童対策地域協議会（子どもを守る地域ネットワーク）において関係機関が相互連携・役割分担・調整機関を明確化する効果的なネットワーク

育て支援のあり方を視野にいれたネットワーク会議は，児童虐待とマルトリートメントの境界線，子育て不安から子育てのイライラ感やストレスの増大へと進んでいく問題など，これまで遠い存在と思っていた児童虐待が一般の子育て家庭の近くまで忍び寄っていることを考慮すれば，極めて重要といえる。

2 子育て家庭をめぐる課題と新たな子ども家庭福祉ネットワーク体制の構築

少子化や都市化が急速に進むことによって，家庭と地域との結びつきが弱まるとともに，地域の中で孤立する子育て家庭が増加している。また，国際化，情報化，ICT科学技術の進展により，家庭や地域を取り巻く状況が変化し，子どもと子育て家庭が相互に触れあう機会が減少している。

そして，自己中心的で社会生活上の規範意識や欲望を抑制するなどの耐性に欠ける子育て家庭が，地域の中で孤立し，他の子育て家庭との交流の機会を持たずにいることで，子育て機能を一層低下させる事態へと陥っている。また，そのような子育て家庭だけでなく，経済的，精神的，社会的問題が相互に絡まり合って，児童虐待や養育困難など様々な問題を抱えた子育て家庭が増加している。そのため，多様化・複雑化した問題を理解し，解決することのできる高度な専門的知識と技術を伴った子ども家庭福祉サービスを提供する必要性が高まっている。

(1) 新たな子ども家庭福祉と子育て家庭への支援

2016（平成28）年に社会保障審議会児童部会は，「新たな子ども家庭福祉のあり方に関する専門委員会報告（提言)」を発表し，新たな子ども家庭福祉体制を示した。

この報告書が提言するところによれば，子どもの権利を保障するための子どもと家庭への支援は，本来，地域福祉の問題として，その生活が営まれている身近な地域内でなされるべきである。

そのためには，市区町村の基盤整備を行い，保育所を含めた子ども家庭福祉体制を充実させるとともに，市区町村子ども家庭総合支援拠点の整備に努めなければならない。そして，そこでは，これまで児童相談所が行ってきた措置を伴わない相談援助が行われ，NPOなどの民間団体と協力して，子ども子育て支援事業を推進することになる。さらに，要保護児童対策地域協議会などの調整役や，子育て支援事業の民間委託とその監督も実施される。

そして，子ども虐待対応の中で，在宅支援が最も多いことから，家事援助を含む生活全般にわたる在宅支援サービスと，民間団体・医療機関等による通所支援サービスが，積極的かつ適切に提供されなければならない。

表5-2 山縣（2016）による地域子育て支援の事業整備や活動展開上の課題

| ①地域子育て支援の意義と必要性の社会的理解を高めること。 |
| ②多様な主体（市町村保健センター，児童委員，主任児童委員，社会福祉協議会，NPO法人，NPO活動，子育てサークルなど）がともに担うこと。 |
| ③地域基盤の子育て支援専門職の育成 |

　このように，報告は，今後は市区町村子ども家庭総合支援拠点が整備され，様々な子育て家庭への支援が実施されることを述べているのであるが，地域子育て支援の事業整備や活動展開上の課題も多くあり，山縣（2016）は，3つの課題を指摘している（表5-2）。

（2）母子健康包括支援センター（子育て世代包括支援センター）

　2017（平成29）年4月1日に施行された改正母子保健法によって，母子健康包括支援センター（子育て世代包括支援センター）が法定化された。

　そこでは，保健師等が，対象地域のすべての妊産婦の状況を継続的に把握し，妊娠期から子育て期にわたるまでの母子保健や子育てに関する相談に対応することとなっている。そのため，教育・保育・保健施設や地域子育て支援拠点等の情報を収集し，把握した情報に基づいて，利用できる母子保健サービス等を選定し，情報提供を行うことが期待されている。また，必要に応じて母子保健サービス機関へつなぎ，手厚い支援を必要とする者に対しては，ケース会議等を設けて関係機関と連携調整しながら，ネットワークを形成し，妊娠期から子育て期にわたり，妊産婦を包括的・継続的に支援することが求められているのである。

（3）市区町村子ども家庭総合支援拠点

　子育て家庭への支援は，母子保健分野と子育て支援分野の両面から実施されている。母子保健事業は，母子保健法に基づき，利用者支援事業は子ども子育て支援法に基づき，子育て支援事業は児童福祉法に基づいている。また，子ども家庭福祉サービスは，市町村と都道府県において二元化され，福祉と教育の切れ目も深いため，包括的，継続的な支援体制が求められている。

　柏女（2018）は，地域における包括的・継続的支援について，「子ども家庭福祉分野における地域包括的・継続的支援体制とは，市町村域ないしは市内のいくつかの区域を基盤として，子どもの成長段階や問題によって制度間の切れ目の多い子ども家庭福祉問題に，他機関・多職種連携により包括的で継続的な支援を行い，問題解決を目指すシステムづくり並びにそのシステムに基づく支援の体系をいう」と定義している。

5章　子ども家庭福祉の動向と展望

　今後は，市区町村において，妊娠期の子ども虐待予防支援を行う母子健康包括支援センターとともに，新たな子ども家庭福祉ネットワークを創り出していくことが期待される。その際，一般の子ども家庭相談支援，子ども虐待事例の在宅支援，保育所を含めた子ども家庭福祉体制の充実が求められる。その上で，要保護児童対策調整機関となる市区町村子ども家庭総合支援拠点を整備し，子ども子育て支援事業を包括的，継続的にマネジメントしていくことが望まれる。

　このマネジメントに関わって，人と環境との「社会関係」（交渉関連）に生じる問題の解決を社会福祉固有の機能と捉えたのが，かの「岡村理論」なのであるが，芝野（2015）は，岡村理論で明らかにされた人と環境との接点に介入するソーシャルワークの働きをケース・マネジメントにいっそう近いと指摘している。それゆえに，これから子育て家庭への支援拠点となる市区町村子ども家庭総合支援拠点において，ソーシャルワークの働きが極めて重要といえる。

３　社会的養育をめぐる動向

　これまでは，子ども家庭福祉体制においては，子育て家庭への在宅支援と社会的養護は二元化されていた。しかし，厚生労働省の新たな社会的養育の在り方に関する検討会が2017（平成29）年8月2日に示した「新しい社会的養育ビジョン」によって，これまで分断されていた在宅支援と社会的養護は一元化され，両者が統合されることになった。このことは子育ての社会化に向けた非常に大きな第一歩であり，そうした方向性が示されたことは画期的なことである。

　なお，「新しい社会的養育ビジョン」に先立ち，2016（平成28）年6月3日に改正児童福祉法が公布されている。その中の原理を明確化した第1条と第2条第1項，家庭と同様の環境における養育の推進を記した第3条の2を示すと表5－3のようになる。

　ここには，被虐待児を含めたすべての子どもの育ちを保障する観点から，権利の主体が子どもであることが明確に示されている。また，家庭の養育者である保護者支援の必要性と，良好な家庭的環境における養育の重要性が強調されている。そして，「新しい社会的養育ビジョン」では5つのポイントが示された（表5－4）。

　これにより，これからの社会的養育は，市区町村を中心とした地域支援を基盤として行われ，「家庭と同様の養育環境」が優先される。また，施設養育の「小規模化」「地域分散化」「高機能化」が図られるとともに，実親による養育が困難である場合は，特別養子縁組による永続的解決（パーマネンシー保障）や，里親による養育を推進することになる。

173

表5－3　改正児童福祉法第 1 条，第 2 条第 1 項，第 3 条の 2

第 1 条：全て児童は，児童の権利に関する条約の精神にのっとり，適切に養育されること，その生活を保障されること，愛され，保護されること，その心身の健やかな成長及び発達並びにその自立が図られることその他の福祉を等しく保障される権利を有する。
第 2 条第 1 項：全て国民は，児童が良好な環境において生まれ，かつ，社会のあらゆる分野において，児童の年齢及び発達の程度に応じて，その意見が尊重され，その最善の利益が優先して考慮され，心身ともに健やかに育成されるよう努める。
第 3 条の 2：国及び地方公共団体は，児童が「家庭」において心身ともに健やかに養育されるよう，児童の保護者を支援することとする。ただし，児童を家庭において養育することが困難であり又は適当でない場合は，児童が「家庭における養育環境と同様の養育環境」において継続的に養育されるよう，また，児童を家庭及び当該養育環境において養育することが適当でない場合は，児童ができる限り「良好な家庭的環境」において養育されるよう，必要な措置を講ずることとする。

表5－4　「新しい社会的養育ビジョン」における 5 つのポイント

①市区町村を中心とした支援体制の構築
②児童相談所の機能強化と一時保護改革
③代替養育における「家庭と同様の養育環境」原則に関して乳幼児から段階を追っての徹底，家庭養育が困難な子どもへの施設養育の小規模化・地域分散化・高機能化
④永続的解決（パーマネンシー保障）の徹底
⑤代替養育や集中的在宅ケアを受けた子どもの自立支援の徹底などをはじめとする改革項目について，速やかに平成 29 年度から改革に着手し，目標年限を目指し計画的に進める

3. 諸外国の動向

1 乳幼児期における教育・保育の重要性

　乳幼児期の教育・保育に注目が集まっている。たとえば，ジェームズ・ヘックマン（2015）は，児童期以降の教育に投資するよりも，より早期の乳幼児期における教育・保育へ投資した方が社会全体に与える経済効果が大きいことを明らかにしている。

　なお，乳幼児期における教育・保育への投資がなされる際，乳幼児期における教育・保育を受ける子どもたちが心身ともに豊かに生きていくことを支える環境や経験を考慮する必要がある。そこで，OECD（2006）は，6 つの保育の質を挙げ，秋田ら（2016）は質の側面，内容，具体的な例を提示している（表 5－5）。

　こうした乳幼児期の教育・保育の質を高めるとともに，子育て家庭に対するサポートも重要となってくる。次に，欧米諸国においては，それぞれの国において特徴的な子育て支援の制度・サービスがあるので，それをみていく。

表5－5　OECD・秋田らによる6つの保育の質の側面，内容，具体的な例

①**志向性の質**（政府や自治体が示す方向性：法律，規制，政策等）

②**構造の質**（物的環境（園舎や園庭，遊具や素材・教材等）と人的環境（保育者の養成と研修，保育者と子どもの人数比率，クラスサイズ，労働環境等）の全体的構造）

③**教育の概念と実践**（ナショナル・カリキュラム等で示される教育（保育）の概念や実践：日本では，幼稚園教育要領，保育所保育指針，幼保連携型認定こども園教育・保育要領に示される保育のねらいや内容にあたる）

④**相互作用あるいはプロセスの質**（保育者と子どもたち，子どもたち同士，保育者同士の関係性（相互作用）：子どもたちの育ちをもたらす，安心感や教育的意図等を含み込む，保育者や子どもたちの関係性）

⑤**実施運営の質**（現場のニーズへの対応，質の向上，効果的なチーム形成等のための運営：園やクラスレベルの保育計画，職員の専門性向上のための研修参加の機会，実践の観察・評価・省察の確保，柔軟な保育時間等）

⑥**子どもの成果の質あるいはパフォーマンスの基準**（現在のそして未来の子どもたちの幸せ（well-being）につながる成果：何をもって成果とするかは各々の価値観等によって異なる）

2 カナダの子育て支援

坂梨ら（2016）によれば，カナダのファミリーリソースセンター（子育て支援）の特徴は，親の子育て不安・悩み軽減と，子どもたちの心と体の健全な発達の2本柱による運営があり，その運営を幼児教育の専門スタッフが行っていることである。また，子育てに完璧はないというノーバディーズパーフェクトプログラムが，親教育プログラムとしてカナダで誕生し，日本でも普及されている。

なお，カナダは貧困やマイノリティーといった弱い立場に置かれた人たちに対する支援のアクセスがよく，ふらっと気軽に立ち寄れる子育て中の親子のたまり場，交流の場に由来する「Drop in Centre」の発祥の地である。畑ら（2018）の調査によれば，カナダのオンタリオ州では子ども家庭支援施策において，コミュニティハブ化（拠点化）の方針が打ち出され，子どもアドボカシー事務所が設置され，子どもの権利を保障する取り組みがなされている。

3 アメリカの子育て支援

アメリカの子育て支援に大きな影響を及ぼしているペコラら（2009）による子ども家庭中心サービスにおいては，「エコロジー」「コンピテンス」「成長・発達」「パーマネンシー」という4つの視点が示されている（表5－6）。

4 フィンランドの子育て支援

妊娠期から産後1か月頃までの母子への支援は，保健医療の専門機関で行い，行政，地域子育て支援拠点，NPOなどによる母子への支援は産後から開始される。しかし，保健医療分野の専門機関，行政，地域子育て支援拠点，NPOなど

表5－6　ペコラら（2009）による子ども家庭中心サービス

①**エコロジーの視点**：子どもと子育て家庭への支援において，子どもや親の行動や社会機能の一部に焦点をあてて分析するのではなく，子ども，家庭，保育所，地域などの環境を切り離さないで，広大な概念レンズによって捉えていく視点。
②**コンピテンスの視点**：子どもと子育て家庭が抱える生活上の問題やニーズを満たして，自己実現するプロセスにおいて，潜在的な力を引き出し，発揮できるように，強さ（ストレングス）を自覚し，自発的に環境へ働きかけて調整したり，抱えている問題を解決したりすることができる視点。
③**成長・発達の視点**：子どもが今どのような成長・発達課題を抱えているか理解した上で，自己実現できるように子どものよさを引き出し，子どもの成長・発達にアプローチする視点。
④**パーマネンシーの視点**：子どもたちの家庭環境が恒久的に維持されるように，子どもの育つ環境の安定性や継続性の視点から子どもを措置し，子どもの最善の利益を考慮した家庭環境を計画的に用意する視点。

が相互に情報を共有しながら，子育て支援体制を構築していくことは極めて重要である。こうした点に着目し，妊娠期から出産，子育てまでの切れ目のない支援をOne Stopで継続していくシステムとして知られているのが，フィンランドのネウボラである。

5 フランスの子育て支援

　フランスには，出産や子育てに関する多くの休業・休暇制度が法整備されており，多様な子育て支援が行われている。たとえば，保育においても保育所における保育サービスだけでなく，保育ママによる家庭的保育も行われている。また，様々な家族のニーズに対応するため，児童手当を含めて30種類以上の多様な家族給付サービスが用意されている。さらに，子どもを出産した後も女性は働くため，仕事と家庭の両立支援や，子育てへの男性参加が行われている。

【引用・参考文献】

網野武博・柏女霊峰編『子ども家庭福祉の新展開』同文書院，2009

イラム・シラージ・デニス・キングストン・エドワード・メルウィッシュ著，秋田喜代美・淀川裕美訳『「保育プロセスの質」評価スケール：乳幼児期の「ともに考え，深めつづけること」と「情緒的な安定・安心」を捉えるために』明石書店，2016

畑千鶴乃・大谷由紀子・菊池幸工『子どもの権利最前線－カナダ・オンタリオ州の挑戦』かもがわ出版，2018

ジェームズ・J・ヘックマン，古草秀子訳，大竹文雄解説『幼児教育の経済学』東洋経済新報社，2015

柏女霊峰「子ども家庭福祉分野における地域包括的・継続的支援の可能性」『子どもの虐待とネグレクト』20（2），132-142，2018

厚生労働省「要保護児童対策地域協議会設置・運営指針」2004

https://www.mhlw.go.jp/bunya/kodomo/dv11/05.html

OECD. Starting Strong II: Early childhood education and care. Paris: OECD Publishing, 2006

Pecora, P. J., Whittaker, J. K., Maluccio, A. N., et al. The Child Welfare Challenge : Policy, Practice, and Research, Third Edition – Revised and Expanded, Aldine Transaction, 2009

原田正文『子育ての変貌と次世代育成支援－兵庫レポートにみる子育て現場と子ども虐待予防』名古屋大学出版会, 2006

服部祥子・原田正文『乳幼児の心身発達と環境－「大阪レポート」と精神医学的視点』名古屋大学出版会, 1991

内閣府「子ども・子育て支援新制度について」2018
http://www8.cao.go.jp/shoushi/shinseido/outline/pdf/setsumei.pdf

三品浩基・高山ジョン一郎・相澤志優・土田尚・洲鎌盛一「母親の育児不安と小児救急受診の関連」『小児保健研究』70(1), 39－45, 2011

落合恵美子『21世紀の家族へ』有斐閣, 2004

岡村重夫『社会福祉原論』全国社会福祉協議会, 1983

大倉得史『育てる者への発達心理学　関係発達論入門』ナカニシヤ出版, 2011

才村純・芝野松次郎・松原康雄編『児童や家庭に対する支援と子ども家庭福祉制度』ミネルヴァ書房, 2015

才村純『子ども虐待ソーシャルワーク論－制度と実践への考察』有斐閣, 2005

芝野松次郎『ソーシャルワーク実践モデルのD＆D－プラグマティックEBPのためのM－D＆D－』有斐閣, 2015

坂梨薫・水野祥子・棒田明子・近藤政代・山本詩子「カナダにおける家族・子育て支援－ファミリーリソースセンターを視察して－」『関東学院大学看護学会誌』3 (1), 1－7, 2016

山縣文治『子ども家庭福祉論』ミネルヴァ書房, 2016

第6章
子育て家庭に対する支援と連携

〈学習のポイント〉　①子どもを生み育てにくい社会の現状，背景，要因や課題について理解し，子育て支援の社会的意義について理解を深めよう。
②新たな政策概念である次世代育成支援の考え方とその展開について，保育サービスも含めて理解しよう。
③これからの子ども家庭福祉の方向性と課題について理解しよう。
④これからの子ども家庭福祉と保育のありよう，そして保育士の役割，責務について理解を深めよう。

1. 子育て家庭に対する支援の体制

1 子育て家庭の福祉を図るための社会資源

(1) 子ども家庭支援の目的

　少子高齢化，地域社会の崩壊，核家族化，育児不安，子どもの貧困，児童虐待の増加，ひとり親家庭の増加など，子どもを取り巻く社会環境は大きく変化している。

　核家族における子育て*は，拡大家族に比べて子育てを担う大人の数が少ない。片親のみが就労する家庭では，母親が主に育児を担うことが多いが，共働き家庭においても母親の家事育児負担が多くなる傾向がある。日中，母親と子どもだけになる家庭では，孤立した育児となるケースも多く（"孤育て"／母子カプセル**），育児負担感が高くなり，育児不安につながりやすい。児童虐待の増加（2016年度の児童相談所への児童虐待相談対応件数12万2,575件）や子どもの貧困（子どもの7人に1人が相対的な貧困）等，子どもの健全育成を阻害する要因も社会問題となっている。特に貧困問題は，母子家庭に顕著であるといわれ，その多くは保育を必要としている***。その根底には，子どもを育むべき地域社会における世帯間の縁が薄くなっていることが遠因している。

　こうした社会の変化のすべてが，子育て・子育ちに影響する。ネイティブアメリカンの口伝では，「1人の子どもを育てるのに100人の村人が必要」といわれるが，子どもの育ちには様々な人や社会との関係性が重要である。地域で生まれた子どもやその保護者に，「祝福のシャワー」を浴びせかけるように，子育て・子育ちを支援していく体制づくりが社会的課題となっている。

*2017（平成29）年現在の日本の核家族の割合は全体の60.5％となっている。

**孤育て：孤立した子育て／母子カプセル：日中，母子が家庭におり，カプセルの中にいるような孤独感や不安を感じる状態。

***国立社会保障・人口問題研究所「人口統計資料集（2019）」によれば，2015年現在，男親と子どもの家庭は703世帯，女親と子どもの家庭は4,045世帯となっている。

(2) 子育て支援の方向性

　子育て支援が「保育」を指す場合もあれば，出産直後の家事援助を指す場合もある。子どもを育てるのに必要な金銭的給付を指す場合もあれば，子育てをする親子が集う場の提供を指す場合もある。(図6-1)。したがって，子育て支援においては，①様々な分野の人材や機関が横断的に連携し，共に考えていくこと，②単に子どもを保育する場所を増やすなどといった局所的な視点ではなく，これまでの経緯や社会の状況なども併せて考えていくことが求められている。

　子育て支援とは，広義には制度的・社会的な支援（制度・啓発），金銭的な支援（手当・補助），ボランティア養成講座，支援の担い手作りやNPO団体等への支援等が含まれる。また，狭義には，子育て中の保護者とその子どもが集う場の提供，相談，一時保育，母親サークルや活動支援，訪問支援，子育てに関する情報提供，育児講座など，直接的・間接的支援を指し（個別支援も集団支援も含まれる）ている。それらを子育て支援施設・保育施設ほか，地域の様々な子育て支援関連施設等の内外で行うイメージのほうが一般的であろう。

　子育て支援は，「子どもが育つ支援」と「保護者に対する子育ての支援」という2つの方向性を併せ持つ。子どもがよりよく育つことと子どもをよりよく育てることは，基本的には同義だが，時として相反することがある。この2つの視点

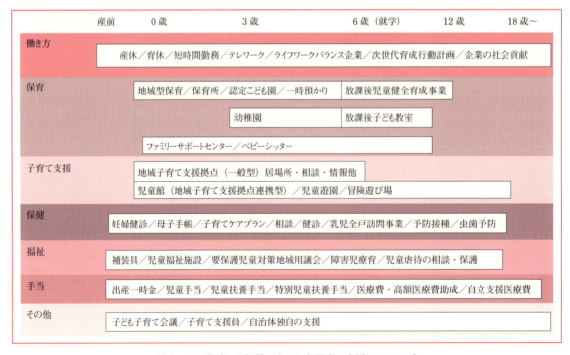

図6-1　子どもの年齢に応じた各子育て支援のイメージ

のバランスは，子育て支援を行う上で重要なテーマであり，子育ての第一義的な担い手である保護者にどのような支援をすれば，子どもにとって最善の利益につながるのか，支援者は常に吟味する必要がある。

2 子育て支援施策・次世代育成支援施策の推進

（1）子ども・子育て支援新制度と様々な保育事業

「1.57ショック」をきっかけに始動した子育て支援対策は，エンゼルプラン（1995～1999），新エンゼルプラン（2000～2004），子ども・子育て応援プラン（2004～2010），子ども・子育てビジョン（2010～2014）と変遷をたどってきた。それぞれの概要は第5章（p.164）を参照されたい。

少子化対策・次世代育成施策・保育制度を整理して，今後の子育て支援を総合的に展開することを目的に，「子ども・子育て支援新制度」が2015（平成27）年4月に施行された。制度の3つの柱は，①認定こども園や地域型保育事業などの「施設型給付」及び小規模保育などの「地域型施設給付」，②地域の実情に応じた子育て支援事業，③仕事と子育ての両立支援（国主体）である。

1）施設型給付

子ども・子育て支援新制度では，それまでの保育所・幼稚園に加え，2つの機能を併せ持つ幼保連携型認定こども園が「施設型給付」として整備された。

認定こども園は，教育・保育を一体的に行う施設で，幼稚園と保育所の両方の良さを併せ持つ施設であるとともに，子育て支援を行うことで，都道府県等から認可・認定を受ける*。設置主体は，国，自治体，学校法人，社会福祉法人であり，株式会社等の参入は認められていない。財政措置は，認定こども園，幼稚園，保育所を通じた共通の「施設型給付」で一本化され，消費税を含む安定的な財源が充てられる。また，認定こども園では，2018（平成30）年4月施行の幼

*認定こども園の条件
①就学前の子どもを，保護者が働いているいないにかかわらず受け入れ，教育と保育を一体的に行う機能
②子育て相談や親子の集いの場の提供等，地域における子育ての支援を行う機能

表6-1　幼保連携型認定こども園の種別

幼保連携型	幼稚園的機能と保育所的機能の両方の機能を併せ持つ単一の施設；○改正認定こども園法に基づく単一の認可　○指導監督の一本化　○財政措置は「施設型給付」で一本化　○設置主体は国，自治体，学校法人，社会福祉法人
幼稚園型	幼稚園が，保育を必要とする子どものための保育時間を確保する施設；○財政措置は「施設型給付」で一本化　○設置主体は国，自治体，学校法人　○既存の幼稚園から移行した場合「幼稚園」の名称を用いることができる
保育所型	認可保育所が，保育を必要とする子ども以外の子どもも受け入れるなど，幼稚園的な機能を備える施設；○財政措置は「施設型給付」で一本化　○設置主体制限なし
地方裁量型	認可保育所以外の保育機能施設等が，保育を必要とする子ども以外の子どもも受け入れるなど，幼稚園的な機能を備える施設；○財政措置は「施設型給付」で一本化　○設置主体制限なし

保連携型認定こども園教育・保育要領に基づいた保育が行われる。

2）地域型保育事業

これまで，区市町村の認定の保育施設や家庭的保育，事業所内保育施設などは，認可保育所とは異なる基準や補助がなされてきたが，2015（平成27）年度より，小規模保育事業，家庭的保育事業，事業所内保育事業，居宅訪問型保育事業の4つの類型が「地域型保育事業」として整備された。

（2）地域子育て支援事業

地域の子育て家庭を支援する「地域子育て支援事業」は，利用者支援事業や地域子育て支援拠点事業，妊婦健康診査他，様々な事業がある（表6−2）。

1）利用者支援事業

利用者支援事業には，利用者支援と地域連携の2つの事業が含まれている。

①利用者支援は，子どもとその保護者等，または妊娠している方が，保育施設や子育て支援事業等を円滑に利用できるようにサポート（「情報集約・提供」，「相談」，「利用支援・援助」）する事業である。具体的には，子育て家庭の親子が集まりやすい場所に設定された，利用者支援を実施する施設において，個別のニーズを把握したり，情報の集約や情報提供を行い，保育施設や子育て支援施設などの利用を案内したり，アフターフォローなどを行う。

②地域連携は，子育て支援などの関係機関との連絡調整，連携・協働の体制づくりを行い，地域の子育て資源の育成，地域課題の発見・共有・地域で必要な社会資源の開発等を行う事業である。具体的には，その地域の子育て課題を把握し，子育て支援関連施設・機関（保育所，幼稚園，認定こども園，放課後児童クラブ，児童相談所，障害児の相談・療育機関，ファミリー・サポート・センター，保健センター）と協働して課題の解決に向けた連携・調整を行う。

2）子育て支援員

子育て支援員とは，国で定めた「基本研修」「専門研修」を修了し，子育て支援分野の事業に従事する上での知識や技術等を修得したと認められる者である。「子育て支援員研修修了証書」の交付を受け，一時預かり事業や小規模保育事業，家庭的保育等の保育補助，ファミリー・サポート・センター，放課後児童クラブ，地域子育て支援拠点等で従事する人材となる。

3）子ども・子育て会議

有識者，地方公共団体，事業主代表・労働者代表，子育て当事者，子育て支援当事者等（子ども・子育て支援に関する事業に従事する者）が子育て支援の政策プロセス等に参画・関与することができる仕組みとして子ども・子育て会議を設置することとされた（2013〈平成25〉年4月）。また，都道府県や市町村におい

6章　子育て家庭に対する支援と連携

表6-2　地域子育て支援事業の各内容

事業名	概要
利用者支援事業	子どもとその保護者等の身近な場所で，教育・保育・保健その他の子育て支援の情報提供及び必要に応じ相談・助言等を行うとともに，関係機関との連絡調整等を実施する事業
地域子育て支援拠点事業	乳幼児及びその保護者が相互の交流を行う場を提供し，子育てについての相談，情報の提供，助言その他の援助を行う事業
妊婦健康診査	妊婦の健康の保持及び増進を図るため，妊婦に対する健康診査（①健康状態の把握，②検査計測，③保健指導）を実施するとともに，妊娠期間中の適時に必要に応じた医学的検査を実施する事業
乳児家庭全戸訪問事業	生後4か月までの乳児のいるすべての家庭を訪問し，子育て支援に関する情報提供や養育環境等の把握を行う事業
養育支援訪問事業	養育支援が特に必要な家庭に対して，その居宅を訪問し，養育に関する指導・助言等を行うことにより，当該家庭の適切な養育の実施を確保する事業
子どもを守る地域ネットワーク機能強化事業（その他要保護児童等の支援に資する事業）	要保護児童対策協議会（子どもを守る地域ネットワーク）の機能強化を図るため，調整機関職員やネットワーク構成員（関係機関）の専門性強化と，ネットワーク機関間の連携強化を図る取り組みを実施する事業
子育て短期支援事業	保護者の疾病等の理由により家庭において養育を受けることが一時的に困難となった児童について，児童養護施設等に入所させ，必要な保護を行う事業；短期入所生活援助事業（ショートステイ事業）及び夜間養護等事業（トワイライトステイ事業）
ファミリー・サポート・センター事業	乳幼児や小学生等の児童の子育て中の保護者を会員として，児童の預かり等の援助を受けることを希望する者（依頼会員）と援助を行うことを希望する者（提供会員）との相互援助活動に関する連絡，調整を行う事業
一時預かり事業	家庭保育が一時的に困難となった乳幼児について，主に昼間，認定こども園，幼稚園，保育所，地域子育て支援拠点その他の場所において，一時的に預かり必要な保護を行う事業
延長保育事業	保育認定を受けた子どもに対して，通常利用日・利用時間以外の日・時間において保育を実施する事業（認定こども園，保育所等）
病児保育事業	病児について，病院・保育所等に付設された専用スペース等で，看護師等が一時的に保育等する事業
放課後児童クラブ	保護者が労働等により昼間家庭にいない小学校に就学している児童に対し，授業の終了後に小学校の余裕教室，児童館等を利用して適切な遊び及び生活の場を与えて，その健全な育成を図る事業
実費徴収に係る補足給付を行う事業	保護者の世帯所得の状況等を勘案し，特定教育・保育施設等に対して保護者が支払うべき日用品，文房具その他の教育・保育に必要な物品の購入に要する費用又は行事への参加に要する費用等を助成する事業
多様な事業者の参入促進・能力活用事業	特定教育・保育施設等への民間事業者の参入の促進に関する調査研究その他多様な事業者の能力を活用した特定教育・保育施設等の設置又は運営を促進するための事業

183

ても「地方版子ども・子育て会議」を設置するよう努めることとされ，事業計画策定の審議，継続的に点検・評価・見直し等を行う役割が期待されている。

　有識者や保育や子育て支援の関係者の他，公募市民も加わり，広く子育て支援の制度について議論する場である。国及び地方自治体において，有識者及び当事者等を含めた子ども・子育て会議を設置して，様々な角度から子ども子育て政策の計画策定から評価までを行う。

　具体的には子育て支援制度の策定や評価，成果や検証などについての議論や，新たにできる保育園の報告，新たな制度などについての意見具申を行う。ここに市民が加わったことが大きな変化であるといわれており，公募された市民の代表者は，市民感覚を大切にして意見を伝えることができる。

例）横浜市子ども子育て会議（横浜市ホームページより）＊

> 　一人ひとりの子どもが健やかに成長することができる社会を目指して，平成24年8月に子ども・子育て関連3法が成立し，平成27年4月から「子ども・子育て支援新制度」が全国的にスタートしました。
> ●横浜市子ども・子育て支援新制度
> 　この法律では，子ども・子育て支援事業計画の策定等への意見を聴くための審議会その他の合議制の機関の設置が求められており，横浜市は，「横浜市子ども・子育て会議条例」を平成25年4月1日に制定し，「横浜市子ども・子育て会議」を設置しています。
> ●所掌事項
> (1) 特定教育・保育施設及び特定地域型保育事業の確認及び利用定員の設定に関する審議
> (2) 市町村子ども・子育て支援事業計画に関し，次世代育成支援対策推進法に基づく市町村行動計画と一体のものとして策定し，評価するための審議
> (3) 子ども・子育て支援に関する施策の総合的かつ計画的な推進に関する審議
> (4) 幼保連携型認定こども園の認可等に関する審議
> (5) その他子ども等に係る施策に関する審議

＊横浜市の子ども子育て会議は，同市の児童福祉審議会と併せて合同会議として行われている。

❸ 現代の子育て支援に関する課題

（1）保育施設の数及び待機児童問題

　わが国の保育施設の数は，2017（平成29）年度に32,793か所となり，認可保育所だけでなく，認定こども園や特定地域型保育事業などにおいても保育がなされるようになっている。定員充足率が93％余りにとどまるのは，待機児童問題が局地的（子どもの数や利用ニーズが地域によって大きく異なるため）であることがうかがえる（図6－2）。

　待機児童の問題は，2000年ごろから顕著になり，特に都市部や若者人口が増加する地域で顕著である。2017（平成29）年4月1日時点の保育所定員は274万人（利用児童数255万人）であり，待機児童数は26,081人（前年比＋2,528人）となっている。待機児童の定義は，「保育の必要性の認定（2号・3号）がされ，特定教育・保育施設（認定こども園の幼稚園機能部分及び幼稚園を除く），又は特定地域型保育事業の利用の申込がされているが，利用していないものをいう」

図6-2 保育所等数の推移

(2016年10月厚生労働省)＊とされる。

(2) 保育の量と質の確保

　待機児童は，以前から社会的な課題として認知されていたが，2017（平成29）年に，保育園に入所できなかった親が，その率直な思いをSNSに綴ったことをきっかけに，さらに社会問題化した。当然のことながら，待機児童問題に対して行政は，待機児童を量的に無くす方向で進めてきたが，保育所の数を増やしても待機児童がさらに増え続ける状況となっている。

　しかしながら，待機児童の解消のための保育の量的拡大によって保育の受け皿が増えたとしても，その内容や質が確保されなければ，子どもの最善の利益の保障や保育の質，さらには安全管理の観点から，難しい状況となる。

　待機児童問題の背後には，このような保育の質の向上に関わる，研修や労働環境の整備などの課題も潜んでいる。

2. 保育と子育て支援の実際

1 子ども家庭支援の内容と対象

(1) 現代の子どもの育ちと課題

　子どもが育つ社会の変化が著しく，子どもが遊ぶ時間，空間，仲間の「三間」

＊待機児童に含まれない主な例
・保護者が求職活動を休止している
・幼稚園や認可外保育施設等での保育を受けている（認可化移行運営費支援事業／幼稚園の預かり保育／区や市の保育室／家庭的保育事業／一時預かり事業（幼稚園型）／企業主導型保育事業で保育されている児童など
・入所保留（一定期間入所待機のままの状態）
・特定教育・保育施設又は特定地域型保育事業を現在利用しているが，転園希望が出ている
・産休・育休明けの利用予約
・他に利用可能な特定教育・保育施設又は特定地域型保育事業等があるにもかかわらず，特定の保育所等を希望し，保護者の私的な理由により待機している場合
・保護者が育児休業中

の減少が危機的だといわれて久しい。

現代の子どもは，生活体験や自然体験の不足，運動能力の格差，異年齢の子どもとの関わりの不足，自己肯定感の低さ，地域の様々な人とのかかわりなど，コミュニティでの人と人との関係性や直接体験の不足があるといわれている*。また，日本の若者の「自己肯定感の低さ」が問題視されている。さらには，朝食の欠食や子どもの就寝時間の問題等，子どもの生活や体験の課題は，家庭だけでなく社会全体で考えていかなくてはならない課題である。

(2) 現代の保護者の課題

現在，出産前に育児を見たり経験したりしたことのない人が約8割といわれている。育児負担感が強いのは，共働き＜専業主婦。特に低年齢児を育てる専業主婦家庭に対する支援が求められている。しかしサポートは少なく，夫は仕事中心，「母親だから当たり前」という見方が根強い状態が続いてきた。

保護者は，「子どもがかわいい⇔かわいいと思えない」という両義的視点・感覚を持ち，否定的な感情を抱く自分を責める気持ちを持つ。「親」という役割をかけがえのないものだとは思うが，社会（夫・家族）からは認められない。母子カプセル＝母子たちカプセル（母＞人）に押し込められて，もがいているのである。

保護者は，完璧に（きちんと）子育てをしようと思うあまり，つらくなり，逆に親子の関係をくずしてしまうことがある。そのため，子育て支援の支援者には，何があっても「保護者を否定的に見ない」という姿勢が求められる。「困った保護者」だと思う行動も，本人が何かに「困っている」サインではないかと受け止めることが重要と思われる。

② 保育所等を利用する子どもの家庭への支援

(1) 保育所の目的と支援の内容

1) 保育所の行う支援の目的

保育所における子育て支援の対象は，保育所を利用する子どもと保護者である。児童福祉法は，保育士の業務を「児童の保育及び保護者に対する保育の指導」（第18条の4）と規定している**。

また，保育所は，保育所を利用していない，その地域の子育て家庭にとって，「最も身近な児童福祉施設」であることから，在園する子どもの家庭への支援にとどまらず，地域の子育て家庭への支援を行うことも求められている。

2) 保育の必要性の認定

子ども・子育て支援新制度では，保育の提供にあたって，「保育に欠ける」と

*「子どもの体験活動の実態に関する調査研究」報告書（2010〈平成22〉年）より。同調査では，幼児期の園での体験として，「自然体験」が挙げられている。また，「体力格差」を減少させるには，学校や園での体験・取組であるとしている。さらに，「確かな学力」の育成のため，「意欲関心を育てるための体験活動」が重要であるとしている。

**保育所保育指針では以下のように定めている。イ 保育所は，入所する子どもの保護者に対し，その意向を受け止め，子どもと保護者の安定した関係に配慮し，保育所の特性や保育士等の専門性を生かして，その援助に当たらなければならない。（第1章総則1 保育所保育に関する基本原則 (2)保育の目標）

表6-3　子ども子育て支援新制度における「保育の必要性」

①事由*	②区分	③優先利用
1　就労 2　妊娠・出産 3　保護者の疾病・障害 4　同居親族等の介護・看護 5　災害復旧 6　求職活動 7　就学 8　虐待やDVのおそれがあること 9　育児休業取得時に，既に保育を利用していること 10　その他市町村が定める事由	1.　保育標準時間 （8～11時間） 2.　保育短時間 （8時間未満）	1　ひとり親家庭 2　生活保護世帯 3　生計中心者の失業により，就労の必要性が高い場合 4　虐待やDVのおそれがある場合など，社会的養護が必要な場合 5　子どもが障害を有する場合 6　育児休業明け 7　兄弟姉妹（多胎児を含む）が同一の保育所等の利用を希望する場合 8　小規模保育事業などの卒園児童 9　その他市町村が定める事（保育所に勤務しているなど）

＊事由に該当する0～2歳児は3号認定，3～5歳児は2号認定となる。該当しない3～5歳児は1号認定となる。
①事由×②区分（保育必要量）×③優先利用；保育の必要性認定・指数（優先順位）づけ

いう表現から「保育の必要性」に改められた。保育の必要性については，表6-3のとおりである（事由に，求職活動や就学，虐待等のおそれ，育休中の継続の必要性などの事由が明文化された）。

　保護者の申請を受けて，保育の実施主体である市町村が基準に基づき保育の必要性を認定し給付を支給する。保育の必要性の認定については，①「事由」に加え，②「区分」（保育標準時間もしくは保育短時間の2区分）＝保育必要量，③「優先利用」（ひとり親家庭，生活保護世帯，虐待，障害）を勘案してなされる。

　1号認定は，満3歳以上の子どもで，「保育の必要性の事由」に該当せず，幼稚園や認定こども園を希望する場合になる。一方，2号認定や3号認定は，保育が必要な事由がある場合であり，2号認定は3歳以上で保育所や認定こども園等での保育，3号認定は3歳未満で保育所や認定こども園，地域型保育などを利用することとなる。

3）保育所保育指針における「子育て支援」

　2018（平成30）年4月施行の新たな保育所保育指針の第4章「子育て支援」には，園として行うべき子育て支援の目的と方向性について「保育所における保護者に対する子育て支援は，すべての子どもの健やかな育ちを実現することができるよう，第1章及び第2章等の関連する事項を踏まえ，子どもの育ちを家庭と連携して支援していくとともに，保護者及び地域が有する子育てを自ら実践する力の向上に資するよう（後略）」と示されている＊＊。

　保育所における子育て支援は，子どもの最善の利益の保障のために行われるが，そのためには，信頼関係（ラポール）の構築が求められる。しかしながら，信頼関係を作ることは並大抵のことではない。以前から保育者の援助技術として，「カウンセリングマインド」の重要性がいわれていた。カウンセリングマイ

＊＊保育所保育指針第4章　1保育所における子育て支援に関する基本的事項　※下線筆者
(1) 保育所の特性を生かした子育て支援
ア　保護者に対する子育て支援を行う際には，各地域や家庭の実態等を踏まえるとともに，保護者の気持ちを受け止め，相互の信頼関係を基本に，保護者の自己決定を尊重すること。
イ　保育及び子育てに関する知識や技術など，保育士等の専門性や，子どもが常に存在する環境など，保育所の特性を生かし，保護者が子どもの成長に気付き子育ての喜びを感じられるように努めること。
(2) 子育て支援に関して留意すべき事項
ア　保護者に対する子育て支援における地域の関係機関等との連携及び協働を図り，保育所全体の体制構築に努めること。
イ　子どもの利益に反しない限りにおいて，保護者や子どものプライバシーを保護し，知り得た事柄の秘密を保持すること。

ンドとは，受容と共感的態度を持って接することをいう。保護者と接する際には，「受け入れられた」「安全・安心」という感情を相手に持たれるように接することが大切である。保育者は，様々な関わり方の限界を知るとともに，自身の気持ちを吟味することも重要である。

信頼関係構築に向けて，保護者との距離感をどう意識するかも大切である。かつて，ウィニコットは母子関係を「ほどよい距離感；good enough」とした。尾崎新は，こうした親子の距離感は援助関係においても重要であるとし，援助する者とされる者の間の「ほどよい援助関係」が大切であるとした。保育指針では，ケースワークの原則やカウンセリングマインドなど，様々な要素を基盤として作成されている*。

4）日常の保育で生かしたいこと

日常の保育の中で，こうした信頼関係や援助関係の構築は具体的な取り組みとして行っている。たとえば，連絡帳での家庭とのやり取り，個人面談，保育参加や保育参観など，直接的に子どもの様子の情報交換や時に育児の相談を受けることなどである。

保育や子育てに関する情報提供は，子育ての情報や「保育の可視化」（ドキュメンテーションやポートフォリオ）などがあげられる。保護者会・PTAや保護者のサークル活動なども重要な支援のきっかけとなり，さらには，祖父母への支援も必要な場合もある。

5）相談のポイント

保育の中での相談は，相談室で行われる相談だけではない。子どもの送迎時に行われる日常会話の延長にある「ながら相談」は，子どもと遊びながら，子育て広場にいながら，気軽に話をする中で行われる。保護者と保護者など，当事者間以外にも，保護者とスタッフ（保育士）の間でも行われる。

こうした，ながら相談の中で感情が高まったり，さらに周りに聞かれないような話をしたりする場合は個別相談に移る。また，保育士や専門スタッフによる相談には，子どもに関する相談（発達／栄養ほか）以外に，家族に関する相談，個人の相談など，一見，子育てとは無関係に見えることも，子育てにつながることも多い。さらに，保護者同士語り合うグループ相談などは，子育て当事者同士の座談会や学びあいの形式で行われることも多い。

一方，子育て支援を育児に関するQ&Aだと思いこんでいる支援者もいる。答えは，保護者自身が自身の生活に折り合いをつけて導き出すものであり，保育者や支援者が簡単に答えを出すばかりでは，育児力の高上はなされない。答えを出す過程に保育者や支援者が寄り添うことが支援である。

図6－3のとおり，保育士や幼稚園教諭，子育て支援関連施設の支援者は，保

＊保育所保育指針第4章の2 保育所を利用している保護者に対する子育て支援 ※下線筆者

⑴ 保護者との相互理解
ア 日常の保育に関連した様々な機会を活用し子どもの日々の様子の伝達や収集，保育所保育の意図の説明などを通じて，保護者との相互理解を図るよう努めること。
イ 保育の活動に対する保護者の積極的な参加は，保護者の子育てを自ら実践する力の向上に寄与することから，これを促すこと。

⑵ 保護者の状況に配慮した個別の支援
ア 保護者の就労と子育ての両立等を支援するため，保護者の多様化した保育の需要に応じ，病児保育事業など多様な事業を実施する場合には，保護者の状況に配慮するとともに，子どもの福祉が尊重されるよう努め，子どもの生活の連続性を考慮すること。
イ 子どもに障害や発達上の課題が見られる場合には，市町村や関係機関と連携及び協力を図りつつ，保護者に対する個別の支援を行うよう努めること。
ウ 外国籍家庭など，特別な配慮を必要とする家庭の場合には，状況等に応じて個別の支援を行うよう努めること。

⑶ 不適切な養育等が疑われる家庭への支援
ア 保護者に育児不安等が見られる場合には，保護者の希望に応じて個別の支援を行うよう努めること。
イ 保護者に不適切な養育等が疑われる場合には，

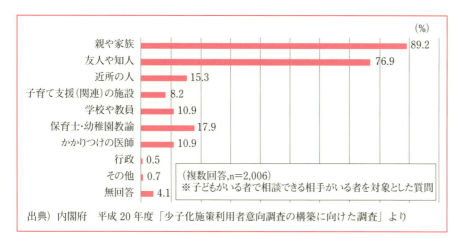

図6-3 保護者が気軽に子育てについて相談できる相手先

市町村や関係機関と連携し、要保護児童対策地域協議会で検討するなど適切な対応を図ること。また、虐待が疑われる場合には、速やかに市町村又は児童相談所に通告し、適切な対応を図ること。

護者に必ずしも信頼されているわけではない。ここから導かれるのは、専門職への相談はハードルが高いという事実を認識しつつ、いかに援助を行うかという点と、親や家族、友人などインフォーマルな関係における相談を援助者として活用することだろう。

　保護者の状況に配慮した個別相談を行う際には、特に育児不安や軽度虐待など、明らかに子育てに何らかの困難を抱えており、不適切な養育が疑われる家庭に対する支援が求められている。

　また、子どもや保護者の障害や外国籍の保護者など、保育所を利用するにあたり特別な配慮が必要なケースや、こうした家庭への支援には、アセスメントが重要である。アセスメントの際には、子どもとその家庭が抱える「リスク」をまず把握する。そして、①日常の子どもの状況の把握を行い、特に遊びや生活の中で表現される「子どもの気になる」行動・言葉・様子・表情に着目する。次に、②虐待の有無、③障がいや外国籍の家庭などの困難さ、④その保護者の状況（社会的な孤立の有無／経済的な貧困の有無／保護者の認知の歪みや自身の被虐待経験）を把握する。

　必要により、子どもだけではなく、親や家族への「支援」が必要な場合もある。保護者に対しては無批判の態度が必要である。どんなことがあっても、何をしていても、決して保護者を否定しない、批判しないことが原則である。保育者は、自分がどんなに気をつけていても、職業的な価値判断に加えて個人的な「価値観」を絡めて、状況を判断しがちであることを認識するべきである。

　様々な保育施設において、家庭支援が求められるが、保育施設の多様化により、スタッフの限界を超えるケースもある。なお、認定こども園では、子育て支援の取り組みが必須となっている＊。

＊就学前の子どもに関する教育・保育等の総合的な提供の推進に関する法律（平成18年）

(3) 保育事業の多様化

　保育事業は，そのニーズに応じて日々多様化している。休日保育や夜間保育，病児保育，病後児保育，長時間の延長保育などの保育事業だけでなく，障害児保育など特別な配慮を必要とする児童への保育も増えてきている。医療的ケアを必要とする乳幼児も園生活を行うことで，様々な子どもと触れ合い，社会性が広がってきている。（図6－4～7）

1）保育所における「地域の保護者等に対する子育て支援」

　保育所は，在園児だけではなく，保育所の置かれている地域で子育てをする保護者に対して，その支援に努めなければならない（本来的な業務に支障がない範囲で）。また，地域への子育て支援を行うためには，常に"地域に開かれた園"となっていることが重要である。

　具体的には，一時預かり事業を行ったり，育児の相談を受けたり，園に気軽に遊びに来られるように園庭開放を行ったり，掲示板や子育て講演会などの情報提供・啓発活動を行う園も多い。一時預かりは，近年，仕事だけではなく，急な事由やリフレッシュ（レスパイトケア）にも対応するようになってきている。（図6－8）

　しかし，保護者によっては，子どもを預けることに罪悪感や抵抗感を感じ，保育園などに対して敷居の高さ，預けにくさを感じるケースもある。初めての保護者が預けやすいような雰囲気づくりや個別対応を徹底したい。

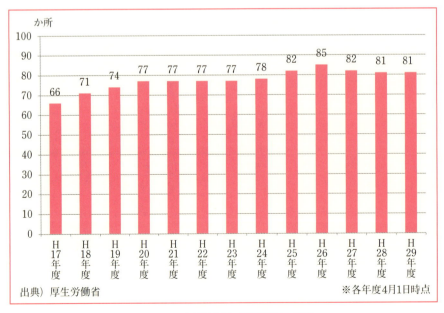

図6－4　夜間保育所の設置状況の推移

6章 子育て家庭に対する支援と連携

図6-5 病児保育事業の実施状況の推移

また,「マイ保育園制度」(石川県,江東区,堺市他)のように,子どもとその保護者に対して,近隣の保育所と連携し相談や一時保育の利用などができるようなサービスも広がってきている。

地域への支援は,保育士のちょっとした行動レベルでも可能である。散歩の際など,公園で遊ぶ親子に,それとなく挨拶をしたり声をかけたりすることで,いざという時に頼ることのできる「最も身近な児童福祉施設」となるのである*。

*保育所保育指針 第4章 3地域の保護者等に対する子育て支援
(1) 地域に開かれた子育て支援
ア 保育所は,児童福祉法第48条の4の規定に基づき,その行う保育に支障がない限りにおいて,地域の実情や当該保育所の体制等を踏まえ,地域の保護者等に対して,保育所保育の専門性を生かした子育て支援を積極的に行うよう努めること。
イ 地域の子どもに対する一時預かり事業などの活動を行う際には,一人一人の子どもの心身の状態などを考慮するとともに,日常の保育との関連に配慮するなど,柔軟に活動を展開できるようにすること。
(2) 地域の関係機関等との連携
ア 市町村の支援を得て,地域の関係機関等との積極的な連携及び協働を図るとともに,子育て支援に関する地域の人材と積極的に連携を図るよう努めること。

図6－6 医療的ケア児の受入れ状況の推移

図6－7 障害児保育の実施状況の推移

6章　子育て家庭に対する支援と連携

図6−8　一時預かり事業の実施状況の推移

3. 地域の子育て家庭への支援

1 要保護児童等及びその家庭に対する支援

(1) 要保護児童対策地域協議会

　現在，地域の要保護児童の把握や見守り，保護などを目的として，児童福祉関係機関や学校，幼稚園や保育所，自治会など住民で「要保護児童対策地域協議会」が構成されている。要保護児童対策地域協議会は，市町村における子ども支援の拠点といってもいい*。また，養育支援が必要な家庭に対しては保健師，助産師，保育士等が居宅を訪問し，指導助言を行う「新生児訪問指導」や「養育支援訪問事業」も行われている。

(2) 保育や子育て支援における児童虐待の早期発見の大切さ

　保育や子育て支援においては，予防・啓発・相談が重要である。児童虐待防止法第5条では，学校（幼稚園）や児童福祉施設（保育所・子育て支援）における

*保育所保育指針には，第4章3の(2)「地域の関係機関等との連携」において，「イ 地域の要保護児童への対応など，地域の子どもを巡る諸課題に対し，要保護児童対策地域協議会など関係機関等と連携及び協力して取り組むよう努めること」とされている。

早期発見と，保護者への啓発・教育*に努めることが明記されている。

また，同法第6条では，平成16年の改正より，「児童虐待を受けたと思われる」という表現に変わった。これにより，虐待の通告及び相談件数が増えた。

児童虐待を受けた児童に対しては，児童相談所による一時保護が行われるケースも多い。その際，保護者との面会通信制限や接近禁止命令がある。さらに，深刻な虐待が行われている場合，臨検捜査，親権停止制度，裁判所命令などもあることも保育の現場であっても，視野に入れる必要がある。

（3）社会的養護と家庭的養護

虐待を受けた子どもが危機的な状況にあると判断された場合は児童福祉法によって児童相談所が一時保護し，その後，児童福祉施設や里親への委託を受ける。

要保護児童の行き先となる，児童福祉施設には，児童養護施設，乳児院，児童自立支援施設，情緒障害児短期治療施設，母子生活支援施設等があり，その子どもの年齢や状況などによって決められる。

子どもたちは各施設や家庭的養護（特別養子縁組・里親制度）における里親宅など，安心して生活できる場所で受け入れられ，傷ついた心と体を治すために必要な治療や支援を受けつつ，安全が守られた生活を送る。

家庭状況や親子の状況が好転し，家庭でも子どもが安心して暮らせる状況が整ったと児童相談所が判断したときには，支援を受けながら家庭に戻り，再度一緒に暮らす事もできる。

児童養護施設を出た後や，児童相談所や家庭裁判所からの委託や依頼，子ども本人の希望で，自立援助ホームでしばらく暮らしながら自立を目指す子どもたちもいる。施設や里親宅を出た後，卒園者が交流し支え合うスペースや団体が全国にでき始めている。

■要保護児童及びその家庭に対する支援の事例

事例6－1　ちょっとした見守りが虐待を予防する

ある日，生後10か月の子ども（男の子）を抱いて，「昨日の夜から，何度抱っこしても泣きやみません」といって，眉間にしわを寄せながらやってきた母親がいた。私が少し抱いていると，5分ほどして「長い間ありがとうございました」といって，子どもを受け取りにきました。この保護者は，たった5分という時間でも，誰かに子どもを預けることがなかったのだとその言葉を聞いて感じました。

その後，数日たって，「抱きすぎて腱鞘炎になった」といって再び広場にやってきました。この日も眉間にしわがあり，余裕のない表情が印象的でした。そして，この日もまた，私が子どもを預かり，しばらく遊んだ後，抱きながら少し話を聴きました。すると，「夫は平日です。

---

*虐待をする側の要因

児童虐待を行う保護者の要因は，西澤哲が「社会的孤立」，「経済的貧困」，「被虐待・被ＤＶ経験など世代間伝達」，育つ過程で身に付いた，あるいは生得的にある「認知のゆがみ」（「この子がいうことを聞かないのは，私を愛していないから」など）であるとした。昔と今では，社会の背景が全く違う。その社会の変化は，育てる者と育つ者にも多大な影響を及ぼす。

坂井聖二は，「彼らがどんな攻撃的な態度を示そうとも，『私にはこの子の育児はもう無理です。このままではこの子を殺してしまうかもしれません』というメッセージを我々に投げかけているのである。それに対する医師の答は，『もう二度とあなたにこの子を虐待させません』でなければならない。」と述べた。この「医師」を保育者もしくは支援者に読み替えることで，我々保育者が行うことが見えてくる。坂井聖二著『私の出会った子どもたち』子どもの虐待防止センター，2006年

のほとんどを遠隔地で仕事をし，週末しか帰ってこない」という生活の困難が見えてきたのです。母親は育休中であることから，これまでの仕事中心の生活から一変していることもおおきなストレスになっているようでした。

　その後，しばらく広場に通って来るうちに，友人もでき，また，他の場所で知り合ったママ友も誘って広場にやってくるようになりました。

　いつの間にか，眉間のしわは消え，随分と笑顔が増えるようになったのです。そして，彼女は一年後，子どもを保育園に入園させ，職場に復帰したのです。

② 子ども家庭支援に関する現状と課題

　子育て家庭への支援は，子育ての不安や負担感の軽減，孤立した子育てや孤独感の除去，育児の方法や子育てサービスの啓発，虐待の予防など多岐にわたる。

　そうした支援を総合的に行うことができるように，子育て支援センターや地域子育て支援拠点事業が存在する。子育て中の親子が日常的に集える居場所を見出したり，交流ができるようにするほか，気軽に相談したり様々な情報を得ることができるようにするのが目的となる。

　そうした事業は，これまで子育て支援センターや地域子育て支援拠点，保育園や幼稚園などの園庭開放，その他，地域の様々な子育て支援関連施設などで行われてきた。新沢誠治は，こうした子育て広場に「出会い，ふれあい，支えあい，育ちあい，学びあい」の5つの機能があるとした*。様々な人が集い合い，支え合えるつながりを持てるような支援が，今求められている。

*新澤誠治「子育て支援はじめの一歩」小学館，2002

(1) 地域における子育て支援の拠点

1) 地域子育て支援拠点事業

　地域子育て支援拠点事業策定の背景として，①3歳未満児の役7〜8割は家庭で養育されていること，②核家族化，地域のつながりの希薄化，③男性の子育てへの関わりが少ない，④児童数の減少などの社会的背景から，子育ての孤立化・子育ての不安感・負担感，子どもの多様な人（大人・子ども）との関わりの減少などが起こっていることがあげられる。

　そうした課題の緩和に向けて，公共施設や保育所，児童館等，地域の身近な場所で，乳幼児のいる子育て中の親子の交流や育児相談，情報提供等を実施するとともに，NPOなど，多様な主体の参画による地域の支え合い，子育て中の当事者による支え合いにより，地域の子育て力の向上を図ることを目的とした事業である（2002年施行の「つどいの広場事業」を前身とする）。

　地域子育て支援拠点事業では，①子育て中の親子の交流の場の提供と交流の促進，②子育て等に関する相談，援助の実施，③地域の子育て関連情報の提供，④

子育て及び子育て交流に関する講習等の実施という4つの基本事業を行う。この中には，地域に出向く出張広場の実施や一時預かり，多世代交流や行事・伝統文化などの実施を行う施設もある。実施主体は，社会福祉法人や学校法人，企業，NPO法人などの一般型と児童館等が行う連携型がある。

地域子育て支援拠点は，もともと，子育て中の当事者が中心となり，自分たちの居場所を作った事業（つどいの広場事業等）がはじまりであった。彼らは，公共のスペースや商店街の空き店舗などを活用して，自分たちが必要な居場所や事業を展開した*。

一方，子育て支援センターは，上記に加えて，児童虐待や非行などの専門的な相談活動，要保護児童地域連絡協議会や地域組織化活動，児童相談所等専門機関との連携などのより専門化した業務も行う。

こうした，地域で子育てを支援する際に相談援助や子育てに関する「専門性」は，もとより保護者の立場で考える「当事者性」が必要になる。共に子育てをする当事者同士が支え合い分かち合うことがむしろ求められるからである。

こうしたマンパワーは，地域の中に埋没していることも多い。潜在保育士のみならず，子育て経験を生かせるようなマンパワーの確保の方法も求められる。「子育て支援員」の制度は，こうした人材の発掘と研修に生かされている。

＊NPO法人びーのびーの著「おやこの広場びーのびーの」ミネルヴァ書房，2003

4. 多様な支援の展開と関係機関との連携

1 子育てしやすい社会環境（企業や地域の環境）にするために

(1) 子育てをしやすい社会環境づくり

子育て支援は，保育園や子育て支援センターなど，単独の施設で，局所的に行われる支援だけではなく，もっと広く社会的，文化的に広げていく必要がある。いわば，子育てしやすい社会（まち）づくりを行う必要がある。子育て支援関連団体が集まり，地域の子育て家庭に向けた「子育てメッセ」（新宿区）を企画したり，子どもの見守りを地域ぐ組で行うために「子ども110番」「赤ちゃんステーション」などを展開している自治体も多い。

(2) 働き方の改革及び企業による子育て支援

1) 働き方の改革

企業の子育て支援の必要性に注目が集まったのは，少子化の原因の一つとして，特に子育て世代の労働者の長時間労働が問題となってからである。特に子育

て世代の父親の長時間労働により，家庭での家事・育児分担がなされておらず，

「産休育休制度」の諸制度は下記のように整備されたが，実際の取得率はいく分向上してきた程度である。2017（平成29）年度の実績は，女性83.2％，男性5.14％となっており，育児休業制度の規定がない事業所も25.0％ある（同年度雇用均等基本調査）。男女差や規定の有無など，完全に浸透しているとはいい難い。

2）企業の子育て支援

家庭と仕事の両立（ライフ・ワーク・バランス）にむけて，雇用する企業側にも子育て支援が求められている。多くの従業員がその人生において直面する子育てや介護など家庭の困難は，企業側の支援（労働時間や働き方の調整，保障）を行うことで，再び企業にとって有能な人材を手放さずにすむという利点がある。

県や区市などの自治体は，仕事と家庭の両立に取り組む企業を「ライフ・ワーク・バランス推進企業（ワーク・ライフ・バランス推進企業）」として表彰している。これは，申請のあった企業を書類審査及び訪問審査によって認定することで，企業としてはイメージアップにつながるとともに，雇用者の福利厚生の向上につなげるメリットがある（この制度の前進として，1999〈平成11〉年から2006〈平成18〉年まで厚生労働省で行われていた，「ファミリー・フレンドリー企業」事業も同様の趣旨である）。

また，そもそも企業は，顧客や従業員，取引相手だけを考えるのではなく，地域社会にどれだけ貢献していくか，また社会のニーズをどれだけ取り上げていけるかが，企業の発展やイメージアップにもつながり，株価にも影響する。

近年，企業による社会貢献＝CSR（Corporate Social Responsibility）が，積極的に行われるようになってきたが，企業は，その地域社会に必要な存在となっていくのである。

2 子育て支援のための社会福祉的アプローチ

（1）保育の中で求められる社会福祉援助技術

保育所における子育て支援における社会福祉援助は，①ケースワーク（個別援助技術），②グループワーク（集団援助技術），③コミュニティワーク（地域援助技術）の3つが基本的になる（図6－9）。

①ケースワーク（個別援助技術）・個別援助：個別の利用者への援助。相談，見守り，訪問，つきそい等

②グループワーク（集団援助技術）・集団援助：保護者の集団に対して，グループ間の相互の力（グループダイナミクス）を利用して問題解決にあたる*。

③コミュニティワーク（地域援助技術）・地域援助：地域の子育てに関する課題について，地域が解決できるよう地域住民や関係機関と協働して取り組む**。

＊保護者同士の学び合い，講座，サークル等

＊＊広場づくり，子育てメッセ，地域の自治会や子ども会等との協働など

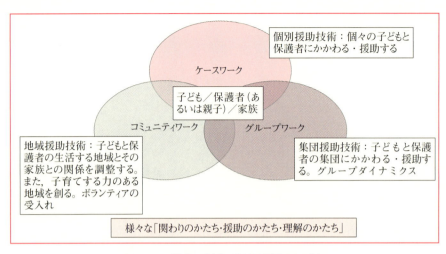

図6-9 子育て支援における援助のモデル

このように，園や支援の拠点などで行われる，個別援助や集団援助は，当然のことながら支援の基本となるが，地域全体が，その子育てに影響を与えている場合も多く，地域が抱える課題へのアプローチも必要となる。

特に，支援が必要な家庭（保護者や子ども）は，複数の機関で「支援が必要」であるとみられており，連携が必要である。

(2) 当事者性とピア・サポート

子育て支援においては，保護者や子どもを「専門職」の視点から観ることも求められるが，保護者や家庭と同じ目線の高さで観て，共に活動を行い，結果としてそれぞれが自己解決に向かうよう導くことも求められる。これがいわゆる「当事者性」である。

また，当事者同士が支え合ったり相談に乗ったりすることを，「ピア・サポート」「ピア・カウンセリング」という。ピア（peer）とは，同じ立場の人同士の支え合いを指す。福祉や子育て支援においては，同じ悩みや問題を抱える当事者同士がともに支えあえるような支援が何より効果的で，「子育てで悩んでいるのは私だけじゃない」という感覚を持ち，支えあいの仲間づくりにつながっていく。専門職による支えだけでなく，当事者同士の支えという両輪が支援には必要である。

しかし，「ママ友」「保護者サークル」「PTA」「保護者会」など，当事者同士が協働することで効果を発揮する場合もあるが，逆にその場にいづらくなったり，関わり自体を好まない人もいる。そういった場合に，専門職である保育者や支援者が間に入り，仲立ちすることで，その関係が問題とならず，効果的になる

ことも多い。当事者性を効果的にしようとする場合，専門職は，距離感を大切にしながら，必要な場合に即対応できるような見守りが必要である。

（3）子育て支援の専門職の援助

人と人との関わりには，言葉によって表現される「言語的コミュニケーション」と，表情・しぐさ・行動などで表現される「非言語的コミュニケーション」がある。両者のうち，非言語的コミュニケーション，すなわち，表情や態度，しぐさ，服装や雰囲気などのほうが，はるかに多いといわれており，支援者がどのように現場に存在し，寄り添うかといったことが特に初期段階では重要になる。

専門職は保護者や子どもを「あるがまま」に観て，聴き，理解し，伝えることが主たる援助である。保護者や子どもは，その置かれている環境や状況によって，表現されるもの，されないものが異なる。保護者や子どもの状況を観るためには，関わりの中で，その言動や家族の存在，長期・短期的視点など様々な角度から，表向きに表現されているものと，その言動の後ろ側に隠されているものを観てとる必要がある。

支援が必要な子どもや保護者について，アセスメントを行い，定期的に評価や支援計画の見直しなどを行い，長期的な視点で支援を行うことが重要である。

また，支援には，保護者の力を信じ，自分自身で立ち上がれるように「エンパワメント」することが重要である。今，課題を抱えているとしてもそれは，パワーを失っている状態であり，どのようにしたらパワーを回復していけるかその際，この方は力を秘めているという「ストレングス視点」を持って援助する必要がある。

3 新しい支援の形

（1）訪問型支援（アウトリーチ）

子育て支援の広場やイベントなどに参加できる保護者と子どももいれば，そういう機会に出てこられない保護者も多い。近年，「訪問型支援（アウトリーチ）」の取り組みも盛んに行われている。最も代表的な事業は「こんにちは赤ちゃん事業」という，乳児家庭全戸訪問事業*である。これは，生後4か月までの子どもの家庭に保健師などが訪問し，子育ての相談に応じたり，子どもの生育状況を把握するために行う事業である。1歳半健診や3歳児健診などすべての子どもを対象とした法定健診でさえも，100％の受診率にはならない（1歳6か月児未受診4.3％，3歳児未受診6.7％，2018年）。したがって，生後早い段階で，子育ての状況を把握し，支援が必要な家庭には支援を行うことが可能である。

また，子育て支援の場に出られない家庭に対して，訪問型の支援が行われてい

＊児童福祉法第6条の3第4項に規定。他に，母子保健法における生後28日以内に保健師や助産師が訪問する「新生児訪問指導」がある。

る。養育支援訪問事業やファミリー・サポート・センター事業などの訪問型支援は，実際に家庭に訪問し，保育を行う。

また自治体によっては，産前・産後支援の一環として，家事育児援助を行う事業なども行われている。これは，核家族などで，出産後間もない産婦のために，家事援助を行う事業である。例）港区，杉並区，目黒区など

さらには，育児をする保護者の相談相手になったり，育児の方法を伝えたりする，「ホームスタート」などの事業を行っている自治体もある。例）江東区他

(2) ショートステイ・トワイライト事業

夜間に及ぶ子どもの保育（トワイライトステイ）や，短期間の宿泊を伴う保育（ショートステイ）を行う支援事業も行われている*。

夜間保育は，2016（平成28）年度現在，81か所で行われており，夜間保育を行う保育所の乳児院や児童養護施設，母子生活支援施設等，児童福祉施等で行われる場合が多い。また，子育て支援センター（港区）やボランティアを募って行う場合（新宿区子ども家庭支援センター二葉）等もある。

＊国夜間保育所連盟
http://www.zenyahoren.jp/

(3) 子育て支援事業や保育の総合的なコーディネート

1) 子育て支援における情報提供

近年，子育て支援事業のメニューが増え，いわば「情報過多」ともいわれている。出産後，子育て家庭には，区市町村から子育て支援に関する多くの情報が送られてくる。保護者は，自身でその子育てに合ったサービスを選択するが，インターネット上の情報も含めて，あまりに多くの情報量に戸惑うケースも少なくない。

2) 総合的な保育の情報提供事業「保育・教育コンシェルジュ」

子育て支援の事業の使い方や内容，保育園や幼稚園の情報や他各種手続きなどを紹介・あっせんする"コンシェルジュ"事業を行う自治体も増えてきている。

たとえば，横浜市では，「保育・教育コンシェルジュ」として，①保育サービス等の利用に関する相談業務，②保育所に入所できなかった方へのアフターフォロー業務，③保育サービス等の情報収集業務などを行っている。

3) 子育て家庭向けのケアプラン作成事業（ネウボラ）

フィンランドでは，子どもの出産前から保健師等がワンストップで情報提供や子育てに関する相談を受ける「ネウボラ」（フィンランド語で「アドバイスの場」）という制度がある。

たとえば，千葉県浦安市では，「子育てケアプラン」事業が行われている。これは，妊娠中から出産後まで一貫して支援を行うシステムであり，フィンランド

のネウボラを参考にして作られた制度である。同市の場合，利用率（子育て支援計画作成）は，95％を超えており，子どもの健診などの際の受診率も高い。子育てケアマネジャーと保健師が中心となり①妊娠時，②出産前後，③1歳の誕生日前後の計3回，子育てケアプランを作成し，妊娠期の過ごし方や子育て，利用できるサポートなどを考えられるようにしている。なお，千葉県市原市でも，「子育てネウボラセンター」を設置し，同様のサービスを行っている。

（4）子育ての講座・啓発

子育てをする保護者に向けた講座等は様々な形で行われている。保健所や産科医院による「父親学級・母親学級」は，以前より出産前の保護者に対して行われてきた。目的は，初めて出産を経験する夫婦に対して，出産時の事前準備や出産後の育児や母体保護に関する知識をつけてもらうことにある。また近年は，「祖父母学級」なども行われるようになった。これは祖父母が出産育児を経験したときと，出産・育児に関する情報が異なっていたり，祖父母の育児経験が現在の育児の方法と異なっていたりするためである。

子育て支援施設でも様々な「子育て講座」を行っている。たとえば，離乳やおむつ外れに関する講座，子どものイヤイヤ期に関する講座，子どもとのスキンシップなど，子育てに関する知識や技術を得る講座がある。また，保護者自身の関わり方などの講座も盛んで，たとえばカナダ発祥の「ノーバディーズパーフェクト」では，複数の保護者の学び合い（グループワーク）を大切にしている*。

子育てに関する講座は，一方的に知識や経験のある者から無い者への教授というスタイルにとどまらず，子育て当事者同士が互いに学び合ったり，支え合ったりするスタイルも可能である。

*「ノーバディーズパーフェクトシリーズ」ドメス出版，2000

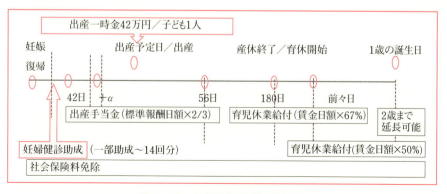

図6-10　出産前後の金銭的給付**

**自治体によっては，妊婦歯科健診の助成もある

(5) 金銭給付

1）出産のための補助制度

出産前の健診の補助は、自治体により回数に違いがある。

出産時にかかる費用については、健康保険より「出産一時金」が支給される。2018（平成30）年度現在、1児につき42万円が支給され、出産のため会社等を休み、事業主から報酬が受けられないときは、「出産手当金」が支給される。

2）児童育成のための補助制度

金銭的な給付の子育て支援もある。主なものは、すべての児童が対象となる「児童手当」、ひとり親家庭の子どもが対象となる「児童扶養手当」、障害児が対象となる「特別児童扶養手当」である。

そのほか、自治体によって、医療費の助成が行われるケースも多くなっている。2018（平成30）年現在、多くの自治体で、未就学の児童の医療費を無料にする施策がとられている。また、中学校修了までの医療費の一部負担の事業もある。これは、小中学生の医療費の負担額を200円や300円といった低額にするものである。さらに、手術や難病の治療など「高額医療費助成」を行う自治体もある。身体の障害を補う「補装具給付」（車いすや眼鏡他）の補助も受けられる。

3）バウチャー

自治体（県や市町村）が「子育てクーポン券」を発行したり、企業等の協賛を得て、子育て支援パスポート（割引カード）を配布する取り組みが各都道府県市町村で行われてきた。平成29年4月より、子育て世帯が現在居住する都道府県に加え、全国の他の地域でもサービスが受けられるよう強化を図っている。

また、内閣府では「家族の日」や「家族の週間」、「さんきゅうパパプロジェクト」、「子育て支援パスポート事業」に係るロゴマークの作成及び使用許諾を行っている（図6−11）。子育て関連のイベントや配布物等にロゴマークを使用し、結婚から妊娠、子どもや子育てを大切にする意識の涵養を図る取り組みを行っている。（少子化社会対策大綱に基づく事業）

図6−11　各自治体が使用する子育て支援に係るロゴマーク

第**7**章

子ども家庭支援の方法

〈学習のポイント〉　①子ども家庭福祉のニーズを理解し，相談援助活動の概要を把握しておこう。
②援助の基本理念や態度，具体的なプロセスを理解しよう。
③子ども家庭福祉機関や施設の援助活動を把握しよう。
④保育士の新たな役割，面接による援助方法やそのための様々なスキルについて理解を深めよう。

1．子ども家庭支援の意義と必要性

1 家族の主要な役割は子育て

　「家族」については多くの研究者が様々な定義をしているが，それらを集めると，次のようなものになる。家族とは，人間社会の基本的な単位，夫婦・親子・きょうだいからなる血縁的小集団，同一の戸籍を持っている，同じ家に住む，生計を共にする，人間の再生産の場，子どもを生み育てる場，子どもの人間形成・社会化を促進する役割がある，文化・知恵・技術・ルールの伝達を行う，互いの発達・安定・保護に責任を持つ，成員の自己実現に寄与する，情緒的な結びつきがある，家族として同一化している，共通家族意識を持っている，性的パートナーを限定する，誕生から終焉まで帰属している，以上のような集団を言う。

　ただし，これですべての家族を説明できる訳ではない。逆にこれらの定義に反する家族もある。たとえば，単身赴任の父親や下宿生活をしている子どもは家族として一緒に住んではいないし，婚姻届を出さずに同一戸籍を持たない家族もあるし，子連れの再婚家庭のように血縁関係のない親子もある。今日の多様性に富んだ家族を定義づけることは極めて難しい。

　それでも家族の主要な役割として考えれば，家族とは「子ども（新しい社会の成員）の誕生と成長に関わるシステム」（岩上，2002）＊ということができるかもしれない。家族が家庭を営み，そこでの重要な役割は，次世代を担う子孫を生み，育てること，すなわち子育てが重要な役割であると考えられる。しかし今日，この「子育て」や「子育ち」を迷わせ，危うくする状況が少なからず存在している。

＊岩上真珠「第1章家族と家族援助」，新・保育士養成講座編纂委員会編『家族援助論』全国社会福祉協議会，2002，p.10

2 多様な家族形態への変化

　近年，男は外で働き収入を得，女は専業主婦として家事育児を担当するといった性別役割分業を主とした近代家族モデルが揺らぎ始めている。平等主義的共働き家庭が多くはなっているものの，多様な家族形態が許容される社会になっている。女性の社会進出や離婚・再婚の増大，人工受精の問題などは，「成人したら結婚するもの」「結婚は一度だけ」「結婚したら子どもを持つ」「両親がいて当たり前」「親子は血のつながりがある」「家族は一緒に住む」「家族は一生変わらない」「だれが親なのか明白」などといったこれまでの夫婦家族制，核家族制の理念を事実上無効にしていく。

　そして，その家族形態として，ひとり親家族，ステップ・ファミリー（再婚家族），事実婚で子どもを持つファミリー，非婚のシングル・マザー，DINKS（Double Income No Kids：子どもを持たない主義の夫婦），外国籍の家族，同性のカップルなどが生まれ，そこには経済的支援や特別な配慮の必要な家庭も多くある。このように見ていくと，家族自体の構造基盤は相対的に脆弱であり，家族が弱体化していると考えられるのである。

　このような家族の中に，多胎や低出生体重児，慢性疾患，発達障害，不適応行動などの子どもの問題が生じた場合，子育てに困難や不安を抱きやすい保護者や子どもに不適切な関わりをしてしまう保護者，子育てに余裕のない保護者であれば，医療・保健・福祉・教育分野を含めた様々な子育て支援の方策が必要となる。

3 コミュニケーション能力の低下

　親子の関わりも保護者に対する保育士の子育て支援も，コミュニケーションが重要な役割を担うが，そのコミュニケーションが育ちにくい環境がある。たとえば，携帯電話の普及，電子ゲームの流行，学習塾・習い事の増加，一人遊びの増加，家庭での孤食の増加，子ども部屋の個室化などの要因が，子どもや家族の団らんの場でのコミュニケーションを減少させている。特に，携帯電話やメールの使用は，煩わしい人間関係を避けることや，親しい相手とだけ付き合うことを可能にし，コミュニケーションの形態を変化させた。

　その結果，①相手の感情や気持ちの表れである非言語的な情報を読み取る能力，②自分の考えを言語によって論理的に表現する能力，③場の空気を読む能力，④年齢の異なる相手や親しくない相手と対話する能力など，本来，対面的コミュニケーションによって養われる能力が育ちにくくなっていることが指摘される[*]。

　このようなコミュニケーション能力の低下は，保護者にも，保育士にも影響し

＊日本産業カウンセラー協会編『産業カウンセラー養成講座テキスト　産業カウンセリング』日本産業カウンセラー協会，2014，p.193

ているはずである。たとえば，子どもの感情を察知する能力，子どもに上手に意図を伝達する能力，保護者同士が関わり合う能力などの様々な場面に影響が出ていると考えられる。また，伝達すべき内容を言語的に的確に伝えること，伝達された内容や意図を正確に受け取ること，そして反応を返すこと，やりとりできることなど，このようなコミュニケーションの基本を育みにくくなっているとも言える。

　保育士は，子どもや保護者が自由に表現できることを保証し，相手の意思や感情を正確に受け取るための聴く力を磨き，相手に伝えるべき内容を言語的・非言語的表現を活用して的確に伝え，会話や関わり合いを信頼関係の中で継続でき，子どもと保護者のコミュニケーションを仲介したり，自分と相手との相違点を明確にしたり，コンセンサス（一致や合意）を求めての会話を進行していけるようになることが望ましい。

4 子育てに関わる背景と支援の必要性

　子どもの育ちや保護者の子育てに関わる社会状況として，少子化や核家族化，地域とのつながりの希薄化，共働き家庭の増加がある。さらに多様化する家族やコミュニケーション能力の低下の問題もある。今日の保護者は，乳幼児との触れ合いの乏しいまま親になることも多く，親族や近隣などの身近な人たちからの支援を受けにくい状況の中で，親として子どもの養育の責任をすべて担うことになり，経済的負担の大きい子どもの養育費を工面していく。共働きであれば体力的にも時間的にも子どもとの関わりが少なくなり，いっそう保育ニーズが高まる。かつてのような家族の中に祖父母がおり，親族や近所との関係が密であった時代とは異なり，今日の子育ては両親にかかる負担が大きくなっている。

　また，子どもへの悪影響も懸念されるテレビ番組などの文化環境もあるし，人工受精などから生じる家族関係に関わる問題もある。今日注目される子どもの問題としては，集団への不適応，いじめ，発達障害などがあり，保護者には，貧困や外国籍などの特別な配慮を必要とする家族，孤立した家族，子育て不安，児童虐待などがあり，社会問題となっている。家族の抱える課題や問題も深刻であり，その家族自体も弱体化しているのであれば，家族にとって重要な役割である子育てに関して，社会的な支援の必要はますます高まっていると言えよう。

2. 子ども家庭支援の目的と機能

1 国民の生存権と国の保障義務

　日本国憲法の第25条には、「すべて国民は、健康で文化的な最低限度の生活を営む権利を有する。②国は、すべての生活部面について、社会福祉、社会保障及び公衆衛生の向上及び増進に努めなければならない」とあり、国民の生存権、国の生活保障の義務が規定されている。国民は生活面で支援の必要な状況となれば、それを援助してもらえる権利を持ち、国は国民の生活を保障し守る義務がある。憲法の精神は、児童福祉法や生活保護法、社会福祉法などの社会福祉に関わる法律にも反映されている。法律で定められた内容が、社会福祉の制度や政策、事業、サービス、機関、施設などの福祉の構造を形成し、その福祉の体制を機能させるために、行政職や専門職員が配置され、国民に対して様々なサービス活動を提供するのである。

2 社会福祉基礎構造改革の方向性

　今日の社会福祉のあり方に大きな影響を与えた社会福祉基礎構造改革の理念を整理すると以下のようになる。利用者との対等な関係や社会福祉事業への多様な主体の参入、住民参加による地域福祉の土壌形成、福祉事業の透明性確保など、社会福祉の基本的な方向性を理解しておくことが大切である。
①サービス利用者と援助者との対等な関係の確立
②個人の多様な需要への地域における総合的支援
③信頼と納得の得られるサービスの質と効率性の確保
④幅広い要望に応える多様な主体の参入促進
⑤住民の積極的な参加による豊かな福祉文化の土壌の形成
⑥情報公開等による事業運営の透明性の確保、など

3 家族福祉とは

　家族福祉とは、「家族生活を保護・強化し、また家族員の社会人としての機能を高めるために行われるサービス活動」である（アメリカ・ソーシャルワーク協会、1965）*。また、家族福祉とは、「集団としての家族を単位として、家族によるその家族機能についての家族生活周期における自立的遂行の援助の実践と、その援助サービスの体系である」（野々山、1999）**。家族福祉とは、「家族員の家族集団への適応、および家族集団そのものの援助を通して、家庭生活の維持強化を目指す社会福祉の一分野である」（黒川、1988）***。このように、家族福祉とは、家族生活のシステム（構造・機能）を保護・強化するサービス体系であり、

*アメリカ・ソーシャルワーク協会、1965

**野々山久也『家族福祉の視点』ミネルヴァ書房、1999、p.15

***黒川昭登、仲村優一・他編『現代社会福祉辞典』全国社会福祉協議会、1988

家族成員の家族適応や社会適応を図り，家族の子育てや介護などの生活周期における役割を実行できるように援助するサービス体系である。それは，家族福祉に必要な法律や制度，サービス，施設，機関，団体等を整備し，専門職員による働きかけによって，家族や家庭，家族成員に対する福祉活動を展開するという社会の仕組みである。

④ 家族や家庭に対する援助活動の姿勢

家族や家庭に対する援助活動には次のような姿勢が考えられる。

①家族や家族成員の主体性の尊重と自立支援

②家族関係の理解と調整

③適切な制度・サービスの利用（金銭給付，手当，必要機器の貸与，情報提供など）

④フォーマルサポートとインフォーマル・サポートの活用

⑤家族の健康管理（レスパイトケア，家族間交流等）

⑥健康面の強化（外出支援，仲間づくり，エンパワーメント）

まずは家族の意思や主体性を尊重すべきであり，目標は家族の自立生活を目指したものである。また，家族の個別な事情を理解し，家族関係の調整への支援も大切である。地域の社会資源を利用し，QOL（生活の質）の維持，向上を図る必要もある。家族を支える地域の資源には，公的機関や専門職によるフォーマルサポートのみならず，家族や親族，友人，職場，近隣の人たち，ボランティアといった素人によるインフォーマル・サポートも大切な存在である。支援を必要とする家族に対して，日常生活の見守りや声かけ，手助けなどは身近な素人の人たちの支援として重要な意味を持つ。家族成員に重い疾病や障害がある場合，ケアの期間が長引けば，家族の疲弊やストレス，経済的負担は非常に大きくなる。そのような家族に休息をとってもらうために，デイケアやショートステイなどのサービスを利用してもらうことや，同じ課題や境遇の家族が知り合い，交流することも大事な支援となる。支援には，問題解決ばかりでなく，家族の健康な面や適応できていることを維持，強化していくことも含まれる。家の外に出ることや知り合いと触れ合うことも精神的な健康の維持に必要である。そして，エンパワーメントとして，支援を受けた家族が様々な経験や努力，学習，交流などを通して，自らの知識や経験，自信といった能力を伸ばしていけるように支援することも大切である。支援を受けることに依存させるのではなく，それらの経験を通して自立していくこと，そして問題に対処していく能力を身につけることが大切なのである。

5 今日の家族援助の確認事項

　今日のような児童虐待やドメスティック・バイオレンスなどが社会問題となっている世の中では，これまでのような家族の問題は家族に任せる，家族のプライバシーに第三者が介入するべきではないといった姿勢は，むしろ危険である。以下の指摘は，家族といえども個人の福祉を第一に考えるべきことを強調している。また，援助という方法に，家族から個人を引き離すという方法，つまり親子分離による子どもの一時保護を提案しているのも今日的な発想である（鶴野，2002）＊。

①家族はその構成員である個人の福祉を阻害する存在でもある

②家族福祉は個人としての家族成員の福祉の実現を，その基礎に置かねばならない

③時には家族から個人を引き離すことの援助を含まなければならない

＊鶴野隆浩「第3章家族福祉の歴史的展開」，相澤譲治・栗山直子編『家族福祉論』勁草書房，2002，p.25

6 子育て支援サービス

　少子化対策の取り組みがスタートした当初は，仕事と育児の両立支援が中心であったが，今日では在宅子育て家庭への支援の必要性が認識され，親役割の準備不足の保護者，近隣や親族との交流のない孤立した保護者，育児不安の強い保護者などへの在宅子育て支援がクローズアップされている。

　エンゼルプラン（1994〈平成6〉年策定）で一時保育の必要性が喚起されて以来，親子で過ごせる場所や同世代の親子の交流，気軽に相談できる場所の整備，ファミリー・サポート・センター事業，乳児家庭全戸訪問事業，地域子育て支援拠点事業などが加えられていった。

①子育て相談の窓口には，市町村の児童課，児童相談所，家庭児童相談室，児童家庭支援センター，母子保健包括支援センター，保育所，地域子育て支援センター，主任児童委員などがある。

②子育て家庭の交流の拠点には，地域子育て支援センター，つどいの広場事業，児童館での事業などがあり，子育て親子の交流の促進や子育て相談，子育て関連情報の提供，講習会などを実施している。

③一時保育事業は，保護者の疾病などの様々な事情で一時的に児童の養育が困難になった場合，児童養護施設や乳児院などのショートステイやトワイライトステイがあり，また，保育所や幼稚園での一時預かり，ファミリー・サポート・センターのような住民同士での預かり支援事業もある。

④家庭訪問による子育て支援は，アウトリーチ型の支援であるが，市町村の行う乳児家庭全戸訪問事業，養育支援訪問事業などがある。また，民生委員・児童委員や愛育班員，母子保健推進員などの行う家庭訪問もある。

⑤仕事と育児の両立支援には，育児休業，介護休業等育児又は家庭介護を行う労働者の福祉に関する法律に基づき，育児のための連続休業の取得，育児のための深夜労働の制限，勤務時間の短縮等の措置，子どもの看護休暇の取得などが定められている。

⑥子育て家庭への経済的支援には，現金給付や減税，無料化などがある。現金給付には児童手当や児童扶養手当，特別児童扶養手当，出産手当金，出産育児一時金などがある。

⑦保健医療分野の主な社会資源（サービス）には，母子健康手帳，母親学級，乳幼児健康診査，乳幼児医療費の助成，ひとり親家庭医療費の助成などがある。

7 健康な夫婦

子ども家庭支援の中には，家族の要である夫婦関係への心理的支援も必要である。岡堂（1998）*は，ビーヴァーズ（Beavers, W.R. 1985）の研究をもとに，健康な夫婦関係の条件として，6つの行動パターンを提示している。

> *岡堂哲雄『家族心理学講義』金子書房，1998，pp.185－186

①夫婦間に力の差が僅かであること
②境界を明瞭にする能力があること
③過去ではなく現在を見つめること
④個人の自立性を尊重すること
⑤話し合いの技術を持つこと
⑥肯定的，積極的な感情を共有すること

この中でも，話し合いの技術を持つことは肝心である。会話の基本は，伝える，受け取る，反応を返すであるが，関係が滞ると，怒鳴って伝えたり，遠慮がちな言い方であったり，言わなくても察してほしいと言葉にしなかったりすることもある。また，言われても無視したり，先入観や邪推によって言われたことを歪めて受け取ったりもする。何も反応しなかったり，感情的な反応を返したりなど，話し合いが成立しなくなる。このようなコミュニケーションに支障が出てくると，家族の中に問題が生じやすく，それは，弱い立場の子どもに出やすいだろう。夫婦関係への支援は，子ども家庭支援につながるのである。

8 子育て家庭支援の目標

今日の子どもと家庭に関わる主な問題には，家族の子育て機能の弱体化，保護者の育児不安傾向，子どもの対人スキル不足，地域の子育て支援体制の不十分さなどが指摘されている。子どもは，このような家庭・生活環境の中で育つ時，発達課題の達成を保留にしたまま成長し，社会的行動が求められる場面において，不適応を生じることが多くなるかもしれない。そして，保護者もまた子育てに自

信を持てず，不安と混乱は一層深まることが考えられる。したがって，子どもと家庭に生じた問題の解決のためには，子どものみならず，保護者や家庭環境への支援が欠かせないものとなる。ここでは，ソーシャルワークやカウンセリングの視点から考えられる子育て家庭支援の目標を列挙する。

①子どもの不適応問題の解消・解決

②子どもの発達の促進

③親役割の受容と親行動の習得

④保護者の子ども理解や適切な関わり方の促進

⑤保護者の自信回復

⑥家族の絆の形成やコミュニケーションの活性化と適切化

⑦家族のエンパワーメント

⑧社会資源の活用による自立生活支援

⑨子育て家庭に必要な生活環境の形成

⑩家族と親族や近隣との関係調整

⑪親同士の関わり支援

⑫地域社会に子育て支援のためのネットワーク形成

⑬子育てに関わる法律・制度・政策の改善やサービスの充実・開発

　このような子育て家庭支援の内容は，子ども自身への課題や問題の解消への援助，保護者の親役割受容や養育行動の修得，子ども理解の促進，保護者の心理的安定や自信回復への支援，親子のコミュニケーションや関係形成への支援，家族と身近な人たちや親同士との関係形成支援，子育てを支援する地域の社会資源の改善やネットワーク形成への支援，そして法制度やサービスなどの社会環境の充実や改善への働きかけなどとなり，その支援対象は子ども，保護者，家族，生活環境，社会環境にわたるのである。

9 保育所の子育て支援の役割

　最後に，保育所の役割としての子ども家庭支援について取り上げる。保育所保育指針の第1章に，保育所は，「保育を必要とする子どもの保育を行い，その健全な心身の発達を図ることを目的とする児童福祉施設であり，入所する子どもの最善の利益を考慮し，その福祉を積極的に増進することに最もふさわしい生活の場でなければならない」とある。つまり，保育所は児童福祉施設として，入所する子どもの最善の利益のために，積極的にその福祉に努める役割を担っているのである。

　そして，保育所の保育士は，「家庭との緊密な連携の下に子どもの状況や発達過程を踏まえ，保育所における環境を通して，養護及び教育を一体的に行う」役

割があり，また，「家庭や地域の様々な社会資源との連携を図りながら，入所する子どもの保護者に対する支援及び地域の子育て家庭に対する支援等を行う役割を担う」のである。保育士は家庭との連携や地域社会との連携を図りながら，保育所の環境を通して，入所児童やその保護者，そして地域の子育て家庭への支援等を実施する役割を担っているのである。

また，保育士は，「倫理観に裏付けられた専門的知識，技術及び判断をもって，子どもを保育するとともに，子どもの保護者に対する保育に関する指導を行うものであり，その職責を遂行するための専門性の向上に絶えず努めなければならない」のである。

保育所の子育て支援には，「保護者と連携して子どもの育ちを支えるという視点」があり，「子どもの育ちを保護者と共に喜び合うこと」を重視した支援を行うこと，そして，地域の子育て支援に関わる社会資源との連携や協働を図ることが強調されているのである。

3. 保育士の子育て支援

■ 保育士の子育て支援

児童福祉法第18条の４に，保育士は，「保育士の名称を用いて，専門的知識及び技術をもつて，児童の保育及び児童の保護者に対する保育に関する指導を行うことを業とする者」と定義される。保育士は子どもの保育とその保護者の保育に関する指導を役割とする専門職である。

2018（平成30）年度から施行された保育所保育指針の第４章では，これまでの「保護者に対する支援」の章が「子育て支援」に改められた。保育所における子育て支援では，すべての子どもの健やかな育ちの実現のために，保育所は，子どもの育ちを家庭と連携して支援していくこと，保護者及び地域が有する子育てを自ら実践する力を向上することを強調している。また，子育て支援では，子どもと保護者の関係，保護者同士の関係，子どもや保護者と地域の関係を把握し，それらの関係性を高めることも大切な支援である。

■ 保育士の子育て支援の姿勢

保育所保育指針の第４章には，保育士の子育て支援の姿勢が示されている。
①「保護者に対する子育て支援を行う際には，各地域や家庭の実態等を踏まえるとともに，保護者の気持ちを受け止め，相互の信頼関係を基本に，保護者の自

己決定を尊重すること」。

各家庭の独自性や特性に配慮し，保護者に対して受容的な態度をとり，信用され，味方となることによって信頼関係を形成し，重要な方向性は保護者が十分に検討できるように支援し，保護者自身が決定することが肝要である。

②「保育及び子育てに関する知識や技術など，保育士等の専門性や，子どもが常に存在する環境など，保育所の特性を生かし，保護者が子どもの成長に気付き子育ての喜びを感じられるように努めること」。

保育所には保育に必要な設備や園庭，遊具などが整備され，たくさんの子どもが集い，保育士が常に子どもを見守っている環境である。このような環境に保護者が保育参加することは有意義な学びの場となる。園児たちの様子を観察すること，他の園児たちと触れ合うこと，保育士の園児たちへの関わりを観察すること，さらに保育士から子どもの様子を伺うことなどを通して，保護者は子どもの心情や成長に気づき，子どもへの関わり方を学び，子どもの喜びをわがことのように感じることができる。保育士は，保護者が子ども理解や子どもとのコミュニケーションの楽しさを味わうことができるように支援することが大切である。

③「保護者に対する子育て支援における地域の関係機関等との連携及び協働を図り，保育所全体の体制構築に努めること」。

保育所は，地域の要保護児童対策地域協議会に所属し，支援の必要な子どもや保護者，家庭へのサポートの一端を担っている。そこでは，他の機関や団体，施設等と情報を共有し，支援のための連携や協働を行う。とりわけ保育所は，入所している要保護児童の行動観察やその保護者の見守りなどの重要な役目を担ってくる。保育所としても職員全員が支援の必要性を認識し，組織的に支援体制を構築していく必要がある。

④「子どもの利益に反しない限りにおいて，保護者や子どものプライバシーを保護し，知り得た事柄の秘密を保持すること」。

プライバシー保護や守秘義務は社会福祉に携わる者にとっては当然であるが，児童福祉法第18条の22には，「保育士は，正当な理由がなく，その業務に関して知り得た人の秘密を漏らしてはならない。保育士でなくなつた後においても，同様とする」とある。ただし，児童虐待に関しては，守秘義務よりも通告義務が優先する。

⑤「日常の保育に関連した様々な機会を活用し子どもの日々の様子の伝達や収集，保育所保育の意図の説明などを通じて，保護者との相互理解を図るよう努めること」。

保育士は，送迎時の対話や連絡帳，電話，面談などの機会を活用し，子どもの保育所での様子や入所してからの変化などを丁寧に保護者に伝えること，また，

保護者からは子どもの家での様子や気になることなどを聴き，情報を共有し，相互理解を図り，信頼関係を築き，子育ち，子育てに対する連携，協力の関係をつくっていけるように努力する。

⑥「保育の活動に対する保護者の積極的な参加は，保護者の子育てを自ら実践する力の向上に寄与することから，これを促すこと」。

　保護者の保育参観や保育所行事への親子参加，保育体験への参加などは，保護者がわが子だけでなく，同年齢の子どもを観察し，触れ合う体験となる。また，保育士の子どもへの関わりを観察したり，親同士の交流や相互支援，自主的活動に加わる体験ともなる。このような体験は，保護者の子ども理解を深め，子どもとのコミュニケーションの活性化や的確化につながり，保護者としての自覚や自信を持て，柔軟な養育行動を身につける機会ともなっていくだろう。その意味で，保護者の保育活動への参加は，保護者の子育てを実践する力を向上させることになる。

❸ 保育士の保護者支援の技術

　「子どもの保育に関する指導」とは，「保護者が支援を求めている子育ての問題や課題に対して，保護者の気持ちを受け止めつつ行われる，子育てに関する相談，助言，行動見本の提示その他の援助業務の総体を指す」＊。そして柏女（2008）＊＊は，保育指導技術として，支持，承認，解説，情報提供，助言，行動見本，環境構成，体験の提供をあげている。

　保育士の保護者支援は，安定した親子関係を築き，保護者の養育力の向上につながることを目指して行うものだが，その技術は心理療法やカウンセリングと比べるとガイダンス的な要素が強い。気持ちを支え，行動を教え，やり方を示し，機会を提供するというものである。具体的にどうしたら良いのかを教え示す形である。カウンセリングのような本人の感じ方や考え方，行動の仕方といった人格的レベルまで介入し，その人格変容を図ろうとするものではない。そのため，クライエントの内省を深め，気づきを重視したアプローチとは異なる。つまり，心の内奥に立ち入らずとも変化できる考え方や態度，言動に関わることになる。分かりやすく，根拠のある見方や考え方，行動の仕方を教える，見せる，試させるという方法になるだろう。

❹ 保育所という環境による支援

　保育所は，地域の中にある子どもの健全な心身の発達を目的とした児童福祉施設であり，地域の公的施設として他の専門機関や団体などとの連携や協力関係のある社会資源である。また，園の建物や園庭，様々な設備や遊具などの物的環境

＊汐見稔幸・無藤隆監修『平成30年施行保育所保育指針・幼稚園教育要領・幼保連携型認定こども園教育・保育要領　解説とポイント』，ミネルヴァ書房，2018，p.304

＊＊柏女霊峰・橋本真紀『保育者の保護者支援―保育指導の原理と技術（第2刷）』，p.107，2008，フレーベル館

が揃っており，保育の理念や日課を備え，そして専門性を有する保育士のいる環境である。そこにはたくさんの子どもとその保護者が集まっている。

　このような保育所において，子どもたちは安全で安心できる物的，人的環境の中で生活体験を持ち，同年齢，異年齢の子ども同士の人間関係や保育士との関わり合いを通して心身の成長，発達を遂げ，社会性を身につけていく。保護者も，他の子どもを知ることでわが子を捉え直し，保育士の子どもへの関わり方に学び，保護者同士の情報交換などによって自分の子育てのあり方を確認したり，見直したりできる。そして，子育ての迷いや不安を保育士に相談できる環境である。

5 保育に関わる相談内容

　横井（2004）*は，保育に関わる相談内容を以下のように整理している。

①妊娠についての相談（妊娠中の生活等）

②子育てに関わる相談（育児ストレス等）

③家族自体の問題に関わる相談（失業，リストラ，離婚，祖父母の甘やかし等）

④発達に関わる相談（言葉，情緒，知能，適応等）

⑤心身の障害・遅滞に関わる相談

⑥医学的な問題に関わる相談（虫歯，湿疹，かぶれ，アトピー等）

⑦身辺自立・しつけに関する相談（歯磨き，手洗い，うがい，衣類の着脱等）

⑧生活に関わる相談（給食・離乳食を食べない，午睡をしない，排せつ等）

⑨生活用品，育児用品に関する相談

⑩子どもとのコミュニケーション・接し方に関する相談（ほめ方，叱り方等）

⑪気になる行動に関する相談（偏った食事，夜尿，爪かみ，常同行動等）

⑫社会福祉サービス・制度に関わる相談―非貨幣的ニーズの充足について（児童養護施設，母子生活支援施設等）

⑬社会福祉サービス・制度に関わる相談―貨幣的ニーズの充足について（児童扶養手当，特別児童扶養手当，保育料等）

　これらの相談内容から，子育て家庭においては，母子保健，児童福祉，児童心理などに関わる様々な迷いや不安，悩みがあることがわかる。保育士には，このような保護者の迷いや悩みに耳を傾け，その心情を理解し，支え，助言や情報提供を行うことが期待される。また，これらの相談内容にはそれぞれの分野の専門職がおり，医師や保健師，看護師，栄養士，心理職，ソーシャルワーカーなどを紹介することがある。そのため，保育士は関連分野に関する知識や専門職につなぐスキルが必要となる。相談の基本として，保護者が防衛的にならずに率直に悩みを訴えられるような関係をつくり，その訴えを正確に受け取り，心情を共感的

*横井一之・吉弘淳一編『保育ソーシャルカウンセリング』建帛社，2004，pp.8－10

7章　子ども家庭支援の方法

に理解することによって支え，また，状況や状態を客観的にアセスメントできることも必要である。その上で，助言や情報提供，他機関への紹介，社会資源の活用，問題解決に向けての相談などの援助を行う。

6 課題や問題に気づくための行動観察

子どもの疾病や障害，不適応，保護者による不適切な関わりなどの問題は，早期発見による早期対応が大切である。子どもの問題の発見には，保護者からの訴えや子どもの言動や制作物（作品）の解釈，心理検査，第三者からの情報提供，子どもの様子の行動観察などが役立つ。

行動観察の方法には，保育所内での，①自然場面における観察，②設定場面における観察，③子どもに関与しながらの観察，④関与なしでの観察，⑤行動チェックリストを用いての観察などがあり，観察対象も対象児童の言動や態度，他児との関わり場面，保護者との関わり場面などがある。また，母子健康手帳の記述内容や保育日誌なども長期的な行動の観察記録であり，子ども理解に重要な視点を提供してくれる。

行動観察のためには，保育士が漠然と子どもを見ているのではなく，何らかの視点や問題意識をもって観ることである。また，日頃の子どもを知っているから，その様子の変化に気づけるのであり，子どもの心理や疾病，障害，行動問題など幅広い知識を持っているからこそ，子どもの状態や行動に異変を感じ，対処や支援につなぐことができるのである。

7 問題発見の観点

保育士は子どもの様子や保護者の態度などから，子どもの行動に問題性があるのか否かを判断するが，その場合の評価の観点を取り上げる。

①発達水準からの観点（発達水準からみて，現在の行動は発達の遅れと評価すべきなのか）

②平均値からの観点（同年齢の子どもの平均的な行動に比べて大きな違いはあるか）

③社会規範や公共性からの観点（子どもの行動は反社会的なものなのか）

④身体的側面からの観点（子どもの不適応行動は疾病や障害によるものなのか）

⑤子どもの心理状態についての観点（子どもはストレスや苦痛を感じているのか）

⑥保護者の要求水準についての観点（保護者の子どもへの期待や要求は，子どもの年齢や発達，能力に見合ったものなのか）

⑦保護者の養育能力や家庭環境についての観点（保護者の養育行動や家庭環境

は，子どもの健やかな成長や発達のために望ましいか）

　子どもの不適応や問題性の判断は，多くの情報，多面的な視点，深い理解から評価すべきである。そして，子どもの特異性ばかりを強調するのではなく，一人ひとりの個別性を尊重することも大切である。どこまでが個性や特性として許容すべきなのか明確にする必要がある。場合によっては，発見した問題傾向を保留にして，しばらく様子を見ることもあるし，逆に危機介入することもある。評価する者に知識がないと問題性を発見することはできない。それゆえ，重大な問題性を見逃すことのないよう，様々な知識や多面的で深い理解，分析力を持つことが大切である。

　評価は評価者の持つ情報に規定される。情報が少なければその評価はあいまいなものとなるし，収集した情報に偏りがあれば客観性を欠いた評価になる。情報が過多になれば，その意味付けや判断が困難になる。情報をどのように整理し，認識していくかによってその評価は変化していく。

　また，評価する援助者は，自分の価値基準がどのような傾向があるのかを認識している必要がある。評価には客観性や妥当性が大切であるが，実際にその評価を行うのは専門職とは言え，個人的な価値基準をもって行う。それゆえ，主観的なものであると言わざるを得ない。評価者の立場や役割によってその評価は変わるし，どこを強調して観るかによっても評価は異なる。相手への期待，相手の言動の解釈などによっても評価は変わる。評価者の価値観としての善悪，好悪なども影響する。このような評価者の主観性が，その評価に影響を与えるのである。それゆえ，専門職は少なくとも自分の価値観の傾向を自己覚知しているべきである。

8 アセスメントの視点

　保育士は，子どもの行動観察や保護者の訴えなどから収集した問題に関わる情報をもとにアセスメントする。アセスメントの用語は診断や評価，査定，理解などの意味を持つ。アセスメントでは，まず子どもや保護者，家族関係，家庭環境などの気になる情報を収集することから始まる。そして，現在不適応状態にある子どもの問題傾向を明確にし，そこに子どもの素質や生い立ち，性格傾向，ストレス要因などがどのような役割をはたしているのか，また，子どもの現在の親子関係や社会的環境要因（保育所や他児との関係）が問題の維持・持続にどのように関わり，不適応を強化しているのかを明確にしていく。問題を形成した過去は変えられないが，問題を持続させている現在の強化要因は変えることができるということを認識してほしい。問題解決の重要な視点である。また，アセスメントでは，否定的な側面ばかりに焦点を当てるのではなく，子どもや家族のポジティ

ブな側面を認め，それを問題の解消や改善に活かしていくという視点も大切である。以下にアセスメントの視点を紹介する。

(1) 子どもの状態像の理解
①保護者の主訴と保育士の観察した子どもの問題とは一致しているか
②発達水準からみても問題だと言えるか
③乳幼児健診や心理発達のデータではどうだったか
④問題はいつから始まり，どの程度続いているか
⑤家庭と保育所では子どもの状態や行動に違いはあるか
(2) 問題の形成要因と強化要因の理解
①妊娠・周産期に特記すべき事態はあったか
②乳幼児期に特記すべき病気，事故，出来事があったか
③子どもの体質，気質，性格傾向と問題との関連性はあるか
④子どもはこれまでどのように保護者から扱われてきたか
⑤問題発生の契機となったのは何か
⑥症状や行動問題が起きた場面で，保護者や保育士はどのような対応をしたか
⑦子どもは問題を持つことによって何か得をしていることがあるか（疾病利得）
⑧子どもの問題と家族関係や家庭の事情には関連性があるか
⑨子どもの日課や習慣，親子関係，行動パターンなどは問題を維持，持続させているか
(3) 問題解決へのアプローチ
①子どもの問題には緊急対応すべきか，するとしたらどこから対処するか
②保護者は援助者にどのような援助を期待しているのか
③保護者は問題解決のためにどのような方法を試してきたのか
④問題解決に貢献できる家族は誰か，どのような役割を担えるか
⑤保護者に対する援助にはどのようなものがあるか
⑥保護者が子どものためにできていること，子どもが適応できていることは何か
⑦家族はどのような社会資源を持ち，どのような社会資源を必要としているか
⑧家族の絆，家族のコミュニケーション関係はどうなっているか

4. ソーシャルワークとカウンセリングの方法

保育士が子育て支援を実践する際に参考となる援助技術には，ソーシャルワークとカウンセリングがある。ソーシャルワークは相談援助とほぼ同義で，白澤（2017）＊は，「相談援助とは，クライエントの相談に応じ，助言，指導，連絡，調整，その他の援助を行うことであり，ソーシャルワークの業務内容に類似する内容となっている」と言う。ソーシャルワークの援助対象は通常「生活問題」であり，問題の解消・解決を目指して，助言や情報提供，社会資源の活用，環境調整などの具体的な援助活動を展開する。ソーシャルワーカーでは，一般に問題の生じている環境を変える，人の環境への関わり方を変える，環境にある社会資源を活用する方法を行う。それに対してカウンセリングでは，援助対象を人の行動や内面におき，本人の感じ方や考え方，行動の仕方から心理・行動上の問題は生じると考える。そのため，クライエントには自分の内面をふりかえってもらい，自分の感じ方や考え方，言動，態度などが，問題形成や問題の維持にどのように関わり合っているのかを検証してもらう。その中で生じてくる気づきが考え方や行動を変えていく原動力となる。このようなクライエントの気づきによる行動変容が問題の解決につながっていくと考えるのである。

＊白澤政和「はじめに」，社会福祉士養成講座編集委員会編『新・社会福祉士養成講座7　相談援助の理論と方法Ⅰ　第3版』中央法規出版，2017

Ⅰ．ソーシャルワーク
1 ソーシャルワークの定義

ソーシャルワークとは，「利用者固有の生活状況を基点に，より豊かな社会生活の回復と実現を目指し，制度としての社会福祉諸サービスの提供を通じ，利用者による課題解決を可能にする支援活動の展開と，他方では，社会の発展に対応した社会福祉の維持と，その諸条件の改善・向上を目標とした専門職業者による支援活動システムの展開過程である」（太田，1999）＊＊。

ソーシャルワークでは，援助を受けている人や援助を必要としている人を利用者（user）と言う。つまりサービスの利用者であり，サービスを利用する権利のある人である。ソーシャルワークの援助対象は，利用者の生活問題であり，本人の努力と援助者との協働関係を形成し，社会資源としてのサービスを活用しながら問題の解消や解決を目指す。同時に，社会福祉に必要な社会環境を形成していこうとする。人の生活問題は，環境とのマッチングがうまくいかない場合に生じる。それ故，その問題解決には，環境自体を変えること，人が変わること，人の環境との関わり方を変えることが考えられる。環境を変えることには，学校を変える，付き合う仲間を変える，部屋の模様替えをする，一日の日課を変える，ペットを飼うなどの身近な物的・人的生活環境を変えることがあり，また地域のサ

＊＊太田義弘編『ソーシャルワーク実践と支援過程の展開』中央法規，1999，p.14

7章　子ども家庭支援の方法

ービスや施設などの社会資源の改善や開発，さらに法制度を改正したり，新たに制定したりなどのソーシャル・アクションによって社会環境を変える方法もある。人が変わることには，考え方や行動の仕方，態度などを変えること，さらに知識を持つ，技術を持つことなどがある。環境との関わり方を変えるとは，これまでの関わり方とは異なる方法をすることで，たとえば深入りしない，行動パターンを変える，ストレスを感じないようにする，問題場面への対処能力を高めるなどである。

2 国際ソーシャルワーカー協会の定義

　国際ソーシャルワーカー連盟（1956年設立）は世界規模のソーシャルワーカーの団体である。わが国では，日本ソーシャルワーカー協会（1960年），日本社会福祉士会（1993年），日本医療社会福祉協会（1953年），日本精神保健福祉士協会（1964年）の4つの職能団体が日本ソーシャルワーカー連盟として加盟している。ここに国際ソーシャルワーカー連盟の「ソーシャルワークの定義」を紹介する。

　「ソーシャルワーク専門職は，人間の福祉（ウェルビーイング）の増進を目指して，社会の変革を進め，人間関係における問題解決を図り，人びとのエンパワーメントと解放を促していく。ソーシャルワークは，人間の行動と社会システムに関する理論を利用して，人々がその環境と相互に影響し合う接点に介入する。人権と社会正義の原理は，ソーシャルワークの拠り所とする基盤である」。

　このように，ソーシャルワーカーは，人権と社会正義のために，そして人の福祉の増進のために，社会をより望ましい方向に変革しながら，人と環境の接点への介入を通して人の問題解決とエンパワーメント，そして解放を促進していく，そのような専門職であることを宣言している。

3 ソーシャルワーカーの機能と役割

　次は，日本社会福祉実践理論学会（現ソーシャルワーク学会）の研究会(1997)*が，ソーシャルワークの機能として整理したものである。ソーシャルワークは，その援助対象も個人や家族，集団，生活環境，社会環境と広がりを持つが，その援助内容も多様なことがわかる。

　①仲介機能 human service broker，②調停機能 mediator，③代弁機能 advocator，④連携機能 linkage，⑤処遇機能 residential work，⑥治療機能 counselor / clinician，⑦教育機能 educator，⑧保護機能 protector，⑨組織機能 organizer，⑩ケースマネジャー機能 case manager，⑪社会変革機能 social change agent。

＊日本社会福祉実践理論学会ソーシャルワーク研究会「ソーシャルワークのあり方に関する研究　調査報告書」1997年

219

4 ソーシャルワークの援助技術

ソーシャルワークの援助内容を整理すると次のようになる。まずは利用者（クライエント）自身が問題解決への意欲を持ち，努力しようとすることだが，現実的な生活問題の解決を目指すソーシャルワークとしては，サービスや専門機関などの社会資源を活用し生活を少しでも立ち直らせること，身近な生活環境を変えたり，地域の社会環境，法制度などの改善や開発に働きかけたりすることを行う。一つの機関や一人の専門職だけでは援助しきれない事例では，地域に社会的支援のネットワークを形成し，連携や協働の中で支援を展開していくこと。虐待には通告義務があるが，そのような本人が窮状を表明できない場合には，アドボカシー（弁護や代弁による権利擁護）すること，緊急事態の場合には危機介入し，被害者を一時保護することなどが大切である。

①個人の内的能力が発揮できるようにすること

②地域の社会資源を積極的に活用すること

③生活環境を改善すること

④地域の社会環境を改善すること

⑤グループを活用すること

⑥子育て家庭へのソーシャル・サポート・ネットワークを地域に形成すること

⑦ケース・マネジメントによって，サービスや援助が効果的に実践されるように図ること

⑧自らの権利や要求，主張を表明できない個人や家族のために，弁護・代弁機能を果たすこと

⑨虐待やDVなどへの危機介入によって，個人や家族を保護すること

5 ソーシャルワークのプロセス

一般的なソーシャルワークのプロセスを紹介する。

（1）問題の把握・発見（needs catch：ニーズキャッチ）

援助は，援助者が問題を把握・発見することから始まる。問題の把握は，保護者や子どもが訴え出る場合と，援助者が子どもや保護者の様子を通して発見する場合がある。とりわけ，児童虐待が子どもの成長や発達を阻害し，人生そのものを深く傷つけて，時には子どもの命まで奪うものであれば，その発見と通告は子どもの命を救うことやその人生を保障することと同義である。早期発見のためには，児童虐待であれば，その定義や通告義務，虐待対応の流れなどを熟知していること，そして，子どもの疾病や行動問題への知識が必要であり，保育の中で子どもの様子に関心を持ち，子どもや保護者からの危機のサインを察知できることである。

（2）初回面接あるいは受理面接（intake：インテーク）

インテークは相談を受理することや最初の面接を意味する用語で、面接者は、クライエントから問題の状況や状態などの情報を聴取し、主訴を確認し、問題の見立てを行い、この事例を当該援助機関として扱うか否かを判断する。その他にインテーク面接で大切なのは、クライエントとの関係形成、援助構造（面接のルール）の伝達、援助契約の締結、クライエントのサポートなどである。

（3）問題の理解と評価（assessment：アセスメント）

アセスメントは、問題の理解や診断、評価、査定などの意味であるが、クライエント等から収集した情報を重ね合わせ、整理し、問題の形成や維持にどのような要因が関わっているのかを見極めていくことである。現在の問題に、子どもの生い立ちや行動傾向、ストレスなどがどのような役割を果たし、保護者の養育態度や親子関係、家庭環境が問題形成にどのように関わり、何が問題を維持、持続させているのかを検討し、解決すべき問題点を明確にしていく。不適切なアセスメントには、情報量が少なく、情報に偏りがある場合、援助者の主観性が強い場合、援助者に逆転移がある場合などがあり、それは妥当性を欠いたアセスメントになってしまう。

（4）援助計画の作成（planning：プランニング）

アセスメントによって解決すべき問題点や課題が明確になったら、援助計画が立てられる。援助目標を設定し、援助方針、援助方法を決定していく。援助目標には、短期目標と長期目標があり、虐待事例のように緊急対応が必要な場合もある。援助方針は、どの援助者が誰にどのような援助を行うか、そして子どもや保護者、家族にはどのような支援体制を組んで関わっていくかを決定する。通常、援助計画は問題の解決や解消に向けられるが、クライエントや家庭の健康的、肯定的側面を強化していくこと、社会参加を促していくことも、問題解決に間接的な効果がある。ここで大切なことは、援助計画の作成にクライエントが参加することである。クライエントが自分の問題をしっかり見据え、どうすべきか自ら考え、どのように解決への努力をしていくのか、援助者と協働で検討していくことが肝心である。

（5）援助的介入（intervention：インターベンション）

インターベンションとは、援助目標と援助対象を定め、援助者が具体的な援助活動を実践することである。保育所における子育て支援のインターベンションでは、訴えのある保護者への助言や相談の継続、行動見本の提示、見守り、社会資

源の活用などの援助活動を指すことが多いかもしれない。特にソーシャルワークのインターベンションは，訴えのあるクライエント（顕在的クライエント）だけを援助対象とするのではなく，訴えがなくても援助の必要のあるクライエント（潜在的クライエント）への支援も検討する。そこではアウトリーチのような方法が使われる。虐待や災害，事故，事件などの被害者への緊急対応は，危機介入（クライシス・インターベンション）という。

(6) 事例の監視と変化の評価 (monitoring：モニタリング)

援助が実践されれば何らかの効果や影響といった変化が起きてくる。子どもや保護者，家庭環境にどのような変化が起きているのか見定めるために，モニタリングと呼ばれる中間評価を行う。良好な変化が起きていない場合には，再度アセスメントし，援助計画も設定し直すことになる。虐待事例などでは適切な支援を展開できているか，新たな問題が生じていないかをモニタリングとして検討することになる。

(7) 援助の終結や援助効果の評価 (evaluation：エバリュエーション)

援助も終盤になると，援助目標は達成されたか，問題は解決したか，子どもや保護者，家庭は今後の支援がなくても自分たちの力でやって行けるかなどを評価することになる。それによって援助の終結を判断する。また，この間の援助の有効性や問題点などを明確にし，知見を集積することも大切である。援助は，いつまでもクライエントを依存的状態にさせておくものではなく，クライエントが自立できること，問題解決能力や対処能力を養うこと（エンパワーメント）のために行うものである。

(8) 終結 (closed：クローズド)

援助の終結とは，援助契約の終結や援助関係の終結を意味する。終結は，継続事例なら最終面接の1，2回前に，援助者とクライエントの間で合意している必要がある。最終回の面接では，これまでの援助過程をふりかえり，問題が解消したことやクライエント自身が成長し変化したこと，今後自力でやっていけそうだということを自覚してもらう。そして，終結後困ったことが起これば再び相談できることを伝える（開かれた終結）。また，終結後にフォローアップ面接を設定することもある。

保育所には，児童相談所の援助が終結した子どもや児童福祉施設を退所した子どもが通園してくる。専門機関での事例終結後あるいは施設の退所後のアフターケアにおいて，保育所は重要な役割を担う。子どもの様子，親子の関わり，保護

7章　子ども家庭支援の方法

者の様子，家庭の状況などにしっかり目を向け，暖かくも冷静な視点で見守り，支援していく姿勢が大切である。

Ⅱ．カウンセリング

1 カウンセリングの定義

　日本カウンセリング学会での定義を紹介する。「カウンセリングとは，カウンセリング心理学等の科学に基づき，クライエント（来談者）が尊重され，意思と感情が自由で豊かに交流する人間関係を基盤として，クライエントが人間的に成長し，自律した人間として充実した社会生活を営むのを援助するとともに，生涯において遭遇する心理的，発達的，健康的，職業的，対人的，対組織的，対社会的問題の予防または解決を援助する専門的援助活動である。すなわちクライエントの個性や生き方を尊重し，クライエントが自己資源を活用して，自己理解，環境理解，意思決定および行動の自己コントロールなどの環境への適応と対処等の諸能力を向上させることを支援する」*。

　カウンセリングの目的には，クライエントの訴える問題の解決だけでなく，人格的成長や社会適応，問題の予防などもあり，その方法は，助言指導というよりも，自己理解や環境理解を進め，自分の力を活用し，自己決定や自己コントロールによる適応への努力を支援していくものである。

＊日本カウンセリング学会定義委員会による定義，2004.9.6

2 保護者面接の方法

　保育士は保育に関わる専門家であり，寄せられた相談に，子どもの行動や発達に関する知識を提供したり，養育方法に関する助言を行ったり，家族に必要なサービスを紹介したり，行動見本を示したりする。それらが多くの保護者にとって迷いを払拭し，対処方法を見出すことになり，問題状況を解消することになる。しかし，問題がもう少し深刻になると，容易に助言指導できないことも多く，情報提供しても有意義に活用されない場合もある。悩み続けてきた問題は，一回の面接での助言によって解決することは少ないはずである。

　援助者（カウンセラー）は，保護者（クライエント）の自由な表現を保証し，守秘義務を伝え，保護者が防衛せずに自己表現していけるように，受容的な態度で接する。保護者が自分の非を見つめていくことには苦痛を伴うため，辛さに共感し，味方になって支え，勇気づけていく姿勢をとる。援助者はこのような姿勢で，保護者が子どもの心情や行動の意味を見つめ，自分が子どもにどのような影響を与えているのかを認識できるように支えていく。そして，保護者がそこでの気づきをもとに，子どもに対する自分の態度や言動を変えていくことによって，子どもの不適応行動を解消していこうとする。同時に保護者自身の精神的な安定

223

を図ろうとする。援助者は，一見優しい態度で接してくれるが，保護者が自分を見詰め直し，自分の考え方や行動を変えていくことに寄り添って辿ってくれるたくましい味方なのである。

③ 保護者面接の援助技術

　ここでは，子どもに行動問題がある場合の保護者面接の援助技術をまとめた。面接では保護者に子どもの様子や言動，心情などについての理解を促すこと，子どもとのコミュニケーションを図ることが大事なテーマとなる。その中で，保護者には自分の子どもへの影響をみつめてもらい，どのような対応が子どもにより望ましい影響を与えていくのかを探っていってもらう。必要に応じて夫婦関係や家庭環境の調整を行う。

①専門職としての知識や経験に裏打ちされた根拠ある助言，指導を行う
②保護者と子どもの適切なコミュニケーションを促す
③保護者に子ども理解を深めてもらう
④子どもの行動問題と保護者の養育態度との関連性を探る
⑤保護者の愛情や思いを子どもに適切に伝えられるようになってもらう
⑥家庭環境や家族関係の問題や課題を保護者に意識化してもらい，その解消・解決を図る
⑦保護者自身の心情やストレスの理解に努め，発散や自信回復，心理的安定を図る
⑧夫婦関係や保護者仲間との関係づくりを図る
⑨子どもへの対応方法や社会資源に関する情報提供を行う
⑩問題に見合った専門機関，専門職を紹介する

④ 保護者面接のプロセス

　一般的な保護者面接の進め方は次のようなものである。援助者（カウンセラー）は，保護者の自由な表現を保証し，その発言に耳を傾け，言語的表現のみならず表情や言い方などからその状況や状態を把握していこうとする。また，保護者の気持ちや思いを尋ねることによって，保護者に内面を見つめてもらい，それを言語化することを促す。保護者の言語的・非言語的表現やこの間の経緯などから，保護者の問題状況や心情，ニーズなどを正確かつ共感的に理解していこうとする。さらに，面接中に了解，把握，理解できたことを，明確化や要約，解釈として伝え，保護者自身の自己理解や環境理解を促進していく。必要であれば情報提供や助言を伝える。このような対応をしながら保護者自身の自助努力を支え，協働で問題解決への目標に向かって進んでいくのである。

①保護者が安心して自由にしゃべれるような雰囲気をつくる

②保護者と一緒に問題を悩んだり，考えたりしていきたいことを伝える

③保護者に対して耳を傾け，受容的，肯定的に聴く

④保護者の主訴を確認し，その問題を中心に関わる

⑤保護者の気持ちや期待，願い，要求を理解する

⑥保護者が感じ，考えているように，正確かつ共感的に理解していく

⑦保護者の置かれている状況，現在の状態を理解し，整理して伝える

⑧保護者が自分自身や問題を振り返ることができるように，内省や表現を促す

⑨保護者が必要としている情報や知識を提供したり，援助者の解釈を伝える

⑩保護者に，自分の態度や行動が子どもの問題にどのように関わっているのか検討してもらう

⑪保護者が自分の態度や行動における目標を見出し，動き出していけるように励ます

⑫保護者が頑張っていることを強化し，見守る

⑬終結時には，今後困ることがあれば再び相談できることを保証する

5 援助的コミュニケーション・スキル

　加藤（1998）*は，相談会話における援助者のコミュニケーション・スキルとして14カテゴリーを抽出した。「保証・励まし」「受容」「同意・同調」「助言」「解釈」「意見・感想」「情報提供」「確認・明確化」「オウム返し」「事実関係の質問」「内省・感情表現の促進」「拒否・否定」「皮肉・攻撃」「不明瞭」である。そして，このカテゴリーによって，実際の相談場面における援助者の発言を分類，分析した。その結果，良好な相談において援助者の活用が多いスキルは，「確認・明確化」「内省・感情表現の促進」「解釈」であった。つまり，援助的な相談で有用なのは，相手の発言内容を確認したり，明確化しながら正確に受け取っていくスキル（確認・明確化），相手の感情や考え方に焦点を当て，それを尋ね，言語化を促すスキル（内省・感情表現の促進），そして援助者として客観的に理解できたことを解釈として相手に伝えるスキル（解釈）である。

*加藤博仁「個別援助技術における有効なコミュニケーション・スキルの検討―心理相談と問題のある相談の会話表現の分析研究―」医療ソーシャルワーク，47号，1998

表7－1　良好な相談と不適切な相談のコミュニケーション・スキルの比較

（%）

	保証	受容	同意	助言	解釈	意見	情報	確認	オウム	事実	内省	否定	攻撃
良好	3.1	5.3	3.6	3.3	17.1	9.1	2.9	23.6	5.6	8.2	17.6	0.7	0
不適切	3.9	0.5	1.5	12.3	4.4	14.8	8.4	1	3.9	31	5.9	8.9	3.5
		**		***	***	*	**	***		***	***	***	***

カイ二乗検定　*：$p < .05$，**：$p < .01$，***：$p < .001$

5. 保育士に求められる基本姿勢

1 援助者に必要な四つの能力

援助者として体得することが望まれる能力には，価値観（倫理），知識，技能，業務能力がある＊。

①価値観・倫理　value

価値として，人間の尊厳，人権尊重，民主主義，自己実現，生活の質，自己決定などの重要性を認めることである。専門職の知識や技術は，正しい価値観の下に行使されなければ援助にはならず，専門職は知識や技術を悪用してはならない。そのために，専門職には倫理綱領があり，その順守の下に援助活動を展開するのである。

②知識　knowledge

保育士には子どもの保育や保護者への保育指導などに関わる知識が必要になる。たとえば，子どもの発育・発達，保護者の保育ニーズ，社会資源，子どもの不適応行動，ソーシャルワークやカウンセリングなど様々な知識である。保育士は知識があるからこそ専門職として信用される。また，知識があるからこそ事象や現象を正確かつ客観的にみることができるのである。

③技能　skills

保育士には様々な技能が必要であるが，相談援助であれば，受容的態度や共感的理解，正確に聴く，情報収集，アセスメント，信頼関係の形成，自助努力の促進，サポート，社会資源の活用，気づきの促進などの援助スキルが必要である。援助スキルは保育士の人間性に組み込まれたものになるべきである。援助スキルの修得には，援助者として修正すべき言動や態度を自己課題化して改善すること，身につけるべき援助スキルを練習して獲得することが必要である。

④業務に必要な能力　ability

業務に必要な能力も様々なものがある。たとえば，上司や同僚に伝達事項を正確に伝える，記録や報告書を作成する，業務に関わる様々な作業を丁寧かつスピディーに行う，整理整頓，仕事に見合った服装や言葉遣い，課題や問題を調査する，ストレスに耐え対処する，集団活動に参加し進行役を担うなど。専門職は業務に必要な能力があるからこそ，仕事を滞りなく実施でき，そして職場の対人・対物環境への適応が可能になるのである。

＊全米ソーシャルワーカー協会編，日本ソーシャルワーカー協会訳『ソーシャルワーク実務基準および業務指針』日本ソーシャルワーカー協会，1997

2 保育士に求められる知識と技術

「保育所における保育士は，児童福祉法第18条の4の規定を踏まえ，保育所の役割及び機能が適切に発揮されるように，倫理観に裏付けられた専門的知識，技

術及び判断をもって，子どもを保育するとともに，子どもの保護者に対する保育に関する指導を行うものであり，その職責を遂行するための専門性の向上に絶えず努めなければならない」（保育所保育指針）。そして保育士に求められる主要な知識及び技術として，次の6つが指摘されている*。発達援助や生活援助，環境構成，遊びの展開，関係構築そして保護者相談の知識と技術である。

①これからの社会に求められる資質を踏まえながら，乳幼児期の子どもの発達に関する専門的知識を基に子どもの育ちを見通し，一人一人の子どもの発達を援助する知識及び技術

②子どもの発達過程や意欲を踏まえ，子ども自らが生活していく力を細やかに助ける生活援助の知識及び技術

③保育所内外の空間や様々な設備，遊具，素材等の物的環境，自然環境や人的環境を生かし，保育の環境を構成していく知識及び技術

④子どもの経験や興味や関心に応じて，様々な遊びを豊かに展開していくための知識及び技術

⑤子ども同士の関わりや子どもと保護者の関わりなどを見守り，その気持ちに寄り添いながら適宜必要な援助をしていく関係構築の知識及び技術

⑥保護者等への相談，助言に関する知識及び技術

*汐見稔幸・無藤隆監修『平成30年施行　保育所保育指針・幼稚園教育要領・幼保連携型認定こども園教育・保育要領　解説とポイント』，ミネルヴァ書房，2018, p.77

3 全国保育士会倫理綱領

「全国保育士会倫理綱領」は，保育士の行動指針であり，保育士に求められる基本姿勢を明文化したものである。

<全国保育士会倫理綱領>

　すべての子どもは，豊かな愛情のなかで心身ともに健やかに育てられ，自ら伸びていく無限の可能性を持っています。
　私たちは，子どもが現在（いま）を幸せに生活し，未来（あす）を生きる力を育てる保育の仕事に誇りと責任をもって，自らの人間性と専門性の向上に努め，一人ひとりの子どもを心から尊重し，次のことを行います。
　私たちは，子どもの育ちを支えます。
　私たちは，保護者の子育てを支えます。
　私たちは，子どもと子育てにやさしい社会をつくります。
（子どもの最善の利益の尊重）
1. 私たちは，一人ひとりの子どもの最善の利益を第一に考え，保育を通してその福祉を積極的に増進するよう努めます。
（子どもの発達保障）
2. 私たちは，養護と教育が一体となった保育を通して，一人ひとりの子どもが心身ともに健康，安全で情緒の安定した生活ができる環境を用意し，生きる喜びと力を育むことを基本として，その健やかな育ちを支えます。
（保護者との協力）
3. 私たちは，子どもと保護者のおかれた状況や意向を受けとめ，保護者とより良い協力関係を築きながら，子どもの育ちや子育てを支えます。

（プライバシーの保護）
4. 私たちは，一人ひとりのプライバシーを保護するため，保育を通して知り得た個人の情報や秘密を守ります。
（チームワークと自己評価）
5. 私たちは，職場におけるチームワークや，関係する他の専門機関との連携を大切にします。
　また，自らの行う保育について，常に子どもの視点に立って自己評価を行い，保育の質の向上を図ります。
（利用者の代弁）
6. 私たちは，日々の保育や子育て支援の活動を通して子どものニーズを受けとめ，子どもの立場に立ってそれを代弁します。
　また，子育てをしているすべての保護者のニーズを受けとめ，それを代弁していくことも重要な役割と考え，行動します。
（地域の子育て支援）
7. 私たちは，地域の人々や関係機関とともに子育てを支援し，そのネットワークにより，地域で子どもを育てる環境づくりに努めます。
（専門職としての責務）
8. 私たちは，研修や自己研鑽を通して，常に自らの人間性と専門性の向上に努め，専門職としての責務を果たします。

社会福祉法人　全国社会福祉協議会
全国保育協議会
全国保育士会

　倫理綱領には，保育士の責務として，子どもの子育ちと保護者の子育てを支え，望ましい子育ち・子育て環境を形成していくことを目的として，8つの基本指針を提示している。その中では，保護者との協力関係や地域の関係機関との連携によって子どもの育ちや子育てを支援していくことが述べられている。また，保育活動を通して得られた子どもや保護者のニーズを代弁（アドボカシー）し，より望ましい福祉社会の形成に貢献しようとする姿勢もある。そして，自己評価や自己研鑽によって保育士としての専門性や人間性の向上に努めることを誓っている。

4 援助者の3つの条件

　C.ロジャーズは，心理療法におけるセラピストの3つの条件を提示している。保育士の子どもや保護者に対する姿勢としても参考になる。

①無条件の肯定的関心（unconditional positive regard）

　どのようなクライエントであっても，援助者は先入観を持たずに，肯定的な関心を持って接すること。新鮮な目で，「あるがまま」を理解しようとする姿勢が肝要である。

②共感的理解（empathic understanding）

　援助者はクライエントの言動を正確に受け取り，クライエントの立場で，クライエントが感じているように，そして考えているように理解していくことが肝心である。

③自己一致または純粋性（congruence）

　援助者は，自分の言動に嘘があったり，表面的に相手に合わせているようであってはならない。心の中で感じていることと表現した言動が一致していることが大切である。

5 バイステックのケースワークの7原則

　ソーシャルワークの基本的な援助姿勢として，バイステックは7つの原則*を取り上げた。ケースワークの7原則として知られている。

①個別化の原理　individualization

　一人ひとりの生い立ちや環境，心情などの個別性や個性の違いを尊重すべきこと。

②自己決定 self-determination

　自分の人生は自分で決めるべきものであり，クライエントの選択意思や自立性，自己決定を尊重すべきこと。

③受容の原則　acceptance

　クライエント自身をあるがままに受け入れるべきこと。

④非審判的態度の原則　non-judgemental attitude

　クライエントの行為や言動を善悪や好悪，損得などの評価的な視点で見るのではなく，なるべく主観性を廃して客観的に受け取っていこうとする姿勢である。

⑤統制された情緒関与の原則　controlled emotional involvement

　この原則は，自分の感受性を働かせながらクライエントの態度や言動を理解していくべきであること。そして，援助者は自己コントロールして冷静にクライエントに関わるべきことを意味する。

⑥秘密保持の原則　confidentially

　この原則は，相談における大前提であり，クライエントは秘密が守られると信じているからこそ，本当のことを隠さずに話せるのである。

⑦意図的な感情表現の原則　purposeful expression of feeling

　感情を表出することは，不快感情の発散やカタルシスになるため，援助者はなるべくクライエントの感情表現を促すことが良いとする考え方である。ただし，過剰な感情表現は注意するべきであり，クライエント自身がその感情への直面に耐えられる程度であることが肝要である。感情表現は一層の感情表出を生みやすいことにも留意する必要がある。

*バイステック, F.P., 田代不二男・村越芳男訳『ケースワークの原則―よりよき援助を与えるために』誠信書房, 1965

6 専門的な援助関係

表7−2 家族・友人関係と専門的な援助関係の比較（川村，2006を修正加筆）*

家族・友人関係	専門的な援助関係
①信頼関係がすでにつくられている	①信頼関係を最初からつくる
②人間関係に基づくパートナー	②契約関係に基づくパートナー
③主観的な立場で相手と一体化し距離がない	③客観的な立場で相手と一定の距離を保つ
④相手と私的な交流や社交活動をする	④相手と私的な交流や社交活動をしない
⑤自分や相手の感情に流されやすい	⑤自分の感情を抑え，相手の感情に焦点を当てる
⑥同情する	⑥共感する
⑦生活経験・常識・価値観を基盤とした助言	⑦知識・理論・専門的経験を基盤とした助言
⑧自分のことを話す場合が多い	⑧自分のことは必要以上に話さない
⑨時間・期間的な制限はあまりない	⑨一定の時間・期間内で援助を行う
⑩素人同士の関係であり明確な役割はない	⑩専門職として援助の役割を担う
⑪自由な対人関係であり報酬はない	⑪仕事であり報酬を得る

*川村隆彦，『新版　社会福祉士養成講座8　社会福祉援助技術論I第3版』中央法規出版，2006

　この表は一般的な人間関係（家族・友人関係）と専門的な援助関係を比較したものだが，両者を比べていくと，援助関係の特徴が明確になる。援助者とクライエントとの関係は，契約関係であり，問題が解決したときに解消する一過性の関係である。まずは信頼関係を形成することから始まり，クライエントの話に耳を傾けて情報収集したり，カタルシスを促したり，共感的な理解をしながらクライエントを支えたり，必要に応じて情報提供や社会資源を活用したり，あるいは問題状況の整理や解釈をしたりして，協働で問題解決を目指していく関係である。

7 信頼関係を形成するプロセス

　援助者とクライエントの間で信頼関係が形成されていくプロセスを図7−1に示した。①まずはクライエントが防衛せずに素直に悩みを語れることが肝心である。そのために援助者は，プライバシーの保てる空間で，秘密保持を約束し，自由な表現を保証する。そして，クライエントの発言に対して受容的な態度で，味方になって，傾聴し，その事情や心情をクライエントの立場に立って共感的に理解していく。②クライエントは，そのような援助者の受容や共感に接して，自分の苦痛や心情を吐露していく中で感情がカタルシスしていき，理解され支えられていると感じれば不安は軽減し，援助者による明確化，要約，フィードバックによって自分の置かれた状況や問題形成などが整理され，今後の見通しを持てるようになる。③このような援助者との関わりの中で，クライエントは次第に自分の心が軽くなり，問題状況がはっきりしてくると，その援助者に対して信頼感を持て，共に問題解決に関わってくれるパートナーとして認識していく。

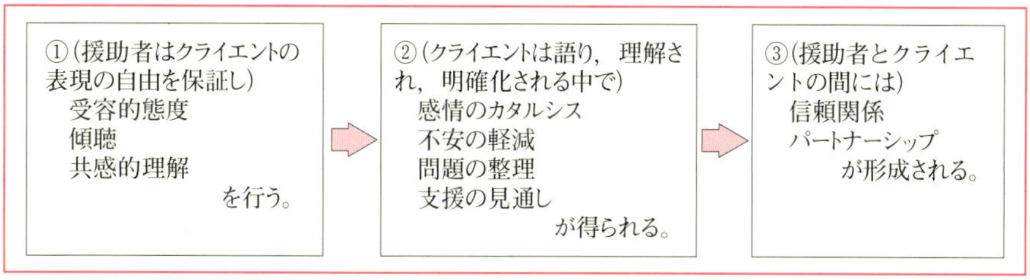

①（援助者はクライエントの表現の自由を保証し） 受容的態度 傾聴 共感的理解 　　　　　　を行う。	→	②（クライエントは語り，理解され，明確化される中で） 感情のカタルシス 不安の軽減 問題の整理 支援の見通し 　　　　　が得られる。	→	③（援助者とクライエントの間には） 信頼関係 パートナーシップ 　　　が形成される。

図7－1　信頼関係を形成するプロセス

6. 保育士の資質向上

1 資質向上の必要性

　保育所保育指針の第5章では，職員の資質向上を取り上げ，「保育所は，質の高い保育を展開するため，絶えず，一人一人の職員についての資質向上及び職員全体の専門性の向上を図るよう努めなければならない」としている。また，児童福祉施設の設備及び運営に関する基準第7条の2第1項では，「児童福祉施設の職員は，常に自己研鑽に励み，法に定めるそれぞれの施設の目的を達成するために必要な知識及び技能の修得，維持及び向上に努めなければならない」としている。このように保育士をはじめとした児童福祉の専門職員は，自己研鑽によって資質の向上や専門性の向上に励み，正しい価値観を身につけ，必要な知識や技術の修得に努めねばならないのである。

2 どうしたら対人援助技術を身につけられるか

　対人援助技術を身につけるということは，自分の感じ方や考え方，態度，言動などが援助者らしいものに変わること，つまり人格が援助者のように変わることを意味する。しかし，人格は変わりにくいものであり，変わりにくいから人格とも言えるが，本人にとって自分の人格が次々と変わるようであれば，多重人格のようで，その人格をコントロールすることに大いに苦労する。また，自分の知っている人がいつもと異なる態度を示せば，「今日は変だ，あなたらしくない」といぶかしむ。つまり，本人も他人も人格が変わることを拒み，人格は変わりにくいように守られているのである。

　しかし，対人援助技術を身につけることは，人格が援助者のように変化することを求めている。では，どうしたら人格は変わるのか，「変化の三段階理論」を紹介する。

（1）解凍（人格に変化の兆しが起こるためには）

①受容的環境

②自由な表現の保証

③自己理解

　まず，われわれが防衛せずに素直に自分を表現するためには，相手の受容的な態度が必要である。受容的な環境の中でこそ，本来の自分らしい感情や考え方を表すことができる。自分を変えるのは自分の中から出てくるそのような偽りのない自分らしさである。人は本来の自分らしさの出現によって，これまでの自分の不自然さや至らなさに気づく。この気づきが「変わらなければ」という意識を生む。つまり自分の否定的な側面に気づいたとき，人格の変化への兆しが起こることになる。カウンセリングも同様で，クライエントは自分の内面を見つめ，自分の至らなさにつくづく気づいたときに，変化しようと意識する。ここから行動変容の道に進んでいくのである。

（2）変化（変化が促進されるためには）

①変ろうとする意欲を持つ

②目標の明確化，言語化

③モデリング

　人格の変化が促進されるためには，変わりたいという意欲を持つことだが，一層大切なのは変わるべき方向性を明確にすることである。自分のどこが至らないのか，どのように変わるべきなのか言語化すること，たとえば，自分は人の話を途中で遮り，茶化したり，自分の話に切り替えたりするので，人の話は最後まで聴いてみようとか，相手がどんな気持ちでいるのか感じる努力をしようとか，自分の言ったことが相手に正確に伝わったのかをちゃんと確認しようなど，自分の修正すべき態度や取り入れるべきスキルを明確にすることが肝心である。また，身の回りには，自分の苦手な態度やスキルを身につけている人，あるいは援助者の模範（モデル）となるような人がおり，その人の考え方や態度，スキルを模倣することも変化していくためには有効である。こうして，変わるべき方向性を定め，モデルのやり方を見習って，変化を促進していくのである。

（3）再凍結（新たな態度・行動を自分のものとして身につけるためには）

①試行錯誤

②強化

　日常の様々な場面やグループワークやロールプレイなどの演習型の研修で，自分の不適切な面を修正し，身につけるべき態度やスキルを取り入れるための練習

7章　子ども家庭支援の方法

を行うことが必要である。身につけるためには実際の対人関係の中で，試行錯誤して自分のものにしていくしかない。そして，そのような練習と努力が，対人場面において相手から感謝されるような成果を収めたときに，人から認めてもらうこと，褒められること，感謝されることによって強化される。この強化によって，新たな態度やスキルを自分の人格として身につけることが可能になる。

❸ 援助者になるための学習体験

　対人援助技術を学び，身につけていくためには，以下のような様々な方法がある。その多くは体験学習である。実際に援助場面を体験し，自分の考え方や言動が援助者として望ましいかを検討し，望ましくなければ自分の課題として修正していく，そしてより望ましいあり方を演習や日常生活の中で練習して，身につけていくことになる。このような対人援助技術を身につけていくためには長い時間と努力を要する。

①基本的な文献の講読（児童心理，ソーシャルワーク，カウンセリング，社会資源など）

②施設・機関での見学，ボランティア体験，施設実習

③相談援助場面の観察

④カウンセリング体験（クライエントを体験すること）

⑤グループ学習（グループワーク，エクササイズ，ロールプレイ，疑似体験，事例研究など）

⑥特殊な技術習得研修の受講（介護技術，カウンセリング，危機介入，心理テストなど）

⑦長期グループ体験（感受性訓練，エンカウンターグループなど）

⑧ロールプレイ，ピアカウンセリング実習

⑨援助者としての自己分析（自分の面接場面の録音や録画，逐語記録を通しての分析）

⑩スーパービジョンの体験

⑪ケースカンファレンスへの参加

⑫ワークショップ，講習会への参加

　ある程度の対人援助技術を身につけたとしても，それは時間とともに，良い意味でも悪い意味でも我流になっていく。したがって，スーパービジョンやケースカンファレンス，ロールプレイなどによって，自らの援助のあり方をふりかえり，自己課題化し成長への努力をしていく必要がある。また，技術や考え方は年々効果性の高いものが考案されていくため，それを文献や研修会などによって取り入れる努力も必要である。それらの努力を怠れば，自分の技術は古い，効果

233

性の劣ったものになっていかざるを得ないのである。絶えず自己研鑽することが援助者の宿命である。

4 グループ学習のメリット

　援助技術を身につけるためにはグループでの演習が必要である。グループの中での自分の動きは対人行動そのものであり，自分の対人行動の特徴を見つめる機会でもあり，メンバーへの影響を知ることができ，さらにメンバーからのフィードバックも得られる。グループワークやロールプレイなどのグループ学習は，援助者としての自己理解を促すとともに，自分の態度や言動を修正したり，スキルを身につけたりするために必要なのである。グループ学習のメリットには次のようなものがある。

①メンバーの援助行動や対人関係そのものを扱うことができる
②メンバーの行動について他者からのフィードバックを受けられる
③他のメンバーの行動を見て学べる
④仲間として励まし，支えあっていける関係を作れる
⑤良性の変化を強化していける
⑥学習が深まり，幅広くなる
⑦理解や援助についての共通認識ができる
⑧参加するメンバー全員のレベルアップが望める

5 職場内での学習方法

　職場内での主要な学習方法として，ケースカンファレンスとスーパービジョン，そしてロールプレイがある。これらの方法は，援助者としての自分を見つめ直す機会を提供し，クライエント理解，援助的な考え方や対応などを実践的に学び，身につけていく方法である。

（1）ケースカンファレンス

　ケースカンファレンスは，通常，事例提供者の提出した事例について，メンバーがクライエント（子どもや保護者）の問題の理解や支援のあり方について検討する方法である。それはメンバーの事例の理解や支援のあり方の向上，事例についての共通認識につながるが，同時に事例提供者の教育やサポートの意味もある。つまり，ケースカンファレンスの主な目的は，援助のプロセスを理解する，事例提供者の援助能力の向上を図る，事例提供者の傷つき体験を癒す，メンバーのフィードバック能力を向上させる，クライエント理解を深める，クライエントの問題や援助の方向性などを考察する，援助者としての倫理や態度，言動のあり

方，援助の進め方を考察するなどである。

ケースカンファレンスの進め方は，まずリーダーが，ケースカンファレンスの目的，守秘義務，時間枠を提示し，事例提供者を紹介する。事例提供者は，資料（クライエントの問題や援助のプロセスなどをまとめたもの）を配布し，事例の概要，事例で気になっているところ，フィードバックを望むところ，自分の課題と思っていることなどを述べる。事例の説明（配布資料の説明。時には援助場面の録画や録音データの聴取）を行う。メンバーから質問を受ける（事例の正確な理解や共通理解のために，メンバーがよくわからなかったところを質問する）。事例の理解や支援のあり方についての自由な意見や感想（事例提供者の教育とケアが目的あり，攻撃にならないように留意する。事例の理解を深められるように配慮する。支援について建設的な意見を促す。全員が何らかの感想を言う）。提示されたメンバーの意見，感想，アイデアを整理する。最後に，事例提供者に感想を述べてもらう。

(2) スーパービジョン

スーパービジョンは，職場で行う場合，上司や先輩（スーパーバイザー）が初心者（スーパーバイジー）の事例対応について，個人的に相談にのる形をとる。保育実習で，実習生が職員から指導を受けるのも，スーパービジョンの形式である。スーパービジョンの主な目的は，スーパーバイジーの教育と支持，管理である。初心の保育士や実習生は，子どもへの対応や保護者への支援についても，ぎこちなく不適切な言動もあり，傷つき体験も多いだろう。スーパービジョンでは，そのようなスーパーバイジーに，より的確なクライエント（児童）理解や援助者としての望ましい態度や言動を教えること，あるいは失敗感や落ち込みをケアし，サポートすること，保育士として一定の水準以上の能力を保持するように指導することなどが行われる。スーパービジョンは，一回で終結にするよりも継続的に行われることが多い。また，一つの事例についてのスーパービジョンもあるし，本人の援助者としての態度全体についてのスーパービジョンもある。初心者は，職場における個人的な指導やケアを受けながら，また先輩たちの支援のあり方を手本にしながら，援助者としての資質を向上させていくのである。

(3) ロールプレイ

ロールプレイは役割演技法と言われ，保育所などの職場で行うロールプレイは，保護者面接の場面や子どもへの対応場面である。保護者面接の場合には，特定のメンバーに援助者役（保育士）とクライエント役（保護者）を演じてもらい，他のメンバーが観察者（オブザーバー）となる。ロールプレイは，援助者の具体

的な言語的・非言語的表現の検討を行うことができ，クライエント役（保護者）からは援助者の関わりについての感想を聞くことができ，観察者からは対応についての様々なアイデアを出してもらえる。また，ロールプレイは援助者としての望ましい態度や言動の練習の場でもあり，クライエントの心情を理解する場，援助の方向性を検討していく場ともなる。それらを実際の対人場面を展開して学ぶことができる。また，ロールプレイを通してメンバーが気づいたことをシェアすることによって学習を共有できる。ロールプレイは援助者の態度，言動といった対人援助技術を具体的に養成していく方法として優れた学習方法である。

⑥ 研修とキャリアパス

　研修計画やキャリアパスについて，保育所保育指針では，「保育所において，当該保育所における保育の課題や各職員のキャリアパス等も見据えて，初任者から管理職員までの職位や職務内容等を踏まえた体系的な研修計画を作成しなければならない」としている。職員を計画的に，必要に応じて外部研修や事例発表などに参加させ，あるいは内部でのスキルアップ研修も導入し，研修で学んだことを互いに職場でシェアし合い，保育所職員全体の専門性を向上させ，援助の水準を高めることが大切である。そして，研修や自己研鑽等によって専門的な知識や技術を高め，応分の職務を果たす能力のある職員には，職場内での職位や職責の向上，賃金のアップなどを図ることが必要である。これらは，今後の保育士界にとって重要な課題であると言えよう。

⑦ 援助者の危機とサポート

　保育所などの福祉現場で働く職員は体を使った労働が多いにもかかわらず，子どものみならず保護者への配慮や対応といった感情労働も必要とし，肉体的にも精神的にも疲労やストレスをためやすい。日々の作業量の多さや伝達・記録といった事務的な業務，子どもへの保育活動，保護者への対応，職員同士の人間関係などにおいて，適切な対処や対応ができず，ストレス解消や気分の切り替えがうまくできないと，疲労や不安，悩み，欲求不満感情をため込んでいくことになる。重症化すれば，ストレス反応やうつ病，適応障害，バーンアウトなどの病的状態に陥り，退職につながることもある。

　次のような心身・行動上の不適応反応が現れたときには注意を要する。たとえば，①表面的反応のような自己防衛的な行動をとってしまう，②子どもや同僚に皮肉を言ったりなどの攻撃的な態度や発言をする，③日常生活の中で失敗や不注意な行動がしばしば起こる，④めまいや食欲不振，吐き気，不眠，下痢，腹痛などの身体症状が現れる，⑤イライラや不安感，焦り，憂うつなどの精神症状が現

7章　子ども家庭支援の方法

れる，⑥独り言や舌打ち，自傷行為などの習癖が現れる，⑦世間への安心感や人への信頼感，援助者としての有能感が脅かされる，などである。このような不適応のサインは，職場での疲労やストレスが過剰になっている状態と考えられ，精神科治療や環境調整，ストレスコーピング，カウンセリングなどの何らかの対応を必要としている。

　職員の危機の防止や予防対策としては次のようなものがある。①セルフケアとしては，同僚とのおしゃべりなどによる発散，気分転換，趣味やレクリエーションなどを楽しむ，耐性を付ける，援助・業務能力を向上させるなど。②職場によるサポート体制としては，職場自体が疲労やストレスをためやすいことを認識すること，職員のメンタルヘルスに気をかけること，困難事例についてはケースカンファレンスなどによって職員間でその考え方や対応のコンセンサスを得ること，適宜スーパービジョンを受けられる体制をつくること，必要に応じた研修や訓練を行うこと，職員同士の交流を図ることなどがある。職員の危機防止や予防に関しては，個人的問題とするのではなく，職場として対処すべき問題と考える必要がある。

7. 家庭の状況に応じた支援

■1■ 保護者の状況に配慮した個別の支援

　多様な家族，家庭があるように，保育所に通う子どもの中にも様々な疾病や障害，問題を抱えた子どもがおり，その保護者にも様々な事情や困難な課題を抱えた人たちがいる。保育所はこのような子育て家庭に対してはとりわけ配慮のある支援を行うことが期待されている。

①保護者の就労と子育ての両立支援のため，保護者の多様化した保育の需要に応じる必要がある。たとえば病児保育や延長保育などを実施する際には，子どもの福祉が尊重されるように努める。

②子どもに慢性疾患や障害，発達上の課題がある場合には，市町村や地域の医療機関，児童発達支援センター等の専門機関との連携や協力を図りながら，保護者への個別支援を行うように努める。

③外国籍家庭やひとり親家庭，貧困家庭，その他の特別な配慮を必要とする家庭，あるいは多胎児，低出生体重児などの場合，保護者は子育てに一層の困難や不安，負担感を抱きやすい。そのため，保健医療福祉に関わる専門機関との連携，協力を図りつつ，個別の支援に努める。

237

④保護者に育児不安や子育てへの悩み，迷いがある場合には，保護者を支えつつ必要な助言を行い，ソーシャルワークによる環境調整，カウンセリングによるサポートなどの個別支援に努める。

⑤保護者に不適切な養育（マルトリートメント）が疑われる場合には，市町村や関係機関と連携し，要保護児童対策地域協議会で検討するなどの適切な対応を図る必要がある。虐待の疑われる場合には速やかに市町村あるいは児童相談所に通告すること。また，保育所はそのような子どもを預かる役割もあり，アフターケアとして，その家庭を見守り，支え，保護者が適切に子どもに関われるように支援する必要がある。

2 子どもの精神疾患

　様々な子どもに出会う保育士は，子どもの精神疾患についてもある程度理解している必要がある。病気や障害について知っていれば，早期発見につながる。その治療教育に関しては専門職に委ねるにしても，保育所での子どものサポートや見守り，保護者支援などは保育士の役割となる。DSM－5＊には，子どもの神経発達障害群として以下の7障害が分類されている。

＊日本精神神経学会監修，高橋三郎・大野裕監訳『DSM－5 精神疾患の分類と診断の手引』医学書院，2015

(1) 知的能力障害群

　　①全般的発達遅延，②特定能力の知的能力障害

(2) コミュニケーション障害群

　　①言語障害，②語音障害，③小児期発症流暢障害（吃音），④社会的（語用論的）コミュニケーション障害，⑤特定不能のコミュニケーション障害

(3) 自閉症スペクトラム障害

(4) 注意欠陥・多動性障害

　　①他の特定される注意欠陥・多動性障害，②特定不能の注意欠陥・多動性障害

(5) 限局性学習障害

(6) 運動障害群

　　①発達性協調運動障害，②常同運動障害，③トゥレット障害，④持続性（慢性）運動または音声チック障害，⑤暫定的チック障害，⑥他の特定されるチック障害，⑦特定不能のチック障害

(7) 他の神経発達障害群

　　①他の特定される神経発達障害，②特定不能の神経発達障害

3 子どもの問題行動の分類

　情緒障害の分類としてよく知られている問題行動の分類である。それは，社会のルールや常識に反する行動群，社会への関わりに支障が生じる行動群，自分の

意思の力では容易に止めることができない習慣的な困った行動（症状）群に分かれる。保育士としては特に幼児期の問題行動について，その特徴と対応を理解している必要がある。

①反社会的問題行動

嘘，家出，盗み，暴力，いじめ，怠学，未成年の喫煙・飲酒，家庭内暴力，盛り場徘徊

②非社会的問題行動

極端な内気・孤立，無気力，引きこもり，緘黙，不登校，登園しぶり，分離不安

③神経性習癖，神経症

チック，爪かみ，夜尿，抜毛，自傷行為，頭痛・腹痛等の身体症状，強迫行為，恐怖症

4 アウトリーチを行うための留意点

アウトリーチは援助者がクライエントの居住地に積極的に出向き，援助活動を行う方法である。家庭訪問や訪問調査がその例である。特に援助の必要がありながら，自ら援助を求めることが「できない」，または「しない」潜在的なクライエントを主な対象にする。また児童相談所では虐待等の通告のあった家庭に対して，その権限の下に立入調査を行う。援助者がクライエントの家庭に訪問することは，クライエントの家庭生活の実際の姿を目の当たりにすることであり，家族関係あるいは子どもの様子も観察できる。それ故，その援助は生活面や家族関係に対して，より実際的，実践的，直接的なものとなり得る。

アウトリーチの実施体制について，その実施は所属する援助機関のバックアップなしには成立しないものであり，そこではアウトリーチが正当な業務として認められることが必要であり，アウトリーチは一人のソーシャルワーカーが用いる技術ではなく，援助機関全体の理解とバックアップの下で展開する援助活動なのである。

5 家庭訪問の技法上の課題

アウトリーチは有効な援助方法でありながら，その実施にはある種の困難を伴う方法でもある。それは，訪問者が客であり，援助の場がクライエントの家庭であることなどによる。客である援助者は，援助のイニシアチブは取りにくく，クライエント側が自由に振る舞うことができ，抵抗も防衛も顕著になる。対象外の家族成員との関わりを持つこともあり，家族の予定や都合によって援助活動が妨げられたりもする。また，訪問家庭は密室であり，援助者は外部に救いを求める

ことは困難であり，あるいは倫理観を揺さぶる誘惑も生じやすいのである。

　家庭訪問による援助を展開する場合の技法上の課題を整理すると，次のようになる*。

①対象者に会えても受け身で問題への取り組みが弱い

②対象者や家族の依存性を助長する

③援助者が援助のイニシアチブを取りにくい

④訪問中は様々な妨害が入りやすい

⑤対象者や家族のペースに合わさねばならない

⑥対象者や家族の防衛や抵抗が強い

⑦対象者や家族の転移が生じやすい

⑧援助者が守られない，等

*加藤博仁「訪問カウンセリングの方法に関する実践的研究（1）家庭訪問の困難性と個別面接の方法」，吉備国際大学社会福祉学部研究紀要，第12号，2007年

6 危機介入　Crisis Intervention

　子どもが災害や事件，事故に巻き込まれたり，虐待等の危険な状況に陥った場合に，緊急に開始される援助方法が危機介入である。

　危機介入は，危機に遭遇した直後から6週間までの期間に用いられる援助モデルで，その特徴は，①クライエントへの早急な接近と援助の開始，②期間を区切った短期援助，③クライエントの主観的意味の重視，④クライエントの意思決定と行動化への援助，⑤クライエントのソーシャルネットワーク内での資源活用，などである。

　その援助は，状況・状態の早期診断，早期に最低限の情緒的回復と社会生活の実現を果たすこと，身近な人的・物的資源を活用すること，クライエントの積極的な側面を強化すること，援助者による訪問などの介入を実施することなどである。成田（1983）は危機介入ついて，次のようにまとめている**。

①危機状態にあるクライエントへの強い情緒的サポートと感情表出

②自殺，他傷，精神的病理の可能性の確認。必要なら保護，入院，精神科受診

③クライエントの状況にある社会資源を活用する

④クライエントの身近な人を援助過程に参加させる

⑤クライエントの危機脱出への自信や能力を強化する

⑥現実的，具体的な状況分析を行い，解決課題を細分化し優先順位をつける

⑦事実に基づいた情報提供

⑧指示的カウンセリングによってクライエントができそうな対処方法を実践させる

**成田善弘「危機介入としての短期精神療法」臨床精神医学，12−5，1983

8. 地域との連携，協力

1 在宅支援と地域福祉の時代

　今日では，治療や保護，療養のために長期間，病院や施設に入院・入所するよりも，住み慣れた地域で（自宅で），在宅でのサービスを受けながら残存機能を使って自立生活をするという在宅ケアが重要視されている。時代のニーズは施設福祉から在宅福祉の時代へ向かい，そして在宅ケアをバックアップする地域福祉の充実が重要課題になっている。このような在宅支援への変化は，法制度の確立が後押ししていく。たとえば，高齢者分野では介護保険法に基づき在宅サービスの様々な事業が展開され，障害者分野でも障害者総合支援法や障害者雇用促進法によって障害者の社会生活や日常生活への支援，就労支援などの在宅生活へ支援の整備が行われている。児童分野では児童福祉施設にファミリーソーシャルワーカー（家庭支援専門相談員）を配置し，入所児童の早期の家庭復帰を目指した援助を行っている。また，社会的養護に関しては，施設入所よりも一つの家庭に子どもの養護を委ねる里親委託を増やしていこうとしている。精神障害分野では精神科病院に精神保健福祉士を配置し，入院患者の社会復帰を支援している。このように近年では，在宅で様々なサービスを受けて自立生活をしていくという在宅ケアが重視されている。そのためにも地域に住民のニーズを満たす様々な社会資源を充実させていくことが必要なのである。

2 地域福祉が可能になる条件

　地域における在宅支援が可能になる条件としては，以下の点が挙げられる。
①地域に各種の福祉施設や在宅福祉サービスなどの社会資源が整備されていること
②社会資源を利用する手続きが住民に周知され，簡便になっていること
③福祉施設やサービスが地域の中でよく知られ，理解されていること
④福祉サービスと他の保健医療サービスとのネットワークや連携がとれていること
⑤援助活動に住民の協力や参加を得られること（近隣の住民による日常の声かけや話し相手，見守り，散歩・買い物などのボランティア活動，緊急時の救援，通報などの協力）。

　まずは，地域に住民が必要とする施設やサービスなどの社会資源が整備され，その活用方法が住民によく理解されていること。その社会資源はネットワークによって連絡調整や連携が取れていること。さらに，住民がインフォーマル・サポートとして，地域の福祉のために参加できること。豊かな地域福祉社会のために

はこのような条件が必要になる。

③ 社会資源

　豊かな地域社会を形成していくためには，住民のニーズに見合った社会資源の充実が大切である。ソーシャルワークの援助では，社会資源を活用して利用者（クライエント）の生活を維持，改善に導く方法がしばしば用いられる。その「社会資源」とは，一般にサービスの利用者がそのニーズを充足するために用いられる有形，無形の資源（resource）を指す。それは，金銭的資源，非金銭的資源，人的資源，物的資源などを総称して社会資源とする。社会福祉の社会資源としては，ニーズ充足に必要な法律，制度，機関，施設，各種サービス，情報，専門職者，ボランティア，家族，親族，友人，近隣の人たち，知識などの非常に幅広いものが含まれる。

④ ソーシャル・サポート・ネットワーク

　課題を抱えた子どもや困難な状況にある家庭を，一人の専門職や一つの機関だけで支援することには限界がある。たとえば，障害のある子どもや外国籍の家族，虐待の疑いのある家族などである。このソーシャル・サポート・ネットワークという支援は，地域の専門的な機関や施設，専門職そしてボランティアが，有用な情報を共有し，協力，連携して，支援の必要な個人や家族，家庭を支えていこうとする方法である。ネットワークを組んで支援するというものである。専門職，専門機関・団体・施設などによる支援をフォーマル・サポートと言い，家族や友人，職場の人たち，近所の人たち，ボランティアなどの素人による支援をインフォーマル・サポートと言う。

　きめ細かい支援を展開するためには，インフォーマル・サポートによる見守り，声かけ，手伝いなどが重要な意味を持つ。課題を持った家族では，専門職が関わっていない日常生活の中で，重大なトラブルが起きることが多い。そのような場合，身近な人たちがいち早く気づき，緊急対応したり，通報したりすることが危機防止や予防になる。その意味でもインフォーマル・サポートは重要である。しかしながら，素人の人たちの協力を得るにあたって，対象となる個人や家族の情報をどこまで共有するかについては検討を要する。プライバシー保護や守秘義務の問題があるからである。

⑤ 要保護児童対策地域協議会

　地域の子ども家庭支援に関わる専門職や機関・団体等のネットワークの場が要保護児童対策地域協議会である。地域の被虐待児や様々な課題を抱える子どもや

7章　子ども家庭支援の方法

家族について，それぞれの専門領域から情報提供やアセスメントを行い，ネットワークとして支援活動を展開していく場である。このネットワークはソーシャル・サポート・ネットワークの場であり，ケース・マネジメントを行う場である。保育所はこの協議会の重要なメンバーである。それは，保育所に通う子どもの状態やその保護者の様子，両者の関係をいち早く察知できるからであり，その子どもや保護者への支援を自然に実施できるからである。

　保育所が特に連携や協働を必要とする地域の関係機関や関係者には，市町村（保健センター等の母子保健部門・子育て支援部門等），要保護児童対策地域協議会，児童相談所，福祉事務所（家庭児童相談室），児童発達支援センター，児童発達支援事業所，民生委員・児童委員（主任児童委員），教育委員会，小学校，中学校，高等学校，地域子育て支援拠点，地域型保育（家庭的保育，小規模保育，居宅訪問型保育，事業所内保育），市区町村子ども家庭総合支援拠点，子育て世代包括支援センター，ファミリーサポートセンター事業（子育て援助活動支援事業）そして関連 NPO 法人等がある*。

> *汐見稔幸・無藤隆監修『平成 30 年施行　保育所保育指針・幼稚園教育要領・幼保連携型認定こども園教育・保育要領　解説とポイント』，ミネルヴァ書房，2018，p.306

⑥ 地域の保護者等に対する子育て支援

　保育所は，「児童福祉法第48条の４の規定に基づき，その行う保育に支障がない限りにおいて，地域の実情や当該保育所の体制等を踏まえ，地域の保護者等に対して，保育所保育の専門性を生かした子育て支援を積極的に行うよう努めること」とある（保育所保育指針第４章）。

　保育所の特性を生かした地域子育て支援としては，保護者に，子どもの食事や排せつなどの基本的生活習慣の自立，遊び方や他児との関わり方などを，助言したり，行動見本を示して教えることなどがある。親子遊び体験や育児講座などの実施も行う。保育所保育指針では，以下の３点を指摘している。

①地域の子どもに対する一時預かり事業などの活動を行う際には，一人一人の子どもの心身の状態などを考慮するとともに，日常の保育との関連に配慮するなど，柔軟に活動を展開できるようにすること。

　地域の子育てニーズには，親の緊急の事情によって，子どもの一時預かりや休日保育などを求める場合があり，保育環境の整った保育所は有用な社会資源である。一時預かりでは集団保育になじみにくい子どももおり，心理面での気遣いや，事故や怪我の防止への配慮も必要である。

②市町村の支援を得て，地域の関係機関等との積極的な連携及び協働を図るとともに，子育て支援に関する地域の人材と積極的に連携を図るよう努めること。

　保育所は児童福祉施設として，一時預かり事業や延長保育事業などを行うが，市町村では様々な母子保健事業も展開している。母子健康手帳や乳幼児健康診

査，乳児家庭全戸訪問事業などがある。また，小中学生や高校生などの保育所での乳幼児との触れ合い体験なども行われている。このような福祉，保健，教育などの分野の子育て支援に関わる活動は，地域の関係機関等との協力や連携，協働によって成り立ち，子どもの健全育成や子育て家庭の養育力の向上，地域社会の活性化などにつながっていくことが期待される。

③地域の要保護児童への対応など，地域の子どもを巡る諸課題に対し，要保護児童対策地域協議会など関係機関等と連携及び協力して取り組むように努めること。

　保育所は子どもに関わる問題を早期に発見できる場であり，早期に通告等の対応ができることを認識している必要がある。また，保育所は要保護児童対策地域協議会の一員として，子どもやその保護者，子育て家庭に関わる問題に対して，地域の関係機関等と情報を共有しながら，その支援活動を連携し，協働で実践していくように努めるべきである。中でも保育所は，子どもの様子を長時間・長期間に亘り観察，見守りできると同時に，子どもの危機状態へのサポートも可能であり，保護者の子育てに関しても様々な支援が実践できるというメリットを持っている。

Index

索引

1.57 ショック　19, 164, 181,
1 号認定　98, 187
1 歳 6 か月児健康診査　88
2 号認定　98, 187
3 号認定　98, 187
3 歳児健康診査　88
4 つの柱　140

DV　134, 146
NPO 法人　101, 112, 136, 169,
　171, 180, 195, 196
OECD　45, 135, 174

―― あ 行 ――

愛育班員　156, 208
アウトリーチ　156, 199, 239
赤沢鍾美　13
アスペルガー症候群　57, 120
アセスメント　114, 153, 189, 216,
　217, 221
新しい社会的養育ビジョン　69,
　110, 159, 173, 174
アメリカ・ソーシャルワーク協会
　206
アリエス　3
育児休業制度　103
育児給付基本給付金　106
育児支援家庭訪問事業　156
育成する責任　32, 52, 107, 115,
　141
池上雪枝　124

石井十次　13
石井亮一　13
いじめ　81, 142, 205, 239
遺族基礎年金　106
委託一時保護　153
一時預かり事業　34, 101, 102,
　183, 193, 243
一時保育　208
一時保護　59, 60, 110, 153, 194
一時保護所　59
糸賀一雄　17
居場所づくり　162, 196
医療型児童発達支援　49, 117
医療援護　89
インテーク　221
インフォームド・コンセント　142
ウィニコット　188
ウェルビーイング　7, 8, 121, 141,
　219
運営適正化委員会　144
エコロジーの視点　176
援助計画の作成　221
援助効果の評価（エバリュエーション）
　222
援助的介入（インターベンション）
　221, 222
エンゼルプラン　19, 24, 51, 70,
　99, 164, 208
延長保育事業　102, 183
エンパワーメント　207, 219, 222
大型児童館　81, 82
大型児童センター　82

岡山孤児院十二則　13
親子分離　154, 155, 208

―― か 行 ――

外国籍家庭　189, 205, 237
カウンセリング　187, 210, 218,
　223 〜 225, 232
核家族　4, 16, 73, 179
家族援助　208
家族再統合　156
家族の日・家族の週間　202
家庭学校　13
家庭裁判所　55, 59, 122 〜 126,
　152, 154, 155
家庭支援専門相談員　127, 128, 241
家庭児童相談室　16, 49, 50, 60,
　208, 243
家庭相談員　60
家庭的保育者　96
家庭的保育事業　22, 34, 52, 96,
　182
家庭内暴力　239
家庭の代替の場　109
家庭復帰　155, 241
家庭訪問保育　96
貨幣的ニーズ　214
感化院　124
感化教育　13
感化法　122, 124
環境の被害者　124, 129
感受性訓練　233

危機介入　220，222，240
企業の行動計画策定義務　42，165
技術習得研修　233
基本的人権　6，8，29，116，140
キャリアパス　236
休日保育　190
教育を受ける権利　7，29，140
共感的理解　228
教護院　124，126
強制措置許可のための送致　125
強制立入　145
虚弱児施設　22
居宅訪問型児童発達支援　117
居宅訪問型保育事業　96，182
緊急保育対策等5か年事業　18，70，
　90
緊急保護　59
勤労学生控除　106
ぐ犯少年　122，124，125
ぐ犯等相談　57，125
クライエント　213，218，220〜
　223，229，230
クライシス・インターベンション　→
　危機介入
グループ学習　234
グループホーム　108，110，114，
　159
グループワーク　197，198，201
経済的保障　116，119
警察署長に対する援助要請　39
ケースカンファレンス　234，235
ケース・マネジメント　170，173，
　243
ケースワーク　188，197，198，229
血液型不適合　117
現業員　60
健康診査　88
健康相談　51，62
健全育成　50，80〜84
健全育成施策　49
現任研修　158
権利の受動的主体　139
公共職業訓練　132

合計特殊出生率　73，75，76
厚生労働省　52，110，129，173
厚生労働省令　64，67，118
厚生労働大臣　37，41〜43，63，
　67，72，92，94，98
行動援護　118
行動観察　59，215
行動診断　58
高等職業訓練促進給付金　133
行動変容　218
広汎性発達障害　57，120
幸福追求権　5，29
公立保育所　92
小型児童館　65，81
国際障害者年　115
国際連合　139，140
告示　94
国民生活基礎調査　45，104，135
国立きぬ川学園　64
国立武蔵野学院　64
個人情報保護　169，170
孤育て　179
子育て援助活動支援事業（ファミリー・
　サポート・センター事業）　102，
　183，208
子育て家庭の経済状況　104
子育て支援員　182
子育て支援サービス　63，101，208
子育て支援施策　181
子育て支援ネットワーク　170
子育て支援パスポート事業　202
子育て短期支援事業　102，132，183
子育て世代包括支援センター　35，
　63，172
子育ての社会化　173
国庫負担金　68
国庫補助金　69，70
子ども家庭福祉の定義　1，2
子ども家庭福祉の対象　3，4
子ども家庭福祉の3原則　5
子ども・子育て応援プラン　51，71，
　165
子ども・子育て会議　45，168，182

子ども・子育て関連3法　44，52，
　71，165，166
子ども・子育て支援給付　166
子ども・子育て支援新制度　44，52，
　71，94，101，165，166，181，
　186
子ども・子育て支援法　20，44，52，
　101，165，166
子ども・子育て支援法及び就学前の子
　どもに関する教育，保育等の総合的
　な提供の推進に関する法律の一部を
　改正する法律の施行に伴う関係法律
　の整備に関する法律　44
子ども・子育てビジョン　43，51，
　71
子どもの意見表明権　142
子どもの権利保障　18，20，137
子どもの権利擁護　30，47，113，
　141〜144
子どもの心の診療ネットワーク事業
　90
子どもの最善の利益の保障　139，
　185，187
子どものための教育・保育給付　68，
　166
子どもの貧困　104，135，179
子供の貧困対策大綱　135，136
子どもの貧困対策の推進に関する法律
　45，135，136
子どもを守る地域ネットワーク　→要
　保護児童対策地域協議会
個別援助　197
個別性の尊重　216
コミュニケーション障害　238
コミュニケーション・スキル　225
コミュニケーション能力の低下　80，
　204，205
コミュニティワーク　197，198
雇用保険法（制度）　103，106
コロニー　115
こんにちは赤ちゃん事業　→乳児家庭
　全戸訪問事業
コンピテンス　176

── さ 行 ──

在宅指導　55, 58, 125, 127, 154
在宅指導措置　110
在宅福祉サービス　113, 115, 117, 118
査察指導員　60
里親　4, 34, 54, 59, 67, 69, 107 ～ 112, 142, 143, 161
里親委託　13, 34, 59, 69, 127, 154, 194, 241
里親が行う養育に関する最低基準　111
里親支援機関事業　112
里親制度　111, 114, 194
里親支援専門相談員　112
さんきゅうパパプロジェクト　202
産後支援ヘルパー　97
三間（サンマ）　80, 185
支援サービス　129, 131, 134
支援費制度　→利用契約制度
事業所内保育施設　92, 95, 182
試験観察　126
四箇院　12
自己一致または純粋性　229
自己決定　187, 223, 229
自己研鑽　228, 231, 236
自己肯定感　186
自己実現の原則　2, 5 ～ 7
仕事と生活の調和（ワーク・ライフ・バランス）憲章　103, 165
仕事と生活の調和推進のための行動指針　103, 165
思春期　82, 85
自助努力　224, 226
次世代育成支援　47, 77, 181
次世代育成支援行動計画　106
次世代育成支援対策推進法　20, 42, 43, 71, 165
施設型給付　44, 166, 167, 181
施設内虐待の防止　142
施設入所措置　61, 125, 151, 152,

154
施設福祉サービス　119
肢体不自由児施設　49
肢体不自由児通園施設　49
市町村子ども・子育て支援事業計画　72, 101
市町村障害児福祉計画　72
市町村児童家庭相談援助指針　53
市町村保育計画　33
児童委員　63
児童及びその保護者又はその他の者の居宅において保護者の児童の養育を支援する事業　99
児童家庭支援センター　64, 66, 113
児童館　50, 65, 81
指導監督　66
児童虐待（子ども虐待）　63, 139 ～ 159, 220
児童虐待相談件数　146, 161
児童虐待の防止等に関する法律（児童虐待防止法）　21, 39, 145, 146, 149, 150, 155, 156, 193
児童虐待防止対策　39
児童虐待防止対策支援事業　60
児童虐待を受けた児童の保護等　40
児童憲章　15, 139
児童健全育成施策　50
児童厚生施設　65, 81
児童指導員　54, 153
児童自立支援施設　59, 64, 66, 124
児童自立支援専門員　127
児童自立生活援助事業　112
児童心理司　54
児童生活支援員　127
児童センター　65, 81
児童相談所　32, 48, 53 ～ 60, 125 ～ 127, 142, 146, 154 ～ 158
児童相談所長　40, 59
児童手当　104
児童手当法　36
児童入所施設措置費等国庫負担金　68
児童の権利委員会　140

児童の権利に関する条約　18, 30, 34, 139, 140
児童の代替的養護に関する指針　108
児童買春，児童ポルノに係る行為等の処罰及び児童の保護等に関する法律（児童買春禁止法）　37 ～ 39, 144
児童発達支援センター　64, 65, 116, 117
児童部会　53
児童福祉司　54, 157
児童福祉施設　64 ～ 68, 94, 111, 159
児童福祉施設入所措置　59
児童福祉施設の設備及び運営に関する基準　64, 67, 92, 143
児童福祉施設の措置費　70
児童福祉審議会　53
児童福祉法　20, 31 ～ 34, 47, 52
児童福祉法施行令　55
児童福祉六法　17, 30
児童扶養手当　105
児童扶養手当法　30, 34
児童ふれあい交流促進事業　84
児童ポルノ　38, 144
児童遊園　50, 65, 82
児童養護施設　64, 65, 71, 162
児童養護施設入所児童等調査　112, 133
社会診断　58
社会的養護　69, 107 ～ 114
社会福祉援助技術　197
社会福祉基礎構造改革　115, 143, 206
社会福祉事業法　144
社会福祉施設等施設整備費国庫補助金　68
社会福祉主事　60
社会福祉法　17, 144
社会福祉法人　64, 120, 181, 196
社会福祉六法　29, 30
就学前の子どもに関する教育，保育等の総合的な提供の推進に関する法律（認定こども園法）　44, 52, 71,

97

自由権　18

周産期医療　89

重症心身障害児施設　17，119

重度精神薄弱児扶養手当法　17，35

就労支援サービス　132，133

出産手当金・主産育児一時金　105

主任児童委員　33，63

守秘義務　169，212

受容の原則　229

障害児施策　49

障害児相談支援　72

障害児福祉手当　35，105，120

障害者自立支援法　20，50，115

障害者の日常生活及び社会生活を総合
　的に支援するための法律（障害者総
　合支援法）　50，116

障害福祉サービス　50

生涯を通じた女性の健康支援事業
　89

小規模グループケア　108，110，159

小規模住居型児童養育事業　34，
　107，111，114，159

少子化社会対策大綱　24，26，43

少子化社会対策基本法　43，44

少子化対策推進基本方針　164

少子化対策プラスワン　164

情緒障害　121，127〜129

小児うつ　90

小児慢性特定疾患　89

少年院送致　126

少年鑑別所　126

少年教護院　124

少年法　122，124〜126

食育　89

職権一時保護　153

触法行為等相談　125

触法少年　122，124〜126

助産施設　61，65

女性の労働力率　77

ショートステイ事業　→短期入所生活
　援助事業

自立援助ホーム　112，113

自立支援教育訓練給付金　133

自立支援施策　49

私立保育所　92

新エンゼルプラン　19，51，70，99，
　164

神経性習癖・神経症　239

親権喪失　59，155

人口動態統計　75

新生児期　85

新生児訪問指導　62，193，199

親族里親　111，112

新待機児童ゼロ作戦　83，92

身体障害児　115，119，120

身体障害者手帳　116

身体障害者福祉司　60

身体障害者福祉法　60，116

身体的虐待　149

心的後遺症（トラウマ）　127

審判官　126

新福祉ビジョン　21，23

心理診断　58

心理的虐待　150

心理療法　228

スーパービジョン　235

健やか親子21　85，87

ステップ・ファミリー　204

性格行動相談　57，127

生活困窮者自立支援法　136

生活保護法　60，206

精神疾患　238

精神保健福祉士　241

税制上の控除　106

性的虐待　149

摂食障害　90

セルフケア　237

全国保育士会倫理綱領　227

選択利用方式　93

先天性代謝異常等検査　89

専門里親　111，112，125

専門里親制度　114

早期療育　117

相対的貧困率　45，104，135

相談支援の第一義的窓口　47，53，

54

ソーシャル・サポート　99

ソーシャル・サポート・ネットワーク
　99，242

ソーシャルワーカー　157，158，
　218，219

ソーシャルワーク　218〜223，242

措置制度　113，144

尊厳性の原則　6

—— た 行 ——

第1次ベビーブーム　73，75

待機児童　51，52，82，83，91，92

待機児童ゼロ作戦　92

第2次ベビーブーム　73，75，161

多機能型保育所　51

多子軽減措置　106

立入調査　39，56，151，153，156，
　239

短期入所指導　60

短期入所生活援助事業　102，118，
　132

男女共同参画　165

地域型保育給付　44，166

地域子育て支援拠点事業　50，81，
　101，195

地域子育て支援事業　182

地域子ども・子育て支援事業　44，
　72，101，168

地域小規模児童養護施設　108，114

地域生活支援事業　118

地域組織活動　82

地域との連携　241

地域の児童の養育に関する各般の問題
　につき保護者からの相談に応じ，情
　報の提供を行う事業　99

地域保健法　62，85

秩父学園　64

知的障害児通園施設　117

知的障害者福祉司　59，60

知的障害者福祉法　17

地方厚生局　52

249

地方裁量型　97, 181
地方分権　17
注意欠陥多動性障害　120, 238
中央児童福祉審議会　33
つどいの広場　81, 195, 196, 208
登録里親　112, 114
特定教育・保育施設　68, 102, 184
特定扶養控除　106
特別支援教育　116
特別児童扶養手当　17, 30, 69,
　105, 119
特別児童扶養手当等の支給に関する法
　律　35
特別保育事業　92
都道府県子ども・子育て支援事業計画
　72
都道府県障害児福祉計画　72
留岡幸助　13, 124
ドメスティック・バイオレンス（DV）
　134, 146
トワイライトステイ事業　→夜間養護
　等事業

—— な 行 ——

ニーズキャッチ　220
二重保育　90, 97
日本国憲法第25条　5 ～ 7, 29,
　140, 206
乳児院　65, 110, 162
乳児家庭全戸訪問事業　88, 101,
　156, 183, 199
乳児期　85
乳幼児医療費助成制度　106
乳幼児死亡率　85
認可外保育施設　66, 95
妊産婦　32, 54, 60, 85, 172
妊産婦・乳幼児健康診査　88
認証保育所　95
認定こども園　20, 44, 97, 98,
　181, 184
妊婦健康診査　101, 183
ネウボラ　176, 200, 201

ネグレクト　146, 150
能動的権利　142
ノーバディーズパーフェクトプログラ
　ム　175, 201
ノーマライゼーション　115
野口幽香　14

—— は 行 ——

パーマネンシーの視点　176
パーマネンシーの保障　173, 174
バーンアウト　236
配偶者からの暴力の防止及び被害者の
　保護に関する法律（DV防止法）
　40, 145
配偶者暴力相談支援センター　40,
　41, 145
バイステック　229
発見と通告（虐待）　150
発達障害者　116
発達障害者支援センター　120
発達障害者支援法　20, 115, 120
母親クラブ　→地域組織活動
犯罪少年　122, 124
反社会的問題行動　239
ハンディキャップ　115 ～ 121
ピア・カウンセリング（サポート）
　198
被虐待児　47, 127, 150, 159
非言語的コミュニケーション　199
非行　121 ～ 129
非行相談　57, 58
非社会的問題行動　239
被措置児童等虐待　113, 143
ひとり親家庭　129 ～ 134
ひとり親家庭施策　50, 131 ～ 134
ひとり親家庭生活支援事業　131
秘密保持の原則　229
病児・病後児保育事業　89
ファミリー・サポート・センター事業
　102, 183, 208
ファミリーソーシャルワーカー　241

ファミリー・フレンドリー企業
　164, 197
ファミリーホーム　→小規模住宅型児
　童養育事業
ファミリーリソースセンター　175
フィードバック　234
フェニールケトン尿症　89, 117
フォローアップ面接　222
福祉関係8法の改正　61
福祉事務所　60
福祉人材　157
父子家庭　36, 51, 105, 129 ～ 134
婦人相談所　41
不妊専門相談センター　89
扶養控除　106
フラッシュバック　127
プランニング　221
へき地保育所　96
ヘックマン　174
ベビーシッター育児支援事業　97
ベビーシッター事業　96
保育・教育コンシェルジュ　200
保育サービス　90 ～ 99
保育士　21, 223, 226 ～ 231
保育指導　226
保育指導技術　213
保育士の資質向上　231 ～ 237
保育所　65, 92 ～ 95
保育所型　97, 98, 181
保育所等において保護者の児童の養育
　を支援する事業　99
保育所入所　93
保育所入所待機児童　91, 92
保育所保育指針　94, 95, 186, 187,
　191, 193, 210, 211, 226, 231,
　236, 243
保育ニーズ　90
保育に欠ける　96, 186
保育日誌　215
保育の必要性　184, 186, 187
保育料　167
放課後子ども総合プラン　83
放課後児童健全育成事業（放課後児童

索 引

クラブ）　44, 82, 83, 102, 161,
　183
放課後児童指導員　82
法の下の平等　29
訪問指導　35, 51, 89, 154
保健師　89, 199
保健指導　85～86, 88
保健所　61～62
保健センター　61～62
保健相談　57
保護観察　126
保護者支援　110, 159, 213
保護者面接　223～225
保護処分　124～126
母子及び父子並びに寡婦福祉法　36,
　37, 133
母子家庭　51, 129～134
母子家庭等就業・自立支援センター事
　業　132
母子家庭等自立支援対策大綱　134
母子カプセル　179
母子健康手帳　35, 87
母子健康包括支援センター　35, 172
母子自立支援員　37
母子生活支援施設　4, 65, 133
母子福祉資金・父子福祉資金・寡婦福
　祉資金　37
母子福祉法　16, 36
母子・父子自立支援員　37, 131
母子・父子自立支援プログラム策定事
　業　132
母子・父子福祉施設　37, 133
母子・父子福祉センター　37, 133
母子保健サービス　62, 63
母子保健事業　85, 172, 243
母子保健法　35
母子寮　4
補装具給付　202
北海道家庭学校　66, 124
ホスピタリズム　15

―― ま 行 ――

マイ保育園制度　191
マタニティマーク　85, 87
マルトリートメント　238
未熟児　89
未成年後見人　32, 59, 143
民間シェルター　41, 145
民生委員　52, 63
無差別平等の原則　2, 5, 6
無条件の肯定的関心　228
面接指導　127
モニタリング　222
問題の把握・発見（ソーシャルワーク）
　220
問題の理解と評価（ソーシャルワーク）
　221
文部科学省　83

―― や 行 ――

夜間養護等事業（トワイライト事業）
　102, 132, 183, 200
よい保育施設の選び方 十か条　96
養育里親　31, 34, 111, 112, 154
養育里親名簿　111
養育支援訪問事業　102, 183
養育の第一義的責任　2
養育費の確保　36
養護施設　15
養護相談　57, 58, 127
養子縁組　111
養子縁組里親　31, 112, 154
幼児期　85
幼稚園教育要領　98, 175
幼稚園型　97, 98, 161, 181
幼稚園就園奨励費　106
幼稚園の預かり保育　92, 185
要保護児童　47, 49, 102, 107,
　111, 112, 150, 193
要保護児童施策　→自立支援施策
要保護児童対策地域協議会　47,

102, 168, 169, 171, 193, 242
幼保連携型　97, 98, 181
幼保連携型認定こども園　44, 65,
　166, 181
横浜保育室　95
予防接種　88

―― ら 行 ――

ライフ・ワーク・バランス　197
理学療法士　58
リフレッシュ　190
療育手帳　115, 116
利用契約制度　113, 119, 143
利用者支援事業　101, 166, 172,
　182
臨検　40, 56, 145, 153
臨床心理士　23
ルソー　3
レスパイト　190, 207
老人福祉法　60
労働基準法　105
老齢厚生年金　106
ロールプレイ　233～236

―― わ 行 ――

ワーキングプア　137
ワークショップ　233
ワーク・ライフ・バランス　165,
　197

251

保育・教育ネオシリーズ [6]

子ども家庭福祉の新展開

2009 年 3 月 10 日　第一版第 1 刷発行
2012 年 4 月 1 日　第一版第 3 刷発行
2019 年 4 月 5 日　第二版第 1 刷発行

編著者　才村純・加藤博仁
著　者　澁谷昌史・前橋信和
　　　　上村麻郁・新川泰弘
　　　　石井章仁
発行者　宇野文博
発行所　株式会社　同文書院
　　　　〒 112-0002
　　　　東京都文京区小石川 5-24-3
　　　　TEL(03)3812-7777
　　　　FAX(03)3812-7792
　　　　振替　00100-4-1316
DTP・印刷・製本　日本ハイコム株式会社

©Jun Saimura, Hirohito Kato et al., 2019
Printed in Japan　ISBN978-4-8103-1486-1
●落丁・乱丁本はお取り替えいたします